中外浪漫主义作家论

On romantic writers at home and abroad

孙宜学——著

上海三联书店

目　录

第一编　中国现代浪漫主义作家论

绪 论

第一节 文学史上浪漫主义的概念

谈浪漫主义文学，一个无法回避的问题就是必须回答什么是浪漫主义。古往今来，不知多少人试图回答这个问题，但至今却无一为大家所公认的定义。的确，不同时代、不同国别、不同性格的人对浪漫主义自然会给出不同的解释，不但不同的文化土壤孕育的浪漫主义必然在具有某些共同性的同时又具有某些差异性，即使同一民族在不同的历史时期对浪漫主义的看法也有差异，如中国古典浪漫主义与现代浪漫主义的差异。这使得人们对浪漫主义的认识特别难以统一，"一个国家的'浪漫主义'可能与另一个国家的'浪漫主义'根本没有什么共同点；事实上，存在着无数的浪漫主义运动和性质上可能截然不同的复杂观点"，那么多的批评家现在竟然无法为一个文学运动定义，难怪有人将之视作"文学史和文学批评史上的丑事"。[1] 但难并不等于没人尝试，实际上给浪漫主义定义的努力一刻也没停止过。

浪漫主义运动的先驱在论浪漫主义时，几乎都涉及它的自由本质，

---

1 ［美］韦勒克：《批评的诸种概念》，四川文艺出版社，1988 年，第 125 页。

1

这是自启蒙运动以来就为人所推崇的一种精神。席勒指出："现实总是落后于理想；凡是存在的东西总是有界限的，只有思想才是没有界限的。素朴诗人要遭受一切感性东西所必须受到的限制，相反地，观念的自由力量必然要帮助感伤诗人。诚然，素朴诗人可以彻底完成他的任务，但是这个任务是有限的，感伤诗人固然不能彻底完成他的任务，但是他的任务却是无限的。"[1] 施莱格尔则认为："浪漫主义的诗却仍旧处在形成过程中；况且它的实质就在于：它将始终在形成中，永远不会臻于完成。它不可能被任何理论彻底阐明，只有眼光敏锐的批评才能着手描述它的理想。唯有它是无限和自由的，它承认诗人的任凭兴之所至是自己的基本规律，诗人不应当受到任何规律的约束。"[2] 连反对德国早期浪漫派倾向的海涅也这样说："浪漫主义艺术表现的，或者不如说暗示的，乃是无限的事物。"[3] 让·保尔同样认为："那想象起来十分容易与浪漫精神融为一体的特征，都不是崇高，而是广阔。因此浪漫主义就是无边际的美，或者说是美的无限犹如有一种崇高的无限。"[4]

不但文学批评家注意到了浪漫主义文学的这种重自由的特征，而且很多哲学家也都关注到了这一点。在黑格尔看来，浪漫主义的主要特征表现为一种主观性的、内向性的东西，他坚持认为："艺术的对象就是自由的具体的心灵生活，它应该作为心灵生活向心灵的内在世界显现出来"，这种艺术必须"诉诸主体的内心生活，诉诸情绪和情感"。

1 ［德］席勒：《论素朴的诗与感伤的诗》，《欧美古典作家论现实主义和浪漫主义》（二），中国社会科学出版社，1981 年，第 321 页。

2 ［德］弗·施莱格尔：《片断》，《欧美古典作家论现实主义和浪漫主义》（二），中国社会科学出版社，1981 年，第 382 页。

3 ［德］海涅：《论浪漫派》，《欧美古典作家论现实主义和浪漫主义》（二），中国社会科学出版社，1981 年，第 401 页。

4 ［德］让·保尔：《美学入门》，《欧美古典作家论现实主义和浪漫主义》（二），中国社会科学出版社，1981 年，第 354 页。

"浪漫型艺术的真正内容是绝对的内心生活，相应的形式是精神的主体性，亦即主体对自己的独立自由的认识。"[1]朗松在《法国文学史》中也以形象的语言给浪漫主义下了定义："浪漫主义首先就是文学领域的一个扩张或一种变更；其次，是文学形式的一次改造，这改造首先是一阵混乱，但从这混乱中很快就产生了一种新的组织，它将给予我们一种抒情诗，一种诗情画意的文学，一种生动具体的历史。它会打碎一切过于停滞、凝固，艺术家不再使用的形式，也就是那些文体和结构方面的专制的惯例，它们滤除灵感，排斥独创性：在粉碎这些类别、规律、趣味、语言和诗句的时候，浪漫主义把文学引到一种可喜的自由状态中，在其中，艺术家的天才和时代的精神可以自由地追求类别、规律、语言、诗句的再建法则。"[2]丹麦文学史家勃兰兑斯在论述欧洲浪漫主义文学的兴起时也指出："绝对的自我由于包括一切真实，它要求它所对立的非我同它本身相和谐，而无限的奋斗过程就是克服它的限制。正是这种认识论的结论，鼓舞了年轻的一代。所谓绝对的自我，人们认为不是神性的观念，而是人的观念，是思维着的人，是新的自由冲动，是自我的独裁和独立，而自我则以一个不受限制的君主的专横，使他所面对的整个外在世界化为乌有，这种狂热在一群非常任性的、讽嘲而又幻想的青年天才中发作开来了。在狂飙时期，人们所沉湎的自由是 18 世纪的启蒙，现在那种狂飙精神以更精致、更抽象的形式重复着，而人们所沉湎的自由则是 19 世纪的这种随心所欲，为所欲为了；""这一切有一个共同点，即任意的自我肯定，或者说根本上信口开河，这就是他们在同日益狭隘的散文的斗争中，在对于诗和自由

1　［德］黑格尔：《美学》第 1 卷、第 2 卷，商务印书馆，1992 年，第 56 页、67 页。

2　［法］朗松：《法国文学史》，《欧美作家论现实主义和浪漫主义》（二），中国社会科学出版社，1981 年，第 241 页。

的迫切呼喊中所有的出发点。"[1]

这些论述无论角度多么不同，但都强调了浪漫主义文学就是追求无限、追求自由的文学，这和启蒙主义的精神是一脉相通的。

发动了浪漫主义文学运动的雨果以最简洁的语言概括了浪漫主义的这种自由本质，他在《欧那尼·序》中这样讲道："如果只从战斗性这一个方面来考察，那么总的来讲，浪漫主义，其真正的定义不过是文学上的自由主义而已。……在不久的将来，文学的自由主义一定和政治的自由主义能够同样地普遍伸张。艺术创作上的自由和生活领域里的自由，是所有一切富于理性、合乎逻辑的精神应该亦步亦趋的双重目的，是召集今天这一代如此坚强有力而且强自忍耐的青年人的两面旗帜，和这些青年人在一起，并且站在最前列的，还有老一代的杰出人物们，这些明智的老人经过一段怀疑和观望的时期，承认了他们的儿辈今天所干的事正是他们当年之所为的一种后果，承认了文学自由正是政治自由的新生儿女。"他接着又从文学的角度讲道："既然我们从古老的诗歌形式中解放出来了，那么我们为什么不从古老的社会形式中解放出来？新的人民应该有新的艺术。现代的法兰西，19世纪的法兰西，米波拉为它缔造过自由，拿破仑为它创建过强权的法兰西，在赞赏着路易十四时代的文学和当时专制主义如此合拍的时候，一定会明白要有自己的、个人的、民族的文学。"[2]雨果不但以诗人的敏感和大无畏的斗争精神指出了浪漫主义具有反专制、争自由的战斗意义，并且在法国倡导了一场声势更为浩大的浪漫主义运动。而且提出了具体的艺术原则，那就是"对照"或"对比"原则，这一原则的核

1　[丹麦]勃兰兑斯：《十九世纪文学主流》第 2 分册，人民文学出版社，1984年，第 26—27 页。

2　[法]雨果：《欧那尼·序》，《欧美作家论现实主义和浪漫主义》(二)，中国社会科学出版社，1981 年，第 134—135 页。

心观点认为："丑就在美的旁边，畸形靠近着优美，粗俗藏在崇高的背后，恶与善并存，黑暗与光明相共。""换句话说，就是把肉体赋予灵魂；把兽性赋予灵智。"[1]这种原则并不高明，但对于等级森严、规矩苛刻但矫揉造作的古典主义却不能不说是一记重拳，勃兰兑斯为此叫好，并将雨果的这一原则进行引申说：根据这一原则，"他可以让法官说：'判处死刑。现在我们大家吃饭吧！'他可以让伊丽莎白赌咒，而同时又说拉丁文。他可以让克伦威尔说：'我把议会装在我的提包里，我把国王装在我的口袋里。'坐在凯旋车上的凯撒却可能怕翻车。拿破仑慨叹着：'从崇高庄严到滑稽可笑，相差不过一步之遥'"。[2]

总的来说，浪漫主义文学的一切特性都源于这种自由主义精神。浪漫主义公开维护不受任何规律和标准束缚的创作自由，强调自发性和自主性；浪漫主义者所做的一切都只是尽力"克服主观与客观、自我与世界、意识与无意识之间的分裂的巨大努力"，[3]从而获得最大意义上的创作自由和精神自由。

20世纪初，当中国的思想启蒙运动蔚为大观时，基于自由民主思潮应运而生的中国现代浪漫主义文学思潮一萌生就喊出了与西方浪漫主义文学类似的自由主张，当然，其中既有西方浪漫主义文学的影响，但也有对中国传统文化率性自由一面的继承。

历史让鲁迅担当了这一自由运动的旗手，他一连发表《文化偏至论》《摩罗诗力说》《破恶声论》，大力推动这一思想启蒙运动的发展。在《文化偏至论》中他写道："19世纪末之重个人，则吊诡殊恒，尤

1　[法]雨果：《克伦威尔·序言》，《欧美作家论现实主义和浪漫主义》(二)，中国社会科学出版社，1981年，第124—125页。

2　[丹麦]勃兰兑斯：《十九世纪文学主流》第5分册，人民文学出版社，1984年，第22—23页。

3　[美]韦勒克：《批评的诸种概念》，四川文艺出版社，1987年，第195页。

件冒险的事，它已使许多人碰了壁。"[1]

第二节　浪漫主义文学的审美特性

说浪漫主义至今没有一个统一的标准定义，并不等于说浪漫主义无法认识，实际上，浪漫主义概念的复杂丝毫也不影响研究者对浪漫主义的性质和特点作出某种概括。以国内为例，朱光潜在总结西方浪漫主义流派时，就指出它有三个主要特征：

第一，浪漫主义最突出的而且也是最本质的特征是它的主观性。……浪漫主义派感到新古典主义派所宣扬的理性对文艺是一种束缚，于是把情感和想象提到首要的地位。他们的成就主要在抒情诗方面，就是小说和戏剧也带有浓厚的抒情色彩。……由于主观性特强，在题材方面，内心生活的描述往往超过客观世界的反映，以爱情为主题的作品特别多，自传式的写法也比较流行。……个人与社会对立往往使浪漫派作家们在幻想里讨生活，所以这时期的作品比起过去其他时代，都较富于主观幻想性……

其次，浪漫运动中有一个"回到中世纪"的口号，这说明浪漫主义在接受传统方面，特别重视中世纪民间文学。……中世纪民间文学不受古典主义的清规戒律的束缚，其特点在想象的丰富，情感的深挚，表达方式的自由以及语言的通俗。这正是浪漫主义派所悬的理想……

第三，浪漫运动中还有一个"回到自然"的口号。这个口号是卢梭早已提出的。卢梭的"回到自然"有回到原始社会"自然状态"的

1　［英］弗斯特：《浪漫主义》，昆仑出版社，1989年，第1页。

涵义，也有回到大自然的涵义。浪漫主义派继承了这个口号，主要由于他们对资本主义社会的城市文化和工业文化的厌恶。[1]

这种总结当然也并不全面，但基本上概括了浪漫主义文学的主要审美特征，这些特征同样适用于中国浪漫主义文学。

主观性是已为大家公认的浪漫主义最突出而且也是最本质的特征。浪漫主义主观性的形成从哲学角度讲是对理性主义的反叛，从文学角度讲则是对 17 世纪新古典主义的反叛；理性主义推崇理性与科学，新古典主义呼唤规范和法则，当启蒙运动以不可阻挡之势奔涌而至时，先进的思想先觉者顿时感到精神上的极度压抑，于是他们从精神自由的角度提出新的文学创作手法，即通过强调情感、想象、天才和灵感等主观性因素，强调文学表达人物的内心情感，表达对生活的理想，表达复杂、矛盾甚至变态的情绪，以此冲决理性主义对主观心灵的压抑，达到自由人性的自由发展。与此相对应，浪漫主义者厌恶古典主义的规范和法则，致力于追求一种无拘无束、自由奔放的美，这样就打破了新古典主义为文艺设置的僵化呆板的艺术模式。与此主观性相适应，浪漫派作家追求个性解放，致力于描写与社会和统治集团格格不入的天才人物和叛逆性格，夸大自我与个人才能的作用，从而形成文学上的自由主义。

所谓"回到中世纪"，意指浪漫主义作家对中世纪带有神秘色彩的历史和丰富多彩的民间传说、民歌、民谣极感兴趣。很多浪漫主义作家本身就是民间传说的搜集者，更多的作家是在民间传说的基础上进行加工再创造，或利用民间文学题材、采用民间口语进行创作，这与

1　朱光潜：《西方美学史》（下卷），《朱光潜全集》第 7 卷，安徽教育出版社，1991 年，第 396—397 页。

古典主义以古希腊罗马文学为楷模完全不同。向民间学习不仅反映了浪漫主义作家的民主倾向，而且对革新文学的内容和形式也起到了很大的促进作用。不少浪漫主义者在这方面做出了突出成就，如德国的阿尔尼姆、布仑塔诺和格林兄弟。

所谓"回到自然"，源于卢梭的"返回自然说"，目的是以此与现代科学文明相对立，使在资本主义工业文明压迫下异化了的人性得以复归。"回到自然"包括两方面的含义，一是回到未被现代文明玷污的人的自然本性，二是回到邈远幽静、质朴纯净的大自然。浪漫主义者赞美原始人、野蛮人的生活，崇拜没有留下人工痕迹的粗犷的大自然，认为只有在这样的环境中，人才能保留自己的自然天性。浪漫主义者设想自然是与人相通的一体，但现代工业文明却割裂了人与自然的和谐关系，所以浪漫主义文学的使命就是重新恢复人的这种自然状态。所以，在他们笔下，自然风物和没有受到现代文明熏染的自然人成为主人公。当然，浪漫主义文学中的大自然并非本真的大自然，而是具有某种神秘性或是某种精神境界的象征，就像华兹华斯所说：自然的珍宝你探不到底，它既可怡情，又可益智；既可容纳欢乐的精灵，也能为人生失意者提供疗救精神创伤的处所。

在表现手法上，浪漫主义者最喜欢采用对比和夸张，因为只有这种艺术表现手法才能造成他们喜欢的强烈的艺术效果。他们喜欢异乎寻常的情节，异乎寻常的事件，异乎寻常的性格……他们文思恣肆，天马行空，美就美得出奇，丑就丑得人间少有，对他们来说，一滴水可以写成汪洋大海，一颗星可以写成星光灿烂。他们不但要超越自己、社会，也要超越宇宙、永恒，要有这样的艺术效果，就非得采取对比和夸张的手法不可。

当然，浪漫主义的审美特性并非仅限于上面所述这些，但了解了上面这些特征，也就基本上能从感性上判断什么是浪漫主义文学作品了。它们虽然主要是从西方浪漫主义文学作品中概括出来的，但在很大程度上已具有了超越民族、时代的意义，已成为我们鉴定一种文学思潮、一个作家的作品是否属于浪漫主义范畴的比较严格的标准。

第一编

中国现代浪漫主义作家论

第一章　中国浪漫主义文学发展概述

第一节　戴着镣铐跳舞——抑郁的中国古典浪漫主义文学

浪漫主义文学的文化基础是以民主、自由为基础的个性主义，而中国传统文化的核心是儒教，而儒家文化的核心是"礼"，尽管它也强调"仁"，强调要有爱人之心，但这种"仁"的前提是"克己复礼"，是为了封建礼教而完全泯灭人的个性，使人成为礼教的奴隶，也即鲁迅谈到的被细腰蜂麻醉的青虫。在这种文化的长期浸润下，中国传统知识分子形成了以克尽礼教、牺牲个性为主要特征，以"君要臣死，臣不得不死"为安身立命之本的个人价值取向，在文学上则形成了"文以载道""乐而不淫，哀而不伤"的价值系统和审美系统。

然而，在儒教正统之外，中国传统文化中毕竟还有以庄、玄、禅学为代表的崇尚自由的哲学，这是中国古代浪漫主义文学的思想根源，也在中国现代浪漫主义文学的发展中起着重要的主导作用。庄子抗议"人为物役"，主张人与自然融为一体，"生而不知其所以生"，从而达到人性的真正彻底的解放，获得绝对的自由：庄子之后，在理论上和行动上皆反儒崇庄的是魏晋时的阮籍、嵇康，他们敢"非汤武而薄周孔"，敢以放浪形骸的举止对封建礼教表示蔑视，并且崇尚"与造物同体，天地并生，逍遥浮世，与道俱成，变化散聚，不常其形"[1]的思想人格。晚明时期，以李贽和三袁为代表的具有强烈反叛性的文人，都表现出一种离经叛道的精神气质，他们依据魏晋名士的传统风尚和佛老思想与儒教抗衡，并且强调个人有按照自己的个性能力自由选择、自由发展的权利："能尊德性，则圣人之能事毕矣。于是焉，或欲经世，或欲出世；或欲隐，或欲见；或刚或柔，或可或不可，固皆吾人不齐之物性，圣人具任之矣。"[2]清朝的龚自珍继承李贽的衣钵，也以佛释禅为武器，反对儒教对个性的束缚，"众人之宰，非道非极，自名曰我。我光照日月，我力造山川，我变造毛羽肖翅，我理造文学言语，我气造天地，我天地又造人，我分别造伦纪"，[3]大力张扬人的个性，揭露封建礼教禁锢人的思想、压抑人的个性的残酷。

然而，不必讳言，中国历史上的这些狂狷之士所张扬的个性自由是不彻底的，因他们反儒教时所凭借的文化底蕴主要还是传统的思想力量和道德力量，还无法摆脱近代以前中国进步文人在传统内部反传统的一般思想惯性。另外，在强大的传统力量的压抑下，他们所高唱出的个性解放思想往往成为空谷足音，他们所反叛的往往只是封建礼教，而不是礼教所服务的统治政权。传统知识分子的这种矛盾性决定了他们缺乏理直气壮地争取个人发展合理性的勇气，往往回避个性解放思想与封建专制和封建礼教必然产生的冲突，只采取狂放自傲、率性而行、放浪不羁的方式，或啸傲出林，寄情山水，以实践自己的个性自由。

---

1 阮籍：《大人先生传》，《阮籍集》，岳麓书社，2021年，第296页。

2 李贽：《明灯道古录》（上卷），《李贽评传》，福建人民出版社，1981年，第152页。

3 龚自珍：《壬癸之际胎观第一》，《龚自珍诗文选注》，广东人民出版社，1975年，第111页。

第一章　中国浪漫主义文学发展概述

中国传统文化的这种封闭性、滞后性直到"五四"时期才被彻底打破。"五四"新文化、新文学是以对儒教文化的彻底否定为前提的，它所凭借的思想武器则是西方现代文化。当时新文化的旗手陈独秀一方面指出"盘踞吾人精神界根深蒂固之伦理道德文学艺术诸端，莫不黑幕层张，垢污深积，并此虎头蛇尾之革命而未有焉"，一方面呼吁中国知识分子以欧洲近现代文学大师为楷模，向儒教痛击："吾国文学界豪杰之士，有自负为中国之雨果、左拉、惠特曼、狄更斯、王尔德者乎？"[1] 有了西方文化作为价值尺度，新文化的先驱者们有恃无恐地对传统文化痛下针砭，并在此基础上力图建设一种与西方文化同质的新文化。在这场波澜壮阔的思想解放的大潮中，被封建礼教压抑已久的个体的激情终于酣畅淋漓地喷薄而出，人，第一次活得这么潇洒，舒畅，第一次可以无拘无束地宣泄爆发。与时代激情的起伏相一致，在新文化基础上孕生出的"五四"浪漫主义文学，也呐喊出强烈的自我解放和自我表现的呼声，对主体独立与自由进行了恣意的张扬。在这种新的主体自我面前，一切专制、束缚被冲刷殆尽。"创造社"的郁达夫、郭沫若，"文学研究会"的冰心、王统照、许地山、庐隐，都各以自己的方式与浪漫主义相拥，尽情地抒发对自我的尊崇，对理想的追求，对激情的沉迷，对宇宙的向往。一种新型的浪漫主义文学，就在这样的时代，以传统浪漫主义文学为基础，接受西方浪漫主义文学的影响，根据新时代的审美个性、社会价值取向蜕变出来了。

从文学发展的自身规律来看，中国浪漫主义文学在从古典向现代的过渡过程中，也是循着庄玄禅与儒教的交织、对抗的运行轨迹而不断发展演化的。

中国最早可称为浪漫主义作家的是公元前 3 世纪的屈原，他是我

1　陈独秀：《文学革命论》，《新青年》第 2 卷 6 号，1917 年 2 月 1 日。

国浪漫主义文学的开山之祖。他的作品，如《离骚》《九歌》《招魂》，以汪洋恣肆的气势，表现出对原始生命的赞歌。屈原有高贵而鲜明的人格，但却被谗放逐，他把"忠君"不得的失意、理想破灭的绝望，化为对美好人生、理想人格的热烈追求。他或咏唱神灵之爱恋，热情洋溢，或慷慨激昂、悲凉豪壮地抒写志士遭际。在中国文学发展史上，屈原的诗歌在一定程度上表达了感情的解放、个性的舒展，而且诗人能借助富有地方色彩的神话、传说，运用丰富、绮丽的想象和夸张的手法，使诗歌具有了一种恢宏瑰丽的特征。后代个性和感情强烈的诗人，如李白、李贺，无不受到屈原的影响。然而，屈原虽在一定程度上表现出一个传统知识分子的个性自觉，但他本质上仍只是一个欲做帝王师的士大夫。他的最高理想是做一个具有良好道德品质的忠臣。他的《离骚》是因"忠而被谤"而产生的委屈愤懑之情的宣泄；他的《天问》，也不过是因无所归属而产生的怀疑绝望情绪的暴露。屈原生活于战国末年，诸侯之间的兼并战争，已使孔子梦寐以求的"周礼"和老子向往的自然社会形态毫无实现的可能。当时的知识分子（士）或趋君权，或完全放弃庙堂，一心一意营造适性逍遥的心灵自由世界。屈原的悲剧恰在于他既不能接近君权，又不会将个体生命视作一个独立的存在，这样，当他被斥于庙堂之外时，他就无法从自身生命体验中获得自救，所以他不会接受渔父的"何不随其流而扬其波"的劝告，而只有自杀以保全自身人格的"皓皓之白"。他的这种悲剧结局，实际上是他生命政治化的必然结果。他对生命意义的理解，不是以内心自觉为前提，而是以君主王权皇室宗族利益为基点，在他的价值观念中，除了在楚国政治生活中能够实现自身价值外，个体生命存在，个体精神再没有任何独立价值可言了。他的自杀，尽管能表现人格的高扬，但最终是向世人表明自己的存在价值是与统治集团的利益相一致的，所以，他最终没能摆脱做忠臣的价值观念体系，他的个性意识，奔放感情，最终也只能在这样一种价值体系的覆盖下高扬或消亡。

唐代大诗人李白在精神上与屈原是一脉相承的。李白生在盛唐，当时国势强盛，民风开放，他的诗歌，集中体现了这样一个时代的精神风貌，以饱满的青春热情、积极乐观的理想主义、旷达豪放的英雄主义精神和强烈的个性色彩，构成我国古代浪漫主义文学的又一个巅峰。诗人终其一生，都在以天真的赤子之心讴歌理想的人生，无论何时何地，都以满腔热情拥抱整个世界，在高扬亢奋的精神状态中去实现自身的价值。

李白富有强烈的个性，这使他笔下的自然万物莫不具有理想主义色彩，成为个性化的自然，即他所谓"吾将囊括大块，浩然与溟涬同科"。李白素有任侠仗义的豪放，而天性又是一个纯洁天然的赤子。他的诗，豪放而不失细腻，意境壮美而又不失秀丽。他一生纵游四海，在仕途上并不得意，但他总能以强烈的乐观精神超越现实的忧患而纵游于心性、旷野之间。明代的王世贞用"以气为主，以自然为家"两句话概括李白诗歌的特点，可谓切中肯綮。

屈原、李白之后的中国第三位浪漫主义诗人当推李贺。他的诗，色彩瑰丽，气势悲壮。他也有浪漫的理想，但在现实的打击下，他的理想却被击得粉碎，由此导致的绝望使他的诗多悲凉抑郁之气，使他最终把理想寄托虚无缥缈的神鬼世界，在近于病态的幻想中抒写人生失意的悲歌……

中国古代浪漫主义文学就是这样由一片片耀眼的星光连缀而成的一条光彩耀人的彩带。从屈原到曹植、司马相如、嵇康、谢灵运，从诗仙李白到李贺、李商隐、苏轼、马致远、袁枚、龚自珍、曹雪芹……他们的作品，都或多或少带有偏离正统价值体系和审美体系的浪漫主义色彩。然而，这些浪漫主义作家偶尔闪现出的主体性高扬，并没有达到个性彻底解放的程度。他们所处的时代决定了他们只能在权力结构的边缘，戴着精神的镣铐跳舞。儒家文化的超稳定结构规定着个体意志必须服从整个封建统治阶级的利益，"存天理、灭人欲"的基本价值规范、道德规范，决定着个人的主体必然被削弱，甚至泯灭。更重要的是，传统知识分子由于长期浸润在这种超稳定文化传统中，已经自觉地使个人的主体性服从于社会的整体需要，将个人的存在价值等同于社会价值，这就使他们命定要在不可抗拒的正统文化格局里消泯个性。虽然偶尔有作家因个性过于强烈而表现出欲抛弃正统、任心性自由遨游的倾向，但最终也会因心灵的翅膀承担着过于沉重的精神负担而无法舒展地振翅翱翔，他们本人内心对传统文化有着不可割舍的依恋之情，他们可以怨讽，但决不会抛弃他们的这种安身立命之本，屈原如此，李白亦如此，即使《西游记》里的孙悟空，一个筋斗十万八千里，似乎是无拘无束了，但他的生命存在仍非他本人所有，而是属于如来佛、观世音、唐王朝和唐三藏，只有当他表示屈服了这些外在压力时，他才能有一定程度和范围的"主体自由"。中国古代浪漫主义精神，大抵不出孙悟空这样的命运。

主体性的被抑制决定了主体情感不会得到尽情喷发；如地火般奔突的个体激情，一遇到社会伦理、道德价值的抑制即迅速冷却或改变。古代浪漫主义诗人充其量也不过或像陶渊明那样归耕田亩，回归自然；或如柳永跑马章台，倚红偎翠，以求感官暂时的沉迷；或像李贽那样放浪形骸，醉酒狂歌，以抒内心之郁闷；或干脆削发为僧，回避尘世。另外，他们理想的政治化和因此造成的偏狭性也决定了他们不会一心滋养自己的情感。个人价值的泯灭使他们不能也不会面对自己真实的内心，各种社会力量和封建观念迫使他们心灵异化，使内在情感归于抑郁。即使如李白这样堪称豪放的诗人，其豪放实际上也只是变相地遮掩他内在的失意和忧郁，"举杯浇愁"，就是这位旷达奇士留在我们印象中的一个侧影。

实际上，不独李白，在他之前的屈原，在他之后的苏轼等有浪漫气质的诗人，又何尝不是如此呢？封闭的政治意识形态，超强度稳定的社会价值原则及因此造成的个体的非个人化的人格结构，注定了古典浪漫主义作家不可能像受到西方近代文化影响的"五四"浪漫主义作家那样具有开放的心态，奔放不羁的情感态势。如果说古典浪漫主义是向后看的——以正统文化观念为万古不变的圣训，那么"五四"浪漫主义则是向前看的——力图创造出一种新的文化，并打碎一切旧的精神枷锁。但古典浪漫主义文学和"五四"浪漫主义文学绝非两个完全隔绝、孤立的文学形态，而是既有质的区别（"五四"浪漫主义是在古典浪漫主义的基础上，接受外来影响而形成的一种新型的浪漫主义文学），又有联系（现代浪漫主义文学与古典浪漫主义文学在精神气质、审美趣味方面有血缘关系）。浪漫主义从古典向现代的转化并非在"五四"时才开始，而是经历了一个缓慢渐进的过程。鸦片战争中，中西文化开始逐渐碰撞、交流、融合，传统文学自身开始产生蜕变的迫切要求，在这样的时代态势下，外来因素慢慢融入传统文学从而促成一种新质的文学形式的出现。

第二节　在时代的漩涡中高歌低吟——"五四"浪漫主义文学的形成及发展

对外国浪漫主义文学的翻译介绍，对推动中国浪漫主义文学从古典向现代的转化，起到了重要作用。

清末民初对外国文学的介绍具有明显的倾向性，当时救亡图存的迫切需要决定了翻译介绍外国文学的方向。这一时期，虽有林纾译的《巴黎茶花女遗事》，春柳社等演剧团体演出了日本新派剧和西方一些哀情剧，但真正受到欢迎并产生广泛影响的是那些与"救亡""爱国""革命"有关的作品。当时首先被输入到中国的外国作家作品，也大都是些富有革命激情、反抗精神的。在这方面，最有代表性、功绩最大的当数梁启超。戊戌政变后，梁启超直接参与政治改革的企图已经无望，于是便转而从事文化启蒙，"欲使外学之真精神，普及于祖国"。[1] 在 1899—1903 年间，他以各种方式把从柏拉图、亚里士多德，经培根、笛卡尔、伏尔泰、孟德斯鸠、卢梭直至达尔文、斯宾塞等哲学家、思想家以及法国的罗兰夫人、拿破仑、意大利烧炭党人等民族英雄介绍进中国，其目的是希望中国也出现这样的大哲学家、思想家以及能救中国于危难之中的民族英雄，创造出一个充满新气象的少年中国。梁启超本人是位富有浪漫气质的文人英雄，英雄惜英雄，他对英雄有着发自内心的崇拜。其实，不只梁启超，当时整个时代也都在焦灼地期盼着一个救世英雄。

英国浪漫主义诗人拜伦，就是在中国人的这种期待视野中出现并受到异乎寻常的欢迎。1902 年，梁启超在《新小说》第 2 号上首次刊出拜伦和雨果的照片，并称他们为"大文豪"，盛赞拜伦为"英国近世第一诗家……摆伦又不特文家也，实为一大豪侠者。当希腊独立军之起，慨然投身以助之。卒于军，年仅三十七"。显然，在梁启超功利主义的眼睛里，拜伦作为文学家的价值远远逊于他作为希腊的英雄的价值。从《新小说》第 1 卷 1 号起，他发表了一篇新小说《新中国未来记》，其中以曲牌形式译出了拜伦长诗《唐·璜》中的《哀希腊》两首，并在注解中说："拜伦最爱自由主义，兼以文学的精神，和希腊好像有夙缘一般，后来因为帮助希腊独立，竟自从军而死，真可称文界

1　梁启超：《论中国学术思想变迁之大势》，《饮冰室文集》第 3 册，上海中华书局，1932 年，第 104 页。

里头一位大豪杰。他这诗歌，正是用来激励希腊人而作。但我们今日听来，倒像是为中国人说法哩。"[1]以拜伦的自由精神为中国人说法，是拜伦输入中国的首要条件，也是其价值之所在。不独梁启超是这么看，其后拜伦的中国介绍者也大都持此态度。1903 年，马君武通过比较歌德、席勒、丁尼生、卡莱尔、拜伦和雨果，得出结论说：只有雨果和拜伦才"使人恋爱、使人崇拜"。他称拜伦是"英仑之大文豪也，而实大侠士也，大军人也，哲学家也，慷慨家也"，"闻希腊独立军起，慨然仗剑从之，谋所以助希腊者无所不至，竭力为希腊募巨债以充军实，大功未就，罹病遂死"。[2]1905 年，马君武又将拜伦的《哀希腊》译成汉文，与梁启超不同的是，他采取的是较为自由的歌行体，并且是将《哀希腊》的十六章全部译出，其中诗句如"暴君昔起遮松里，当时自由犹未死。曾破波斯百万师，至今人说米须底。吁嗟乎，本族暴君罪当诛，异族暴君今何如？"（其十二）和"劝君莫信佛郎克，自由非可他人托。……可托唯有希腊军……劝君信此勿复疑，自由托人终徒劳"（其十四）。表现了反暴君、反强权、争民族自由独立的英雄主义精神，这与当时中国的现实需要是契合的。

时代意志左右了拜伦的中国介绍者们的视线。在拜伦的精神气质中，既有热烈亢奋的一面，也有忧郁感伤的一面，但大多数介绍者们显然更重视他的前一面，而有意无意地忽略了后一面。尽管当时也有人比较客观、全面地注意到拜伦气质的两个方面，如王国维在《白衣龙小传》中就说拜伦是"纯粹之抒情诗人，即所谓主观的诗人是也。其胸襟甚狭，无忍耐力，自制力"，"彼与世界之冲突，非理想与实在

1　梁启超：《新中国未来记》第四回末眉批，《新小说》第 1 卷 3 号，1902 年 12 月 15 日。

2　马君武：《十九世纪二大文豪》，《新民丛报》第 28 号，1903 年 3 月。

之冲突，乃己意与世习之冲突"。[1]但因清末热烈亢奋的时代气氛是排斥冷静的理性思考的，所以，像王国维这样的比较全面的评述在当时是不会产生多大影响的；其后的苏曼殊，虽然也倾心于拜伦《赞大海》《哀希腊》诗中缠绵悱恻的情愫，但更引他心动的是拜伦诗歌中寄托的"去国之忧"。他在《哀希腊》一诗中就说道："威名尽堕地，举族供奴畜。知尔忧国士，中心亦以恶。而我独行谣，我犹无面目。我为希人羞，我为希腊哭。"苏曼殊在为希腊哭，也是在为中华哭。朱自清后来谈到苏曼殊的译诗时说只有《哀希腊》一篇曾引起过较广泛的注意，因为其中保存着一些新的情绪，这种新情绪，就是为时代所激扬的宣教启蒙、慷慨救国的英雄主义精神。

最能代表当时中国人在介绍西方文学时的价值取向的文章，是鲁迅 1907 年在东京写就的《摩罗诗力说》，这是我国第一篇全面介绍外国激进浪漫主义诗人的论文。这时的鲁迅是一个激进的革命主义者、启蒙主义者，他从当时急迫的救亡图存的社会需要出发，迫切想在中国历史文化的长廊里，找到一个能担当社会革新重任的"精神界之战士"，但结果他发现"诗人绝迹，事若甚微，而萧条之感，辄以来袭"，于是他只好"别求新声于异邦"，在 18 世纪末到 19 世纪中叶时的欧洲浪漫主义诗人中，发现了足以彰显时代强音的"摩罗诗派"。所谓"摩罗"，即"欧谓之撒但，人本以目斐伦（G.Byron）。今则举一切诗人中，凡立意在反抗，指归在动作，而为世所不甚愉悦者悉入之"。这些诗人"大都不为顺世和乐之音，动吭一呼，闻者兴起，争天拒俗，而精神复深感后世人心，绵延至于无已"。鲁迅热烈地赞扬了拜伦、雪莱、普希金、莱蒙托夫、密茨凯维支、斯洛伐茨基、克拉幸斯基、裴多菲等八位欧洲激进的浪漫主义诗人，说他们"力如巨涛，直薄旧社

1　陈鸿祥：《王国维与近代东西方学人》，天津古籍出版社，1990 年，第 56 页。

会之柱石"，"如狂涛如厉风，举一切伪饰陋习，悉为荡涤，瞻顾前后，素所不知；精神郁勃，莫可制抑，力战而毙，亦必自救其精神，不克厌敌，战则不止"。鲁迅把这些摩罗诗人看作是旧时代的叛逆者和反抗者，是"新声"的传播者，他们内心"有理想的光"，是愤世嫉俗的"自尊至者"，是"贵力而尚强，尊己而好战"的"自繇主义者"。鲁迅介绍这些诗人，就是要把他们身上所体现的反抗精神当作刺向几千年吃人的封建文化的利器，以强烈的个性精神唤醒在"铁屋子"里昏睡的中国人，使他们起而参加反帝反封建的救亡战斗，进而创造并建设一个民主自由的新中华。鲁迅当时也意识到这些诗人都是孤傲的个人主义英雄，他们的孤军奋战很易于导向忧郁、失望、怨愤，但在风雨如磐的黑暗社会，是需要有坚硬如铁的、迅疾如电的精神，才能刺透层层黑幕，使将要窒息的人们看到一线复活的光明。

《摩罗诗力说》可以说代表了自鸦片战争以来翻译介绍西方文学的基本倾向，任何西方文学都必须在中国救亡图存的大背景下接受中国人的选择改造。西方浪漫主义文学的介绍，使习惯于中庸之道的中国人开始接受西方文化中的个性主义因素和自由民主思想，并希望借此在文学界、思想界引发一场革命。尽管由于时代尚未成熟，梁启超、鲁迅这些先觉者的呐喊往往显得曲高和寡，但薪尽火传，当"五四"运动以排山倒海之势汹涌而至时，他们从域外传来的精神火种就终于在他们的传人手里熊熊燃烧起来了。"五四"浪漫主义文学，就在这灿烂的火光中跃跃出世了。

"五四"时代是一个思想解放、个性张扬、热情迸发的青春时代，刚刚从沉睡中觉醒的人们，急迫地想把胸中郁积的对封建礼教、道德的强烈愤懑，对未来的少年中国的热切向往，尽情地抒发出来，从而形成了以个性主义为核心的浪漫主义文学思潮，它以激进的思想、炽热的情感、激扬的个性，对束缚人性的封建文化进行了无情地扫荡。

这是中国历史上一个虽然短暂但却非常典型的浪漫主义时代，"五四"浪漫主义文学，就是这个时代的一个清新洁白的婴儿。

在"五四"时期青春奔放的气象的激励下，曾经呼唤过撒旦式英雄、后来一度沉寂的鲁迅，从沉闷中再次奋起，自己身体力行成了真正的摩罗诗人。他让"狂人"肆无忌惮地直斥几千年的传统文化是"吃人"的文化（《狂人日记》）；让吉光屯的"他"硬要自己闯进庙里去吹熄自梁武帝就点起的长明灯（《长明灯》）；而只知"报仇"，为了复仇慷慨赴死的眉间尺、宴之敖（《铸剑》）更让人体尝到一种悲壮豪放的英雄精神。这些灌注了鲁迅的独特个性的悲壮的英雄，坚定勇敢，孤高傲世，"明知前路是坟而偏要走"。具有超人色彩的鲁迅，超越了大众但始终又关注着大众，执著于现实而又瞩目于理想。他把思想的探索与追求理想的激情凝聚一体，在希望与绝望、乐观与悲观、抗争与毁灭、光明与黑暗的种种矛盾冲突中表现出顽强的精神力量和生命意志，体现出一种悲剧的崇高。这是一种理想的"力之美"，一种充溢的生命之美。

继鲁迅在"五四"文坛上"异军突起"，高举起浪漫主义文学大旗的是创造社，这一团体的成员既深受西方浪漫主义文学的影响，又对中国现实的苦痛体会得深。他们或以昂奋抗争的英雄主义精神，如郭沫若，或以忧郁感伤的抒情形态，如郁达夫，对个性进行了前无古人、后无来者的张扬，使中国现代文坛为之一惊，一新。

郭沫若代表了创造社激烈奔放的一面。他深受欧美浪漫主义文学的影响，比较喜欢歌德、雪莱和惠特曼，也深受中国的庄子、屈原等的影响。他的创作，崇尚"力""创造与破坏"，崇尚冲决一切束缚的汪洋恣肆的情感的激荡。最能代表他这种追求和风格的是《女神》，在这部诗集中，郭沫若塑造了一系列顶天立地、叱咤风云的自我抒情形象。以个性的高扬、理想色彩的强烈、想象力的奇伟来衡量，"五四"

初期的郭沫若是中国现代文学史上最具有浪漫主义气质的诗人，后人无出其右者。

前期创造社的田汉早期也热心介绍欧美浪漫主义文学。他受歌德、华兹华斯和雪莱的影响，崇尚唯情主义，认为诗歌就是诗人把他心中歌天地泣鬼神的感情，创造为歌天地泣鬼神的诗歌。田汉的浪漫主义带有浓烈的唯美主义色彩，即他说的"迷恋过脱离现实的唯美主义"。他一方面广泛地吸取席勒、惠特曼的民主思想和托尔斯泰、屠格涅夫、赫尔岑等人的启蒙思想，另一方面对爱伦·坡、王尔德、波德莱尔等"世纪末果汁"也表现了极大的兴趣和热情。他翻译了王尔德的唯美主义代表作《莎乐美》，并写有《恶魔诗人波陀雷尔的百年祭》，介绍象征主义诗歌。田汉称自己的这种浪漫主义、唯美主义、现代主义混合在一起的文学思想为新浪漫主义，按他的解释，所谓新浪漫主义，"是直接由旧罗曼主义的母胎产下来的，而他'求真理'的着眼点，不在天国，而在地上，不在梦乡，而在现实；不在空想界，而在理想界"。[1]实事求是地说，"五四"时期以田汉、白薇、王独清为代表的浪漫主义戏剧家与西方浪漫主义的亲近仍是感情上、审美情趣上的，而在理性层面，他们明显受到现实主义戏剧"为人生"观念的影响。田汉后来发表《我们的自己批判》，宣布"转向"，就是这一观念的必然结果。

郁达夫代表了创造社会的另一方面，即感伤派，也可称为浪漫抒情派。他的小说，大胆的自我暴露，赤裸裸地抒写病态青年的精神创伤、灵魂分裂，笼罩着浓重的感伤气氛和忧郁情调。时当"五四"落潮，曾经觉醒过的知识青年，眼看着曾慷慨呼号、热烈呼唤过的祖国，一下子又陷入寂寞荒凉的境地，曾热烈激荡过的胸膛，自然淤满了绝

1　田汉：《新罗曼主义及其他》，《少年中国》，第 1 卷 12 期，1920 年。

望与孤独，郁达夫的小说，正知心地抒发了这些青年的内心苦闷，所以很为青年们喜爱，并有许多与其心有戚戚的知识分子同气相求，竞相创作类似的作品，一时蔚为大观，其中可作代表的有郭沫若、成仿吾、倪贻德、周全平、叶鼎洛、王以仁、陈翔鹤、林如稷、冯沅君、陶晶孙、刘大杰，他们每好作牢骚幽怨之语，发伤世悲秋之辞，对整个时代的审美情趣和道德风尚产生了巨大的冲击。

倪贻德是郁达夫的追随者，他"始终保持着他的感伤情调。他也带着欷歔叙述自己的身世，有时还带点低调的愤慨"。[1]他自称是一个一无可取的世界上所无用的人，他的自叙小说，《花影》《归乡》等抒写的是"多余人"爱情失意的淡淡忧伤；《玄武湖之秋》则以悲抑的调子叙述自己的身世，伤感地追怀逝去的爱情，诅咒庸俗腐恶的社会现实。倪贻德自谓"藏在秋叶之中待毙的秋蝉""原是一个世上的弱者"。这与郁达夫自贬为"生则于世无补，死则于世无损"的"零余者"是相似的，只不过郁达夫多写性苦闷和变态心理，倪贻德则常悲叹自己的身世飘零。

周全平与倪贻德一样，也是深得郁达夫真传和郭沫若、成仿吾好评的作家。他的小说以写实为主，但也常受主观情绪的主导。他的小说多是写正直、朴实的小职员在现实中的失意与潦倒，如《呆子和俊杰》《苦笑》《中秋月》，或表现他们爱情的失落与孤冷情绪，如《林中》，写露萍和仙舟表姐弟从小青梅竹马，相爱至深，但社会势力和家庭权威却不允许他们的爱情生存，他们自己又无力反抗，结果是仙舟沉浸于幻灭的悲哀之中，孑然一身，漂泊异乡；而露萍因苦恋像春梦般幻灭，则带着仙舟的挚爱走进坟墓。后来，仙舟回到故乡，日日守

---

1 郑伯奇：《〈小说三集〉导言》，刘运峰编：《1917—1927 中国新文学大系导言集》，天津人民出版社，2009 年，第 109 页。

着情人的坟墓。人生的孤冷失落情绪，让人几近窒息。

受创造社影响，在风格上比较接近创造社的还有浅草社和弥洒社。浅草社骨干作家王怡庵、邓均吾、冯至都受到创造社作家的影响。浅草社主要继承了创造社作品的自叙传特色和感伤主义情调，它的作品主要描写"五四"退潮时期青年知识分子理想破灭的悲剧心态。他们本满怀理想，但未等他们喊出自己的合理要求就已被现实的黑暗窒息了。他们在矛盾、痛苦中挣扎、奋斗、徘徊、忧郁。既无力打破黑暗，又不甘沦落；既看不到光明的前途，又不甘寂灭。如陈翔鹤的小说《茫然》《不安定的灵魂》，林如稷的小说《将过去》《流霰》，陈炜谟的小说《轻雾》《甜水》，其中的主人公都像一只只迷途的鸟，一叶叶在漠漠寒潭里漂泊的孤舟，既看不到希望，又拼命挣扎，充满着命运无常的悲哀。

文学研究会以现实创作为主，但也有不少作家往往在现实主义的底板上调抹几道浪漫主义的深痕，如叶圣陶时常在暗淡的现实人生中点缀一两点理想的光环；王统照以爱与美的理想境界，观照现实的残酷，医治人生的创伤；冰心的创作，饱蘸感情，吟咏着一首首歌咏母爱、童真、自然之爱的颂歌；庐隐不仅擅写情意绵绵的浪漫故事，而且长于创造异想天开、通身仙气的浪漫形象，她笔下的主人公，如丽石（《丽石的日记》）、亚侠（《或人的悲哀》）都是富有浪漫蒂克气的知识女性，她们以浪漫的情感在现实中追寻幸福与理想，结果只落得悲哀不尽的哀愁；被称为中国的夏多布里昂的许地山，其创作表现出对地方色彩、异域风光的迷恋，如《商人妇》，或贯注着强烈而深沉的宗教意识，如《命命鸟》，写佛教学校学生敏明与加陵倾心相爱，但因世俗偏见和父母之命，他们这对并蒂莲无法在尘世开花结果，于是他们便双双携手赴水而死，以求在净水中涅槃以获得爱情的永生。这种反抗方式带有强烈的宗教意味，而这种宗教色彩，恰最具西方浪漫主义的特色，却是一向为中国浪漫主义文学所忽略或无力达到的境界。

与倾心拜伦、雪莱式的英雄主义的创造社相比，"五四"时期的另一个大的浪漫主义文学团体新月派的创作则明显具有维多利亚诗风的韵味。这一派的绅士型的浪漫诗人，主要是接受了维多利亚时代抒情诗人的影响，包括哈代、布朗宁夫人、布莱克、彭斯、雪莱、济慈、罗塞蒂、戴维斯等。早期的新月派也重主观，崇尚感情，追求理想，也认为"整个的宇宙，只是不断地创造，所有的生命，只是个性的表现"，也曾引创造社为同调：闻一多对《女神》推崇备至；徐志摩也曾写信给创造社表示愿意"薄相追随，共辟新土"，但他们的社会地位、审美理想及社会理想最终决定了他们不可能持久地像创造社那样倡言破坏与创造，而是最终由早期的浪漫感伤一变为精致华美，由推崇感情、张扬个性变为克制自我、崇尚理性，于是便由早期的与创造社同调一变为对创造社的感伤进行讽刺和批评，称他们是顾影自怜，善痛工愁，风流自赏，是"伪浪漫主义"，而自己则转而追求一种清丽的纯粹的美和信仰。

创造社和新月派作为中国现代浪漫主义文学的两大团体，明显都受到西方浪漫主义文学的影响，但它们也同时继承了中国古代文学中的浪漫主义传统。道家思想，主要是庄子的思想，在很大程度上影响了他们的美学追求。创造社反传统、反封建，追求个性解放，虽受拜伦、雪莱、惠特曼等欧美浪漫主义诗人的影响，但也与中国传统文人的"才子气"和"名士气"有血缘关系。他们狂放不羁，惊世骇俗，放浪形骸，与魏晋时嵇康、阮籍"反名教"的率真慷慨无疑是一脉相承的。郁达夫对历史上的"名士"们，如嵇康、阮籍、刘伶、陶潜、黄仲则倾心不已，他甚至恨没能与这些失意的士子们生在同一时代。郭沫若在追溯自己的思想渊源时也说自己少年时代特别喜爱庄子，喜欢他的文章，对屈原情有独钟，对苏东坡、李白、袁枚也很推崇。他那汪洋恣肆、恢宏纵横的文风，既容易看出惠特曼等西方浪漫主义诗人的影响，也显然有李白、苏东坡等中国浪漫主义诗人的魂魄。

新月派公开打出的旗号是崇尚西风，但它与中国古典文学、美学的关系也很密切。徐志摩要表现性灵，他要捕捉的灵感是"从性灵深处来的诗句"，他的活泼自由无羁的浪漫性情，他的飘逸俊美，如雪花一样轻灵飞翔的才情，活脱脱袁才子"独抒性灵"的狂狷与洒脱。新月派的另一位代表诗人闻一多与以庄子、屈原、李商隐、李贺为代表的诗歌美学传统脉脉相连。他盛赞庄子的奇异想象有"怪诞的、幽缈的、新奇的、秾丽的各种方向"，说庄子崇尚的"以丑为美"代表中国艺术中的极高古、极纯粹的境界。[1] 李商隐、李贺的诗对闻一多的诗歌艺术也有很深的启示。

以创造社、新月派为代表的现代浪漫主义文学与中国古典浪漫主义文学的这种姻缘关系并不奇怪，因为"五四"新文学虽然在西方文学的冲击下要有意识地背离中国的传统文化、文学与美学原则，但作为创作主体，则还受到深潜层次的民族文化——审美心理的制约，因而在创作中会自觉不自觉地归属民族文化审美心理，表现出带有民族文化审美特征的审美个性，这就潜在决定了他们一方面接受西方浪漫主义文学影响，一方面继承了传统的民族文化审美心理。中国现代文学，本就是在古今中外各种美学原则的均衡中诞生并获得发展的。

时代的发展态势决定了浪漫主义文学的发展方向。浪漫主义是以个性为基础的，强调个人主观情感的抒发，然而，严酷的现实斗争却一次次淡化了个性主义主题。大革命前后，创造社首先发难，主张以阶级意识取代个性意识。郭沫若公开宣告："我们对于个人主义文艺也

---

1 闻一多：《庄子》，《新月》第 2 卷 9 号，1929 年 11 月。

要取一种彻底反抗的态度。"[1]即使闻一多、庐隐这些曾为美高歌、为爱伤情的作家也在力图将自己融入集体。闻一多在诗中写道:"最好是让这口里塞满了沙泥 / 如其它只会唱着个人的休戚!"(《死水·静夜》)庐隐则说自己"眼光转了方向。我不单以个人安危为安危,我开始注意到我四周的人了"(《庐隐自传·思想转变》)。

这一时期可称为浪漫主义文学的是太阳社的蒋光慈、孟超、洪灵菲提倡的"革命浪漫蒂克文学"。这种浪漫主义文学保留了创造社的那种直抒胸臆、重主观、理想的特点,但与"五四"浪漫主义文学相比,它摒弃了"五四"文学的艺术倾向,而片面强调了文学的社会功利价值;放弃了个性主义,而强调了集体主义、阶级意识。但在当时,即使这种"准"浪漫主义文学也受到了很大压力,因为严酷的现实斗争不允许人们以浪漫的态度对待革命。瞿秋白就犀利地批判了"革命浪漫蒂克文学":"这种浪漫主义是新文学的障碍,必须肃清这种障碍,然后新兴文学才能够走上正确路线。"[2]这条正确路线,就是要求作家自觉使个人主义服从于集体主义、阶级利益,使文学成为现实斗争的工具。现实环境的压力,加上革命浪漫蒂克文学本身并不否认功利性,最终导致这次革命浪漫主义文学如昙花一现,经过一段轰轰烈烈的热闹后复归于沉寂。自此以后,除了40年代郭沫若的历史剧、徐訏和无名氏的小说一度再现浪漫主义文学昔日的荣光外,中国现代浪漫主义文学再也没有能像"五四"时期那样与现实主义文学形成双峰对峙的局面,而是越来越走向边缘。

然而,当郭沫若、郁达夫式的带有强烈的个人主义色彩的浪漫主义文学和蒋光慈式的革命浪漫主义文学走向边缘的时候,另一种根植

---

1 郭沫若:《革命与文学》,《沫若文集》第 10 卷,人民出版社,1959 年,第 45 页。

2 瞿秋白:《革命的浪漫蒂克》,《瞿秋白文集》(文学编),人民文学出版社,1985 年,第 87 页。

于中国传统美学的浪漫主义文学却在二三十年代的中国悄然生成并形成一股不小的潮流，这就是以周作人、废名、沈从文等为代表的田园抒情文学。这些作家回避社会动荡，对知识分子因时代变化造成的苦闷、忧伤也不感兴趣，而是执著地尽情地讴歌中国的田园牧歌生活，描写真挚的人情美、人性美，以此映照现实的丑恶与鄙陋，使人能在严峻的岁月流动中体尝到一种温和的亲情美。这是这派作家的主要特色。他们不张扬，也不退缩，只是如一涓涓流淌的情感的溪流，默默但执著地在幽美与纯净的大自然中流过，滋润着人们日益变得干枯、萎缩的心田，浇灌出一株株清纯活泼的生命之花。他们并非完全不顾现实，并非对中国正遭受的痛苦麻木不仁，而是坚持用自己的方式对此做出回答。他们没去振臂一呼，投向革命洪流，而是侧重在充满生机与活力的大自然中表现不受现实文明污染的蛮风夷俗，展示鲜活粗野的生命能量，以期从中发展民族复兴的力量源泉。恰如苏雪林在《沈从文论》中所说：沈从文的理想是"想借文学的力量，把野蛮人的血液注射到老态龙钟、颓废腐败的中华民族身体里去，使他兴奋起来，年轻起来，好在 20 世纪的舞台上与别个民族争生存的权利"。[1]虽然他们的这种不切实际的理想不能使他们融入时代的主潮，但也因此使他们免受时代主潮的直接冲击而能守护自己一方自由的心灵天地，以一颗爱美之心缓缓地滋润自己的理想的美，在丑陋的现实中营构一个理想的净土，通过对自然的美、纯朴的力的真诚追求，向人们展示他们对现实的不满与反叛。

　　这一类抒情作家是深受中国传统文化的滋养成长起来的，与西方浪漫主义文学没有直接关系，因而具有更深厚的中国传统文化底蕴，更适宜在中国生根发芽。可以说，这是一种土生土长的中国式

1　苏雪林：《沈从文论》，《文学》第 3 卷 4 期，1934 年。

的浪漫主义，是传统自然审美观念的产物。它"在思想上，否定现实生活的丑恶面；在艺术上，运用传统自然观念去追求自然美与人情美。这两种特征使田园抒情小说在各个历史阶段的发展中，获得了某种自由张力……而且它那较为符合民族审美习惯的美学追求，与他们深层心理结构中的审美趋向发生沟通。它在思想上的现实态度，又可以不时地揉化进历史赋予的新内容，使它在各个历史阶段都产生一批比较有代表性的作家作品"，如"左联"文学时期的艾芜、抗战文学中的孙犁、国统区文学中的汪曾祺，都是这一传统的继承者，即使在以后的 60 到 70 年代的"文革"后文学中，其生命之流也始终没有中断过。[1]

至此，我们可以说，中国现代浪漫主义文学是在接受西方浪漫主义文学的影响和继承本民族文化传统的基础上发展起来的。与西方浪漫主义文学相比，中国现代浪漫主义文学也重主观、尊个人、任自然，但由于接受主体所处的时代环境的制约，以及主体本人所承袭的传统文化心理积淀的潜在制约，使他们在选择接受西方浪漫主义文学时，舍弃了其中的强烈的宗教色彩和中世纪的"恋旧怀古"情绪，继而基于现实关怀，掺入了较多的现实主义因素。关注现实始终是中国浪漫主义文学一个有时显在有时潜在的价值取向。另外，当外国的各种思潮共同涌入中国时，中国社会正处在由旧变新的动荡环境中，人们一时无法把握时代的命运和个人的命运，自然会滋长出一种失望、痛苦、颓废的情绪，在这样的时代情绪状态下，觉醒过又陷入失望的知识分子很容易选择"世纪末"的现代主义作为他们对抗现实的武器，这样，中国现代浪漫主义文学中就又掺入现代主义因素。而与中国古典浪漫

1　陈思和：《中国新文学发展中的浪漫主义》，《陈思和自选集》，广西师大出版社，1997 年，第 88 页。

主义文学相比，"五四"浪漫文学更注重个人价值、自我实现，注重情感的自由抒发，而不是像中国古典浪漫主义文学那样将社会价值、君王利益看得高于一切，只能将个人情感隐晦地、曲折地、变态地发泄出来。时代造就了现代浪漫主义作家，使他们得天独厚地具有了在古今中外的交汇中主动选择的机会。在中西文化基础上形成的具有中国特色的现代浪漫主义文学，就是他们顺应时代的发展需要而作出的中国式的选择。

第二章　文人英雄梦——梁启超

第一节　政治自由主义

在中国文学由传统的古典型向现代型过渡转化的过程中，梁启超无疑是一个承上启下的关键人物。他能起到这样的作用，是因为他既秉承了中国传统文化的精髓，又具有世界性的眼光，能在中外文化交流的大背景、大框架下，构筑诗界、小说界、文界革命的瑰丽殿堂。当然，他在文学上所做的努力对中国文学的现代化转型来说是功过参半：功，在于使中国文学以外国文学为参考而获得了新的活力；过，在于把刚刚萌芽的现代型文学引入了功利主义的非文学轨道。但由于他在政治上抱着理想主义态度，并且以诗、文、小说作为鼓吹这种理想的工具，加上他本人性格又有浓厚的浪漫气质，所以他的作品在宣传启蒙救国的同时，也带上一种明显的浪漫主义色彩。

梁启超处在中国蜕旧变新的过渡时代，救亡图存成为这个时代的主潮。他的作品，无论是诗、文还是小说，都一反中国传统的"温柔敦厚"的文学审美传统，充满着呼唤政治变革和渴望民族独立的激情。反封建、争自由的亢奋不平之声，始终伴随着这个时代的每一次阵痛。这样的时代是需要英雄也能造就英雄的时代，进取、冒险、破坏、牺牲……构成严酷时代中的一种富有浪漫传奇色彩的英雄主义精神，因为和平年代往往缺乏激情和浪漫，只有在面临重大的历史转折关口，一切方兴未艾，新旧交战，酝酿着无限的可能性而又无一思想至尊的时代，才会激发出无数的精神界战士，乘着时代造就的机遇，不畏艰险地寻找政治、社会理想的"圣杯"。梁启超对过渡时代的浪漫性领悟深刻，他在其"新文体"代表作《过渡时代论》中说：

> 过渡时代者，希望之涌泉也，人间世所最难遇而可贵者也。有进步则有过渡，无过渡亦无进步。其在过渡以前，止于此岸，动机未发，其永静性何时始改，所难料也；其在过渡以后，达于彼岸，踌躇满志，其有余勇可贾与否，亦难料也。惟当过渡时代，则如鲲鹏图南，九万里而一息；江汉赴海，百千折以朝宗。大风泱泱，前途堂堂，生气郁苍，雄心翘皇。其现在之势力圈，矢贯七札，气吞万牛，谁能御之！其将来之目的地，黄金世界，茶锦生涯，谁能限之！故过渡时代者，实千古英雄豪杰之大舞台也，多少民族由死而生，由剥而复、由奴而主、由瘠而肥所必由之路也。美哉过渡时代乎！

这段话气势恢宏，音韵铿锵，情感炽热，具有浓厚的抒情色彩。救亡图存的迫切需要，以及时代的黑暗、国家的积弊至深、民众的愚昧至极，客观上也需要他以充沛的激情、激烈的态度、丰富的想象来宣传，鼓吹其政治、社会理想，以情绪的煽动、感情的冲激，使自己的政治主张易于为人接受、激赏。实际上，一切要求变革现实的改革者——不论是革命派还是改良派——都可以称为浪漫派，因为，就如后来的蒋光慈所说的："凡是革命家也都是浪漫派，不浪漫谁个来革命呢？"浪漫主义文学的产生，本就是与政治上的反封建、反暴政的自由主义不可分的，所以，人们当然会合乎逻辑地把政治中的自由主义和文学中的浪漫主义认作是一回事。文学上的自由主义历来是政治上的自由主义的反映，政治上的自由主义往往以文学上的自由主义作为一种有效的传播途径。这在浪漫主义文学史上并不罕见。雨果就宣称"浪漫主义的真正定义不过是文学上的自由主义而已"，[1]其作品往往以反抗暴政、争取自由的反抗精神，表现出强烈的反封建的思想情绪，如其浪漫剧《欧那尼》，歌颂的就是一个反抗国王的强盗。雪莱亦然，其诗剧《解放了的普罗米修斯》，也是以浪漫主义的想象，表达了"改良世界的欲望"和对美好未来的幻想，前提也是以推翻暴政为基础的。作为最早具有世界性眼光的中国先觉者之一，梁启超在观照与取舍西方文化时，所欣赏、钦慕的也是具有英雄主义色彩的文人英雄，最有代表性的是拜伦。拜伦是清末最早被介绍过来的外国浪漫主义诗人之一，但中国人介绍他，最先关注的并不是他的文学成就，而是他的"立意在反抗、指归在动作"的暴烈的反抗精神，特别是他为助希腊独立而命丧沙场的壮举，更令清末以救国济民为己任的热血青年倾心不已。就是因为这个原因，拜伦的《哀希腊》一诗在晚清备受青睐，梁启超、王国雄、马君武、胡适都曾将这首诗译成汉语，这在晚清被介绍到中国来的外国作家中是罕见的。梁启超译的这首诗出现在其政治小说《新中国未来记》中，形式仍采取中国传统的曲本体裁：

（沉醉东风）咳！希腊啊！希腊啊！你本是和平时代的爱娇，你本是战争时代的天骄。撒芷波歌声高，女诗人热情好，更有那德罗士、菲波士（两神名）荣光常照。此地是艺术旧垒，技术中潮。即今在否？算除却太阳光线，万般没了！

1　［法］雨果:《克伦威尔·序言》,《欧美作家论现实主义和浪漫主义》(二)，中国社会科学出版社，1981年，第124—125页。

（如梦忆桃源）玛拉顿后啊，山容缥缈，玛拉顿前啊，海门环绕。如此好河山，也应有自由回照。我向那波斯军墓门凭眺，难道我为奴为隶，今生便了？不信我为奴为隶，今生便了！

《哀希腊》是拜伦长诗《唐·璜》中的一节，歌颂了希腊光荣的过去，哀悼希腊当时被奴役的处境，热情激励希腊人民起来斗争，建立一个自由的世界。梁启超把这节诗视作《新中国未来记》的点睛之笔，可谓深知此诗三昧。梁启超孜孜以求救国救民，他从拜伦身上看到了自己所期待的"新民"的典范，所仰慕的英雄精神，感到了一种心灵相契的激动。他这样评价拜伦："拜伦最爱自由主义，兼以文学的精神，和希腊好像有夙缘一般，后来因为帮助希腊独立，竟自从军而死，真可称文界里头一位大豪杰。他这诗歌，正是用来激励希腊人而作。但我们今日听来，倒像是为中国说法呢。"这真可谓知人之论。此时的梁启超，"誓将适彼世界共和政体之祖国"，要让中国接近世界十九世纪之文明。拜伦作为"英国近世第一诗家"，却能在希腊独立解放战争时慨然投身相助，成为一个文人英雄，无疑这会令同样具有强烈的报国热情的梁启超心向往之了。

梁启超曾说："我所思兮在何处，卢孟高文我本师"（《次韵酬星洲寓公见怀二首，并示遁庵》其二）卢梭、孟德斯鸠都是法国启蒙主义的代表人物，他们所提倡的自由、平等、正义观念，强烈地吸引着以启蒙救国为己任的梁启超，使他在倡言救国、新民时，有了这些西方的价值标尺。启蒙运动是继文艺复兴后西方又一次思想革命运动，它要求破除封建迷信，摧毁宗教偶像，反对贵族特权，主张法律面前人人平等，最终目标则是推翻封建统治，建立理想的资本主义社会。在这个社会，人的理性被视作最高的法则。无论是在西方还是在东方，自由、平等观念都是近代个性解放的基础和前提。梁启超所处的时代，旧的封建制度越来越显出其腐朽性、顽固性，新世纪的曙光刚刚绽露一抹微红，因而迫切需要打破几千年封建宗法制对人的束缚，把"人"从几千年的奴性习惯中解放出来，进而培养有自由、平等观念的"新民"。晚清思想界对自由、平等观念的提倡，尽管主要着眼于经世致用，但客观上则使中国先觉的知识分子从政治上提出民主、自由的要求，进而开始思考个人的民主自由。梁启超变法失败后东渡日本，看到"自由"是西方价值观念的核心，认识到中国儒家传统文化始终与"自由"无缘，开始意识到要救国便须先新民，而欲新民，首先要输入西方"自由"的新观念。他说："中国数千年之腐败，其祸极于今日，推其大原，皆必自奴隶性来，不除此性，中国万不能立于世界万国之间，而自由云者，正使人自知其本性，而不受制于他人。今日非施此药，万不能愈此病"；[1] "自由者，权利之表证也。凡人所以为人者，有二大要件，一曰生命，二曰权利。二者缺一，时乃非人。故自由者，亦精神界之生命也"。[2] 梁启超相信每个人都具有双重的"我"，即肉体上的"我"和精神上的"我"，而真正的"我"不是肉体的"我"，而是精神的"我"。只有精神的"我"战胜了肉体的"我"，个体才能获得自由，一个肉体上束缚于人的人远比一个精神上奴隶于人的人幸运，而个体最大的不幸是"我"奴隶于"我"，即是说个人丧失了自主的权利，思想或情感上感到空虚。梁启超认为，中国人容易患上四种精神束缚，一是为古代圣人的奴隶，二是世俗的奴隶，三是为境遇的奴隶，四是为情欲的奴隶；个体只有将自己从这四种精神束缚中解放出来，才能获得真正的自由。当然，梁启超对个性自由的提倡最终还服从于国家、民族的总体利益，但在封建制度仍坚如磐石的黑暗时代，能够

1　梁启超：《致康有为书》，《梁启超选集》，上海人民出版社，1984年，第45页。

2　梁启超：《十种德性相反相成论》，《梁启超文选》(上)，中国广播电视出版社，1992年，第94页。

提出个性自由的观念，哪怕仅仅只是作为辅助性的或被否定的观念，对中国人的思想解放都会起积极的推进作用。如果因为他没有提出彻底的"个性主义"而否定他在中国"人"的解放历史上的作用，则无异于强人所难了。

第二节　"桃源"梦寻

梁启超一生只创作了一部不完整的小说，即《新中国未来记》（1902 年 11 月起在《新小说》上连载，仅成五回），按梁启超自己给小说的分类，这部小说显然属于"理想派"一类（另一类是"写实派"）。它不仅是中国第一部"政治小说"，也是中国第一部真正的理想小说，因为在梁启超看来，所谓"新小说""政治小说"，本就有理想的成分。"政治小说者，著者欲借以吐露其所怀抱之政治思想也。其立论皆以中国为主，事实全由幻想。"欲改革现实社会、政治，势必要树立一个理想的社会、政治典范，而中国本身的历史又已证明在中国不可能出现这样的典范，所以，可能的理想范式就只能向西方去找。[1]所幸梁启超这样的先觉者对西方的政治、文化等已有所了解，所以他（们）能够充分利用自己的幻想、想象，以自己所了解的西方的社会、政治制度为基础，构筑自己理想的乌托邦社会，借政治小说的形式，倾泻自己的政治热情。《新中国未来记》着眼于对"未来"中国的想象，渲染了一个经过维新改革后的繁荣、强大的中华大帝国的巍巍气象。尽管这部小说没有完成，但梁启超最初的构思很宏大，这从关于这部小说的介绍中可窥其概貌：

---

1 《中国唯一文学报〈新小说〉》，《新民丛报》第 14 号，1902 年。

其结构，先于南方有一省独立，举国豪杰同心协助之，建立共和立宪完全之政府，与全球各国结平等之约，通商修好。数年之后，各省皆应之，群起独立为共和政府者四五。复以诸豪杰之尽瘁，合为一联邦大共和国。东三省亦改为一立宪君主国，未几亦加入联邦。举国国民，勠力一心，从事于殖产兴业，文学之盛，国力之富，冠绝全球。寻以西藏、蒙古主权问题与俄罗斯开战端，用外交手段联结英、美、日三国，大破俄军。复有民间志士，以私人资格暗助俄罗斯虚无党，覆其专制政府。最后因英美荷兰诸国殖民地虐待黄人问题，几酿成人种战争。欧美各国合纵以谋我，黄种诸国连横以应之。中国为主盟，协同日本、菲律宾等国，互整军备。战端将破裂，匈牙利人出而调停，其事乃解。卒在中国京师开一万国平和会议，中国宰相为议长，议定黄、白两种人平等，互相亲睦各种条款，而此书亦以结局焉！[1]

这里所描写的是一个多么强大的中国！一个多么令人向往的世界和平乐园！对比一下梁启超实际生活于其中的那个中国，这部小说中想象、理想的成分是显而易见的。实际上，以想象的理想世界表达对现实的不满和对美好生活的向往本就是中国小说的一个传统。当时就有人指出，"中国理想的小说如《西游记》《镜花缘》之类，幻造境界却也不少，只是没有科学的根据，其言便无益于世"。[2]称这些小说为理想小说是对的，但若说它们"无益于世"，就稍显偏颇了，因为理想小说描写的总是一个高于现实、比现实美好的世界，这本身就是对现实的否定。《新中国未来记》与这些传统的理想小说在通过构筑理想世界以表示对现实的失望这一点上是相通的，但这些传统小说主旨仍在批判现实，而《新

---

1 《中国唯一文学报〈新小说〉》，《新民丛报》第 14 号，1902 年。
2 红溪生：《海底旅行》第九回批语，《新小说》第 1 卷 3 号，1902 年 12 月 15 日。

中国未来记》则侧重描写一个未来的理想世界，着眼点在"未来"，与梁启超写作这部小说的时间有一定的距离感，因而使他能得心应手地站在世界政治、文化交汇的路口来构建六十年后的理想世界的蓝图，而这个新世界的中心，就是"大中华民主国"。经过六十年的政治进化，这个新国家终于以"联邦大共和国"的姿态出现在世界人民面前，成为世界舞台上的主角，跻身世界强国之列。在其庆祝维新五十年的祝典活动中，世界各国都为之惊动了，各国包括总统和皇帝在内的贵宾纷纷亲临，颇有万邦朝贺的气象。如在小说第一回"楔子"里，就浓笔渲染了1962 年"我中国全国人民举行维新五十年大祝典之日的盛况……诸友邦皆特派军舰来庆贺，英国皇帝、皇后，日本皇帝、皇后，俄国大统领及夫人，菲律宾大统领及夫人，匈牙利大统领及夫人，皆亲临庆祝。其余列强，皆有头等钦差代一国表贺意，都齐集南京，好不匆忙，好不热闹"。这真是好不气派，好不令人扬眉吐气。小说还写到在上海开大博览会的盛况，"各国专门名家、大博士来集者，不下数千人，各国大学学士来集者，不下数万人"，什么原因呢？"原来自我国维新以后，各种学术，进步甚速，欧美各国皆纷纷派学生来游说"，多时竟达三万余名，真是百川朝宗，气象非凡。就如小说中人物所说，"六十年前，我国衰弱到恁般田地"，六十年后，"我们今日得拥这般的国势，享这般的光荣"，不由人不生出无穷的感慨。[1]

　　既然记的是"未来"之事，便必然不能缺乏由大胆、奇异的想象和时空的错隔而造成的浪漫情调。我们从上面所举出的小说中夸耀中华帝国的强盛、繁荣的话，就不难体味梁启超独特的浪漫情趣。实际上，正是通过创作《新中国未来记》，梁启超才对浪漫主义有了初步认识。在与这部小说同时发表的《论小说与群治之关系》中，他就提

1　梁启超：《新中国未来记》，《新小说》第 1 卷 1 号，1902 年 10 月 15 日。

出了"理想派"小说与"写实派"小说的区别，并指出理想派小说对人的发展的重要性，因为他认为，"凡人之性，常非能以现境界而自满足者也，而此蠢蠢躯壳，其所能触能受之境界，又顽狭短局而至有限也。故常欲于其直接以触以受之外，而间接有所触有所受，所谓身外之身，世界外之世界也。……小说者，常导人游于他境界，而变换其常触受之空气者也"。尽管梁启超从未用"浪漫派"这个词来概括他的政治理想小说，但他没有像李伯元等那样创作《中国现在记》一类的作品，走写实派的路子，而是选中"未来记"这种易于抒发抱负、热情的"理想派"的路子，除了说明他本人具有浪漫气质外，还表明了他对自己政治小说的源头——日本明治政治小说——的精髓，即浪漫传奇色彩的心领神会。

日本明治政治小说是明治维新后文学改良的产物，是在西方文学的影响下形成的，目的是为社会改良服务，宣传自由民主思想。明治时期是日本由封建社会迈向现代资本主义社会的关键时期，也是一个热情奋发、充满自由的时期。这样的时代氛围，使日本在输入西方文学时，便自然倾向于浪漫传奇一类，如司各特、大仲马的传奇小说，雨果的浪漫主义小说，以及从司各特脱胎的英国通俗小说家布莱尔·李顿等人的政治小说，都是这一时期备受日本读者青睐的西方文学作品，如日本政治小说的兴起，就是以明治十一年（1878 年）留英的丹羽纯一郎翻译李顿的《（欧洲奇话）花柳春话》为标志的。之后，李顿的其他政治小说，如《（欧洲奇话）寄想春史》（丹羽纯一郎译）、《（开卷惊奇）伦敦鬼谈》（井上勤译）、《（开卷悲愤）慨世者传》（坪内逍遥译）、司各特的《春风情话》（坪内逍遥译）、《（泰西话剧）春窗绮话》（原作为叙事诗，坪内逍遥等译）、《（政治小说）梅蕾余薰》《《艾凡赫》，牛山鹤堂译）、大仲马的《（法国情话）五九节操史》（松冈龟雄译）、《（法兰西革命记）自由之凯歌》（宫崎梦柳译）、《（法国革命起源）西洋血潮小暴风》（樱田百卫译）。这些翻译文学的刺激，促使日本的政治小说的创作也繁荣一时，较有代表的作品有尾崎行雄的《新日本》、户田钦堂的《（民权演义）情海波澜》、末广铁肠的《二十三年未来记》《（政治小说）雪中梅》《（政事小说）花间莺》，东海散士（柴四朗）的《佳人奇遇》、矢野文雄的《（齐国名士）经国美谈》等。梁启超在戊戌政变前已收藏了不少这类日本政治小说，但有记载的关于他读日本政治小说的确切时间是在 1898 年 9 月 21 日，他在戊戌政变失败后逃往日本途中的船上："戊戌八月，先生脱险赴日本，在彼国军舰中，一身以外无长物，舰长以《佳人奇遇》一书俾先生遣闷。先生随阅随译，其后登诸《清议报》，翻译之始，即在舰中也。"[1] 在梁启超创办的《清议报》上专辟有"政治小说"栏，是专为登载日本政治小说《佳人奇遇》（从 1 册—36 册）、《经国美谈》（36 册—69 册）而设的。显然，梁启超对政治小说感兴趣的不是艺术技巧，而是因为这种小说易于抒发政治寄托。即如他自己所说："有政治小说，《佳人奇遇》《经国美谈》等，以稗官之异才，写政界之大势。美人芳草，别有会心，铁血舌坛，几多健者。一读击节，每移我情；千金国门，谁无同好？"[2] 显然，他欣赏的是政治小说能写政治大势，并以"美人芳草""铁血舌坛"动其情，撼其心。政治小说往往通过描写一个传奇英雄来表达作者的政治理想，而这个英雄，除了能以滔滔不息的演说抒发政治理想外，又常能以此获得一位美人的芳心，因而，小说就在慷慨激昂的热烈情调外，又因缠绵不已的感情纠葛而别有一种浓艳哀怨的色调。这种"壮士美人"的小说格局，是日本政治小说的一种特定模式，即如日本第一部政治小说《（民权演义）情海波澜》的自序中

1　丁文江、赵丰田编：《梁启超年谱长编》，上海人民出版社，1983 年，第 958 页。

2　《本馆第一百册祝辞并论报馆之责任及本馆之经历》，《清议报》第 100 册，1901 年 12 月 21 日。

就直言相告，"此处所述一段诗话，专系之以佳人奇缘之事"。大抵英雄易生落拓之感，所以要配以美人相伴，唯美人能识英雄，唯英雄才配美人。这种"香草美人""英雄奇遇"的政治小说模式，与我国传统的"才子佳人"小说颇多相合处，不过"才子佳人"小说专在描写怀才不遇的才子与沦落风尘的女子的缠绵缱绻的感情，而政治小说最具特色的浪漫性却不在主人公的传奇爱情方面，而在于在英雄志士身上寄托着作者的政治理想。由于政治小说的根本目的在于改变现实，所以作者对小说中与现实对立或超越现实的理想世界尤为神往。在日本政治小说中，最能抒发浪漫的政治理想的小说应是"未来记"一类，当时单以"未来记"命名的政治小说就有未广铁肠的《二十三年未来记》、服部抚松的《二十三年未来记》、坪内逍遥的《（内地杂居）未来之梦》、藤泽蟠松的《日本之未来》等。梁启超熟悉日本的"未来记"小说，也熟悉《乌托邦》等空想小说。光绪二十八年四月，梁启超在《与康有为书》中论大同学说时谈道："英国之德麻摩里（即托马斯·摩尔）著一小说，极瑰伟，弟子译其名曰《华严界》（即《乌托邦》），所以他毫不犹豫地选择了"未来记"这种易于抒发政治理想的小说模式，除了《新中国未来记》外，他还计划写一部《旧中国未来记》，"叙述不变之中国，写其将来之惨状"；以及一部《新桃源》，"以补《新中国未来记》所未及"。[1] 只可惜他连《新中国未来记》都没写完，就被别的事占去了身心，但只阅读关于这部小说的框架介绍，也能体味这部"未来"小说的理想色彩，其中也不缺乏英雄美人的侠胆义情。中国传统小说中从未出现过以"未来"为题材的理想小说，即使有对理想社会的构想，也大都是在处于同一时代的海外异域，或与世隔绝的桃花源（如《镜花缘》），更没有超越时间阻隔的未来社会

---

1 《中国唯一文学报〈新小说〉》,《新民丛报》第 14 号，1902 年。

提前以比较鲜明的轮廓出现。单从文学角度讲，《新中国未来记》在中国文学史上的价值，恐怕主要就在其以想象构筑理想世界的浪漫性。

第三节　笔锋常带感情

梁启超曾自言，"我是感情最富的人，我对于我的感情都不肯压抑，听其尽量发展"（《"知不可而为"主义与"为而不有"主义》）。这种感情的恣肆，不仅表现在他的诗、词中，即使他在作"政治谭"时，也"常为自身感情作用所刺激而还以刺激他人之感情"（《吾今后所以报国者》）。他提倡的"新文体"，本是用于政论的，却因"纵笔所至不检束，且笔锋常带感情"，而具有一种元气淋漓的感人力量。一般政论文章，往往要依赖严密的逻辑和有力的论证取胜，而梁启超的政论文，却独能在"晓之以理"的同时，又能"动之以情"，独能在逻辑推论的强大攻势下，又佐以元气充沛的情感的刺激，从而使读者不能不随着他的情感的激荡而激荡，在一种扑面而来的气势下，不能不接受他的观点。我们不妨看看他的《少年中国说》中的一段话：

故今日之责任，不在他人，而全在我少年，少年智则国智，少年富则国富，少年强则国强，少年独立则国独立，少年自由则国自由，少年进步则国进步，少年胜于欧洲，则国胜于欧洲，少年雄于地球则国雄于地球。红日初升，其道大光，河出伏流，一泻汪洋；潜龙腾渊，鳞爪飞扬；乳虎啸谷，百兽震惶，鹰隼试翼，风尘翕张；奇花初胎，矞矞皇皇；干将发硎，有作其芒；天戴其苍，地履其黄；纵有千古，横有八荒；前途似海，来日方长。美哉，我少年中国，与天不老！壮哉，我中国少年，与国无疆！

梁启超的政论文之所以被誉为"别具魔力",与他这种"笔锋常带情感"的文风的冲激是不可分的。许多受过梁启超影响的人对他的政论文章的这种魔力都倾心不已。

黄遵宪在致梁启超信中说他的新文体:"惊心动魄,一字千金,人人笔下所无,却为人意中所有,号铁石人亦应感动,从古至今,文字之力之大,无过于此矣。"(光绪二十八年四月《致饮冰主人书》)

吴其昌:"至于雷鸣怒吼,恣睢淋漓,叱咤风云,震骇心魄,时或哀感曼鸣,长歌代哭,湘关汉月,血沸神销,以饱带感情之笔,写流利畅达之文,洋洋万言,雅俗共赏,读时则摄魂忘疲,读竟或怒发冲冠,或热泪湿纸,此非阿谀,唯有梁启超之文如此耳。"(《梁启超》)

胡适:"我个人受了梁先生无穷的恩惠。梁先生的文章,明白晓畅之中,带着浓挚的热情,使读的人不能不跟着他走,不能不跟着他想。他在这十几篇文章里(指《新民说》),抱着满腔的热诚,怀着无限的信心,用他那支'笔锋常带感情'的健笔,指挥那无数的历史例证,组织成那些使人鼓舞、使人掉泪、使人感激奋发的文章。"(《四十自述》)

郭沫若:"……平心而论,梁任公的地位在当时确是不失为一个革命家的代表。……在他那新兴气锐的言论之前,差不多所有的旧思想旧风气都好像狂风中的败叶,完全失掉了它的精彩。"(《少年时代》)

梁启超的政论文多写于他的青年时期,也是他平生最浪漫的时期,当时又正值甲午战后,故慷慨激昂之气,随处流露。然而,尽管梁启超的政论文有充沛的感情力量,但毕竟是说理为主,而抒发情感的最好形式毕竟是诗歌。梁启超自幼嗜唐诗,好词章之学,虽然后来他因为以救世济民为己任,而将作诗填词视为雕虫小技,甚至视为玩物丧志,并自嘲自己作诗"本以陶写吾心",但他也能从开启民智的角度,认识到"文词感人易、入人深,起衰振俗,要赖于是,固不得以无益之事目之"(《平等阁诗话》)。梁启超的早期诗歌,不管是慷慨激昂以抒救国救民情怀，还是婉转凄伤以抒离情别绪，还是悲愤难抑以抒理想遭挫之悲伤，都是以"文学救国论"为中心目的；到了晚期（1918—1929），由于对西方文明的失望，他由以前的反传统又回归到传统，在文学功能观上，则由"文学救国论"回归"情感中心论"，在文学形式上则由以"小说为文学最上乘"回归到中国传统的诗歌。在1918年底至1920年初，梁启超抱着西天取经的想法赴欧洲考察，结果却发现西方文明已经破产了，因为科学的发达和物质主义的泛滥造成了人的个性受到压抑，精神空虚。西方一些人因此对中国哲学表示出兴趣，并向梁启超表示他们正等着东方文明来拯救西方文明。既然科学万能的神话破产了，既然理性只造成人的精神空虚，自然需要情感来弥补，替代理智的不足；"理性只能叫人知道某件事该做，某件事该怎样做法，却不能叫人去做事；能叫人去做事的，只有情感。我们既承认世界事要人去做，就不能不对于情感这样东西十分尊重"（《评非宗教同盟》）。所以，晚年的梁启超通过研究中国古代诗歌中的情感问题，集中提出了自己的情感中心说。他认为"天下最神圣的莫过于情感……用情感来激发人，好像磁力吸铁一般，有多大分量的磁，便引多大分量的铁，丝毫容不得躲闪。所以情感这样东西，可以说是一种催眠术，是人类一切动作的原动力"。在同篇文章里，他还以现代科学的研究方法，将诗歌的表情艺术分为六类，即"奔进的表情法""回荡的表情法""蕴藉的表情法""象征派的表情法""浪漫派的表情法""写实派的表情法"。[1] 在其后写的一系列诗歌研究的论文里，他又反复强调阐发了"情感中心论"的观点。如他视屈原的自杀是"为情而死"，[2] 说屈原是天下古今唯一的情死者；他一反把杜甫视为诗圣的传

1　梁启超：《中国韵文里头所表现的情感》，《改造》第4卷6—8号，1922年。

2　梁启超：《屈原研究》，《晨报副刊》，1922年11月18日—24日。

统观点，把杜甫称为情圣，[1] 因为"他的情感的内容，是极丰富的，极真实的，极深刻的；他表情的方法又极熟练，能鞭辟到最深处，能将他完全反映不走样子，能像电气一般一振一荡地打到别人的心弦上"，"中国文学界写情圣手，没有人比得上他，所以我叫他做'情圣'"；他主张艺术要表现自我、个性，因此他盛赞陶渊明，"古代作家能够在作品中把他的个性活现出来的，屈原以后，我便数陶渊明"，并称他是一位缠绵悱恻最多情的人。[2] 梁启超认为，只有把作者的实感，赤裸裸地全盘表现，才是"真文艺"，"而艺术情感的表现，情感是不受进化法则的支配的"。[3] 只有有了情感，艺术作品才可获得永远的价值，只有把"自己腔子里那一团优美的情感养足了，再用美妙的技术把他表现出来，这才不辱没了艺术的价值"。[4] 梁启超一向是个浪漫气质极重的人，他一旦认定某种东西，总要以极夸张的作风表现出来。他认为小说为文学中最上乘时，就把小说视为救国救民的利器，如今视情感为艺术的核心时，则又"夸夸其谈"情感，甚至说，"若是发心着手做一件顶天立地的大事业，那时候，情感便是威德巍巍的一位皇帝，理性完全立在臣仆的地位，情感烧到白热度，事业才会做出来"，"人类所以进步，就只靠这种白热度情感发生出来的事业"（《评非宗教同盟》）。这又把情感与经邦治国的伟业联系在一起了。

1　梁启超：《情圣杜甫》，《晨报副刊》，1922 年 5 月 27 日—28 日。

2　梁启超：《屈原研究》，《晨报副刊》，1922 年 11 月 18 日—24 日。

3　梁启超：《情圣杜甫》，《晨报副刊》，1922 年 5 月 27 日—28 日。

4　梁启超：《中国韵文里头所表现的情感》，《改造》第 4 卷 6—8 号，1922 年。

第三章　断鸿零雁——苏曼殊

苏曼殊是清末民初一个颇具神秘色彩的，亦僧亦俗、不僧不俗的文学家和革命家。他的艳丽、富有情趣的诗，清新婉丽、悲凉感伤的小说，他在中外文学关系史上作为较早把西方浪漫主义文学介绍到中国来的作家之一的独特地位，都使他成为清末民初的一个极富浪漫色彩的人物。他曾怀着满腔激情为辛亥革命鼓而呼，但稍遇挫折就陷入绝望。他的一生就是这样在心灵的风雨飘摇中矛盾着，痛苦着，忧郁着，反抗着。然而，不论他是反抗还是绝望，感伤都是他日日夜夜咀嚼的食粮，是伴他走完短暂的浪漫孤旅的一朵凄艳的花。苏曼殊生活在一个感伤的时代。清末民初，不论是中国还是日本（他是中日混血儿，在中、日两国都度过相当长的时间），都处在一个由古代向近代发展演变的剧烈震荡时期，新与旧、东方文化与西方文化、强与弱、进步与保守、民主与专制的激烈冲突，都使这个时代呈现出一种纷乱杂陈，让人希望又让人绝望，让人亢奋又让人忧郁感伤的过渡性特征。对于像苏曼殊这样的敏感、脆弱的知识分子来说，他们更易于感染时代的感伤情绪，养成忧郁的性格。

可以说，感伤是苏曼殊这个初步沐浴欧风美雨而又不能摆脱传统因袭的知识分子的艰难痛苦的选择。一方面，他是近代较早接受了西方个性解放思想影响的人之一，另一方面，他又继承了中国传统知识分子既"达则兼济天下"，尊崇封建礼教，又崇尚"穷则独善其身"，以个人主义方式反抗打碎了自己理想的社会现实的传统。然而，遗憾的是，苏曼殊从西方个性解放思想中只吸取了与自身精神气质相契合的那部分，即个人主义的反抗方式，所以，他也像中国历史上催生了个性解放思想萌芽的文人们及他的异域知己如拜伦一样，或是被强大的封建礼教压抑而耿介独行，或是易于因理想破灭而走向极端绝望和孤独。特别是当个性解放思想与封建礼教的冲突表现在个体身上时，就往往会使个体既反抗又保守，既希望又绝望，并且往往伴随着剧烈的内心冲突和心灵痛苦。这就是我们为什么说苏曼殊的反抗也带着感伤色彩的原因，因为他的反抗就是因为感伤，而他的感伤本身就是对造成他感伤的社会现实的反抗。西方的个性解放思想是以自由、平等、正义为基础的。中国先进的知识分子这时开始以西方的个性解放思想为参照来思考中国的传统文化，并把个性的自由精神与政治的民主、自由及国家命运联系起来。如鲁迅就以尼采式的叛逆精神，提出"掊物质而张灵明，任个人而排众数"（《文化偏至论》），认为个人的发现，个性的解放是救国的良药，并呼吁中国出现西方拜伦式的"摩罗诗人"，呼唤"立意在反抗，指归在动作"的文化界战士的出现（《摩罗诗力说》）。清末的这股个性思潮可以说具有一种摧枯拉朽般的郁勃清新的气息。然而，清末面临的亡国灭种的危险，使救亡图存成为引进西方思想的第一要义。在这种情况下，这些爱国的知识分子就不能、或根本想不到只有以个人自由发展为前提的社会才是合理的社会，而是更多地把注意力放到"经世致用"方面，所以，他们提倡个性主义，只是要利用这种主观战斗精神来实现改良或革命以图存的目的，而非个性自由本身。救亡的现实需要压倒了启蒙的长期需要。如"戊戌变法"前，有人劝康有为先办教育，再搞改革，康有为的回答是"局势严重，来不及了"；无独有偶，辛亥革命前，严复曾向孙中山建议"为今之计，惟急从教育上着手"，而孙中山则回答说："俟河之清，人寿几何？"[1]就连严复本人后来也在现实的政治需要面前自觉放弃了启蒙救国的理想。就这样，在中国的传统思想中本就微弱，在现代西方思想的影响下刚稍有起色的个性解放思想就被中国先进的知识分子们摒弃了。它太空疏了，不但与国家前途没有直接的关系，相反，提倡个性解放甚至会造成一般民众思想的混乱，妨碍改良或革命的进行。

苏曼殊的悲剧就在于：他生活在一个不需要个性主义的时代，却仍以个人主义这种个性主义的极端方式，以独行侠的姿态和热情来顺应这股历史潮流，积极鼓吹排满反清的革命斗争，并在这个过程中，始终没有牺牲掉自己的个性。辛亥革命前，虽然他的革命思想很激烈，虽然他的朋友都是革命党人，他也始终未加入"同盟会"；辛亥革命后，他也没有像有些革命者那样争权夺利，邀宠争荣，而是始终耿介独立，纵情任性，超然物外，是一个"厉高节，抗浮云"的"独行之士"，[2]保持着自己一向的"行云流水一孤僧"（《过若松町有感示仲兄》）的狷洁姿态。但苏曼殊这种表面的潇洒飘逸下实际上隐藏着极度的悲观和绝望，因为他所采取的个人主义反抗方式决定了他既易于极度乐观，又易于极度悲观，既易于极度亢奋，又易于极度感伤，这些情绪有时交替出现，有时浑然不分，表现在他的人生及作品中，则呈现一种神秘的浪漫色彩。

1　袁进：《中国文学观念的近代变革》，上海社会科学院出版社，1996年，第128—129页。

2　章太炎：《书苏玄瑛事》，《章太炎全集》（四），上海人民出版社，1985年，第221—222页。

第一节 "才如江海命如丝"

苏曼殊的个人主义反抗方式也得自异域的滋养。他是最早把拜伦、雪莱、歌德等西方浪漫主义诗人介绍到中国来的作家之一，而其中他尤钟情于拜伦。在英文版的《潮音自序》中，他不吝把最好的溢美之词加到这个异域知己身上：

> 他（指拜伦）是一个热烈、真诚的自由信仰者——他敢于要求每件事物的自由——大的、小的、社会的或政治的……他的诗充满魅力、美丽和真实。在感情、热忱和坦率的措词方面，拜伦的诗是不可及的。他是一位心地坦白而高尚的人……他赴希腊去，帮助那些为自由奋斗的爱国志士。他的整个的生活、事业和著作，都缠绕在恋爱和自由之间。[1]

首先促使苏曼殊认同拜伦的是拜伦身上那种追求自由、反抗暴政的个人主义精神，这种精神，在清末民初是为一般热情的青年所认同和接受的。恰如鲁迅所概括："那时 Byron 之所以比较的为中国人所知，还有别的一原因，就是他的助希腊独立。时当清的末年，在一部分中国青年的心中，革命思潮正盛，凡有叫喊复仇和反抗的，便容易惹起感应"（《坟·杂忆》）。拜伦不仅是诗人，而且是革命家、实际活动家。他的一生都在以挑战示威的态度，以异样的勇敢和热情，以不屈不挠的意志和毫不妥协的精神，报复或反抗社会专制和压迫，号召人民起来斗争，争取自由与正义：当"神圣同盟"疯狂

1　马以君编注：《苏曼殊文集》（上），花城出版社，1991 年，第 307 页。

瓜分欧洲时，他是欧洲各国反对"神圣同盟"的思想领袖；在意大利，他是"烧炭党"的领袖之一；在希腊，他被推举为希腊革命军统帅，最后，为了希腊的独立和自由，他把自己的生命也留在了那儿。拜伦身上的这种光焰逼人的自由战士精神，使苏曼殊敬佩不已："善哉，拜伦以诗人去国之忧，寄以吟咏，谋人家国，功成不居，虽与日月争光也！"[1]苏曼殊偶尔闪露出的高亢的反抗热情，与拜伦的这种思想的影响是有很大关系的。

然而，苏曼殊之所以与拜伦产生共鸣，根本原因还在于彼此性格、气质的契合。从身世来说，苏曼殊幼时失怙，在养母家又备受欺凌，"遭逢身世，有难言之恫"，[2]因而养成敏感、脆弱的性格；而拜伦则生活在一个父母离异的家庭，童年贫穷，孤寂，加上有生理残疾及在贵族集团的被排挤，使他对周围的一切抱有怀疑的态度，常常有寂寞和孤独的悲哀。他们都是以自己的幻想代替理智，以自己的感情为衡量一切的标准；他们的性格飘忽不定，时而坚强，时而脆弱，感情时而激愤，时而低沉；两人都是天才诗人的气质，以极端的个人主义作为人生信条，因而狂狷自傲，忧郁敏感，卑以自牧，愤世嫉俗。这些相近的心理基础，使苏曼殊自感在感情上与拜伦同病相怜："丹顿裴伦是我师，才如江海命如丝。"（《吴门依易生韵》）他从拜伦身上得到了一种异域的精神滋养，使自己在寂寞的浪漫孤旅中获得一丝慰藉："秋风海上已黄昏，独向遗篇吊拜伦。词客飘蓬君与我，可能异域为招魂。"（《题拜伦集》）实际上，苏曼殊的同时代人当时就看到了这一点，张定璜就说："他们前后所处的旧制度虽失去了精神但还存躯壳，新生活刚

1　苏曼殊：《拜伦诗选自序》，马以君编注：《苏曼殊文集》（上），花城出版社，1991 年，第 301 页。

2　苏曼殊：《潮音跋》，马以君编注：《苏曼殊文集》（上），花城出版社，1991 年，第 309—310 页。

有了萌芽但没有作蘖的时代，他们多难的遭遇，他们为自由而战为改革而战的热情，他们那浪漫的飘荡的情思，最后他们那悲惨的结局，这些都令人想到，惟曼殊可以创造拜伦诗。"[1]这些话在今天看来，仍不失为中肯之论。然而，这种对拜伦的过于认同与契合，却使苏曼殊在接受拜伦的积极抗争精神的同时，没能像鲁迅那样敏锐地看到拜伦的个人主义反抗方式所必然带来的消极后果，即他们（指拜伦笔下的个人英雄）"或以不平而厌世，远离人群，宁与天地为俦偶，如哈洛尔特；或厌世至极，乃希灭亡，如曼弗列特；或被人天之楚毒，至于刻骨，乃咸希破坏，以复仇雠，如康拉德与卢希飞勒；或弃斥德义，蹇视淫游，嘲弄社会，聊快其意，如堂祥"（《摩罗诗力说》）。令人遗憾的是，鲁迅在拜伦的极端个性主义性格中看到的这些消极方面，不幸全在苏曼殊身上得到了呼应。他先是热情鼓吹革命，但稍遇挫折就对现实感到绝望而遁入空门，但做了和尚后，却又不为佛戒所羁，仍狂热地追求爱情，甚至一得钱就"必邀人作青楼之游，为琼花之宴"[2]；但令人奇怪的是，他尽管有"姹女盈前"，却"弗一破其禅定也"。[3]他从不与女性发生肉体关系，个中原因，用他自己的话说则是"人谓衲天生情种，实则别有伤心之处耳"，[4]他只是用这种放荡不羁的生活方式来对黑暗现实进行极端地嘲弄，以泄胸中抑郁不平之气。这种畸形的个性主义表现形式，是西方拜伦式的个性解放和民主、自由观念在具有

---

1 张定璜：《苏曼殊与拜伦及雪莱》，柳亚子编：《曼殊全集》（4），上海北新书局，1928 年—1929 年，第 228 页。

2 丁丁：《诗僧曼殊》，《中国近代文学论文集》（概论、诗文卷，1919—1949），中国社会科学出版社，1988 年，第 165 页。

3 柳亚子：《苏玄瑛传》，《柳亚子文集》之《苏曼殊研究》，上海人民出版社，1987 年，第 20 页。

4 苏曼殊：《冯春航谈》，马以君编注：《苏曼殊文集》（上），花城出版社，1991 年，第 319 页。

浓厚传统文化色彩的苏曼殊这样的中国知识分子身上的畸形投影。当他们用这种思想去反抗封建势力时，一方面因为压迫他们的封建力量过于强大，另一方面则因为他们所采取的个人主义反抗方式不仅不能实现他们理想的社会，反而易于使他们在强大的敌对力量的压抑下变得消沉绝望，忧郁感伤。在革命处于高潮时，苏曼殊的一腔激愤和浪漫激情与时代潮流是一致的，因而其个人主义表现出革命性，而革命一旦落潮，他的极端个人主义就使他如阮籍、嵇康那样，把自己与现实的冲突，把自己的失败和理想破灭的屈辱与绝望，化为自己灵魂的汁液，在痛苦迷茫的时光中，"无端狂笑无端哭，纵有欢肠已似冰"（《过若松町有感示仲兄》），独自咀嚼培养奴隶的社会赐给弱者的圣餐，变态地发泄积郁的痛苦，歌哭自己心灵的寂寞，甚至采取自戕的方式（如暴饮暴食）。在那种畸形的社会，这是弱小者的悲哀，也是弱小者的高尚。

第二节 "狂歌走马遍天涯"

苏曼殊的不幸身世，使他从小就形成了敏感、愤激的性格。1898—1903 年在日本求学期间，他的反抗性格开始形成。这期间，他接触到孙中山、陈独秀等革命志士，并在革命浪潮的激荡下，参加了以排满反清为宗旨的革命团体"青年会""拒俄义勇军""军国民教育会"，并因此被资助他的表兄林紫垣断绝经济来源，被迫于 1903 年回国，临行前作《诗并画留别汤国顿》（二首），借以表达决心反帝、勇赴国难的豪情：

> 蹈海鲁连不帝秦，茫茫烟水着浮身。
> 国民孤愤英雄泪，洒上鲛绡赠故人。

——其一

海天龙战血玄黄，披发长歌揽大荒。

易水萧萧人去也，一天明月白如霜。

——其二

　　诗以鲁连蹈海，荆轲刺秦两个典故，表现了诗人慷慨激昂、欲挽国家颓势于一举、反抗强敌、义不受辱的悲壮精神。但诗中也典型地表现出苏曼殊独特的感伤色彩：在慷慨悲歌中透出绝望——"茫茫烟水"，如霜明月，更衬托出英雄的凄凉心境和孤独傲世的痛苦。读这样的诗，既令人生出英雄出世的感奋，也给人一种"风萧萧兮易水寒"的悲凉。

　　苏曼殊从日本回到上海后，于1903年10月初参加了由章士钊、张继和陈独秀主办的《国民日日报》的编辑工作，这是继《苏报》后的另一份宣传鼓吹革命的报纸，苏曼殊以笔为武器，满怀激情地投入到反清排满的宣传鼓动工作之中。在编译大量的文稿之余，1903年10月7日，他在《国民日日报》上发表了赞扬无政府主义领袖爱玛·高德曼的文章《女杰郭耳缦》，从10月8日起又开始连载以雨果的小说《悲惨世界》为原型编译的宣传民主自由、反对满清政权的小说《惨社会》，10月24日，《惨社会》尚在登载，他又发表《呜呼广东人》，犀利地讽刺了"把自己的祖宗不要，以别人的祖宗为祖宗"的卖国媚外的行径。苏曼殊是10月初到《国民日日报》的，短短的一个月不到，他就迫击炮似的一连发表了这么多洋溢着激情的作品，他的满腹积郁、一腔热血，终于喷薄而出。然而，在这民族危亡的生死关头，"辱骂和恐吓决不是战斗"（鲁迅语），救国的实际道路又在何方？苏曼殊自然也在思考这个问题，并作出了自己的回答，那就是"操利刃、挟炸弹、杀满洲狗"的无政府主义式的道路（1904年，他甚至身体力行，在香港欲用手枪暗杀康有为，被陈少白所阻未遂）。他不但在《女杰郭耳缦》中极力赞扬无政府主义者的暗杀行动，而且不惜在雨果的《悲惨世界》的基础上，"乱添乱造"（陈独秀语。苏曼殊的《惨社会》共十四回，只有前七回和第十四回与原著有关，中间六回与原著毫无关系）创造出一个无政府主义个人英雄明男德，通过他杀富济贫、英雄落难、险途遇艳、殉身革命的经历，把当时社会上的种种悲惨不平之事一一揭示出来，进而提出推翻封建强权，建立平等自由救国理想。

明男德（意"明白难得"，小说中多此类双关名字，如吴齿字小人即"无耻小人"，满洲苟即"满洲狗"等）是一个行动带有无政府主义色彩的个人主义英雄，是当时主张以"鼓吹、暗杀、暴动"为宗旨反帝反封建的资产阶级革命志士的缩影。他为祖国陷入"悲惨世界"而痛心疾首，为"世界上的穷人"不平而大声疾呼。他挞伐一切黑暗势力，痛斥清朝皇帝是"扼夺了别人国家的独夫民贼"，大骂孔子的学说是狗屁不如的"奴隶教训"，进而公然声称，"为人在世，总要常问着良心就是了：不要去理会什么上帝，什么天地，什么神佛，什么礼仪，什么道德。什么名誉，什么圣人，什么古训"。他把救国救民视为己任，把"救这人间苦难"的责任通通揽在"一人身上"。为了实现革命理想，他劫监狱，杀恶官，惩恶锄强，救困扶危，并联络会党，希望以"大起义兵"的"狠辣手段"，破坏这腐败的世界，另造一个土地公有、人人平等的新世界。

小说没有写到男德追求的理想世界到底实现了没有，但从他最后因刺杀拿破仑未遂而自杀的结局来看，似乎已经暗示了这个理想世界的必然结局，苏曼殊也只能给自己理想的主人公安排这样一个结局了，因为，尽管他所遵循的极端个人主义的反抗方式充溢着澎湃的革命豪情，但却不能从根本上改变他所反对的现实世界，而且这种反抗方式所伴随的激情很容易在固若金汤的现实面前蜕变为幻灭和绝望。1903年12月，《国民日日报》因内讧停办，苏曼殊深感失望，随后去了香港，加入陈少白主办的《中国日报》，他的易幻想冲动又易幻灭消沉的性情在这段时间内显露无遗。他那诗意浪漫火热的心因这次打击而迅速冷如枯井，刚刚燃烧起来的革命热情迅速烟消云散，以至于他到了香港后衣履不整，莫辨菽麦，性嗜闲食，行动怪诞，同事以其为书呆子，这与《国民日日报》时的苏曼殊有怎样的天壤之别啊！而其中又隐藏着怎样的悲哀、寂寞和孤独啊！就在苏曼殊这样抑郁地无止境地幻灭下去时，清政府宣布了对"《苏报》案"的终审结果："章太炎、邹容被判终身监禁！"这一声晴天霹雳没有把苏曼殊从痛苦迷茫中震醒，而是把他推向了绝望的极端——他竟再次出家了！这是一个不满意于社会，但又无可奈何的个人主义者最后所能采取的最积极的反抗方式了，他无法以个人主义方式改变世界，就追求"独善的个人主义"（胡适语），希望跳出这个社会去寻一种超出现实社会的理想社会。但苏曼殊的悲剧还在于他并不能在佛家净土里找到安慰，他无法割舍这个令他厌恶的世界。（据陈少白回忆，苏曼殊这次出家不足百日就又回到了《中国日报》）他的性情注定了他要在感伤孤旅中走完一生。

苏曼殊的作品基本上可以说都是他的自叙传，是他率真性情的一泄无遗的流露。他有太炽热的心，但这心却只能在冷冰冰的空气跃动；他需要太多的温暖和共鸣，但他又封闭了自己的心灵与外界沟通的所有通道；他有太多的诅骂，又有太多的要反抗，但个人主义的反抗方式又使他极易滑向失败的深渊。这种复杂、矛盾、剧烈动荡的情感，一旦喷涌而出，就幻化成一派绚丽多彩、光怪陆离的风貌。他或长歌当哭，或痴情怀友，或叹病骨支离，或伤孤灯暮雨。他有时梦想像天穹的白云一样，脱离尘世，纵情遨游，与松音相合，与琴作伴——"海天空阔九皋深，飞下松间听鼓琴。明日飘然又何处？白云与尔共无心"（《题画》）。但风雨如磐的黑暗现实又总是把他脆弱的理想击得粉碎，于是他就放浪形骸——"狂歌走马遍天涯，斗酒黄金处士家"(《憩平原别邸赠玄玄》)。表面上如行云流水，飘逸放纵，好似不食人间烟火，而内心却愁肠百结，哀痛莫名。狂歌嘲俗，亦哀伤之极致；借酒浇愁，愁更愁。茫茫烟水，攘攘人世，何处可依诗人孤苦无告的灵魂？

曼殊的作品固然"儿女情多，风云气少"（钟嵘《诗品》），读他的诗尽管仿佛雨意满窗，骚魂满座，但他的感伤毕竟是因为一种他欲"壮士横刀看草檄"，[1] 擎枪杀逆，而又"芒鞋破钵无人识"（《本事诗》之九）的悲哀。所以，他作品中流露出的感伤总充溢着感时伤世、忧国忧民的情怀。

1913 年夏，苏曼殊满怀着对辛亥革命后的现实的失望游吴越，触景生情写下组诗《吴门》（十一首）：

水驿山城尽或哀，梦中衰草凤凰台。

春色总怜歌舞地，万花缭乱为谁开？

——其六

年华风柳共飘萧，酒醒天涯问六朝。

猛忆玉人明月下，悄无人处学吹箫。

——其七

碧城烟树小彤楼，杨柳东风系客舟。

故国已随春日尽，鹧鸪声急使人愁。

——其十

1　查容：《送武曾之宣府》，苏曼殊《致柳亚子》(1911 年 12 月)，马以君编注：《苏曼殊文集》（下），花城出版社，1991 年，第 534 页。

在这几首诗里，苏曼殊以前诗歌中的那种"披发长歌揽大荒"的悲壮英雄不见了，"壮士横刀看草檄"的豪迈气势没有了，唯有被革命失败弄得七疮八孔的愁情别绪。山城堪哀，衰草瑟瑟，昔日的歌舞地如今只留下缭乱的万花，诗人凭吊古城，顿感茫然伤感，百结愁肠无处诉说；诗人感喟年华已逝，"学道无成，思之欲泣"，唯有借酒浇愁，但"酒醒天涯"，他还是禁不住要问"六朝"故事，但只见"故国已随春日尽"，唯剩鹧鸪啼声哀哀，催人泪下。诗人纵情山水酒肆，而又总难以忘怀国事的哀伤不言而喻。

苏曼殊是天生情种，但却偏偏早岁披剃，遁入佛门。学佛与爱恋，恰是他一生胸中交战的冰炭，"一个沉溺在迷离的爱欲之中／执拗地固执着这个尘世／别一个猛烈地要离去尘世／向那崇高的灵的境界飞驰"（歌德《浮士德》）。人们一般认为，苏曼殊在爱情方面表现出的矛盾、犹豫是由于他是三戒俱足之僧，所以忍情而就佛。这固然是一个主要原因，但却不是唯一的原因，因为苏曼殊的出世，本就只是为了逃避尘世的苦难，而并不是要一心献身佛法，他出家后仍"逐声色于红灯绿酒之间，穷嗜欲于鸡片黄鱼之味"，并且数次逃出寺门，就是最有说服力的证明。可见，"虽然佛陀的慈祥悲悯，和教理的博大精微，都是曼殊所十二分景仰的"，但佛教实在"不足以范围曼殊的心"，[1]他自己也曾说过："不慧性过疏懒，安敢厕身世间法耶？"[2]因而，他在回避爱情时说的"证法身久"[3]固是饰词，"三

---

1 罗建业：《曼殊研究草稿》，《中国近代文学论文集》（小说卷，1919—1949），中国社会科学出版社，1988年，第546页。
2 苏曼殊：《复萧公》（1911年4月），马以君编注：《苏曼殊文集》（下），花城出版社，1991年，第538页。
3 苏曼殊：《潮音跋》，马以君编注：《苏曼殊文集》（上），花城出版社，1991年，第309—310页。

戒俱足之僧"亦是假话，真实的原因是他无力承受爱情。作为被社会现实摧垮了的知识分子，他胸中奔突的自然欲望也渴望着喷薄而出，但他因卑已太深，人格畸形（无疑，学佛加剧了这种畸形），这种激情往往刚找到突破口就被凝冻住了，于是，他所能做的便只能是说"还卿一钵无情泪，恨不相逢未剃时"（《本事诗》之六）了。

1909 年春，苏曼殊在东京的一次演奏会上结识了调筝人百助枫子，两人之间产生了刻骨铭心的爱恋，但当百助最后以身相许时，曼殊则忍心拒绝，酿成一出有情人不能成眷属的悲剧。诗人满腹痛苦，一腔情丝，化成笔下点点泪痕：

> 无量春愁无量恨，一时都向指间鸣。
>
> 我已袈裟全湿透，那堪重听割鸡筝。
>
> ——《题〈静女调筝图〉》

> 收拾禅心侍镜台，沾泥残絮有沉哀。
>
> 湘弦洒遍胭脂泪，香火重生劫后灰。
>
> ——《读晦公见寄七律》

> 淡扫蛾眉朝画师，同心化髻结青丝。
>
> 一杯颜色和双泪，写就梨花付与谁。
>
> ——《本事诗》之四

诗人情思绵绵，无奈袈裟在身，欲"收拾禅心"，斩断情缘，却又被调筝人的铮铮弦鸣拨动得几乎沉静得"如明镜"的心灵再次泛起涟漪，待他被压抑的情感要死灰复燃时，才想起"写就梨花付与谁"。诗人沉郁哀怨而又无可奈何的矛盾心情，以及血肉丰满、炽热跳动的心情因受到挤压而感受到的痛苦，令人抑郁，令人感伤，令人不知所措。

第三节 "还卿一钵无情泪"

胡适曾指斥苏曼殊的小说"所记全是兽性的肉欲"，[1] 话尽管偏颇，但至少表明他看到了苏曼殊小说的两个特点：是写爱情的；所写的爱情是大胆的，赤裸裸的。遗憾的是，胡适在批判苏曼殊的小说海淫海盗时，却无暇顾及这种"兽性的肉欲"是那么强烈地袒露着苏曼殊那被现实击打得伤痕累累的内心世界和畸零人格。

苏曼殊总共创作了六篇文言小说，俗称"六记"，即《断鸿零雁记》（1911 年·爪哇——1912 年·上海）、《天涯红泪记》（1914·东京）、《绛纱记》（1915·东京）、《焚剑记》（1914·东京），《碎簪记》（1916·杭州）、《非梦记》（1916·杭州）。这些小说在当时曾风靡一时，因为它们所表现出的浓重的感伤气氛与清末民初的病态社会心理是相吻合的。这些小说的创作宗旨是"以情求道"，它们都是以爱情婚姻为题材，都是通过男女主人公各种不幸的遭遇和感情纠葛，展露男女主人公的痛苦心理。

《断鸿零雁记》和《绛纱记》是一直被苏曼殊的研究者据以考据苏曼殊身世的作品。两部小说描写了相似的爱情悲剧。《断》主要写中日混血儿、早岁出家的宗三郎千里寻母，在日本与姨表姐静子相恋，但最后囿于佛法，乃"以雪灭焰，绝裙而去"，留下静子仍在痴情地期待。中间穿插宗三郎和儿时许配给他的中国姑娘雪梅的爱情悲剧。小说中对男女之间爱情的描写，对异域情调的渲染，和歌德的《少年维

---

1 胡适：《答钱玄同书》，姜义华主编：《胡适学术文集》，中华书局，1993 年，第 353 页。

特之烦恼》有异曲同工之妙。《绛》写的是梦珠为逃避秋云的爱情出家当了和尚，秋云痴心不改，漂泊天涯寻找梦珠，最后梦珠坐化，秋云也出家做了尼姑。小说同时也写了昙鸾与麦五姑因家长所阻一个出家、一个殉情而死的爱情悲剧。

这两部小说的最感人之处在于对男女主人公之间的爱情描写。宗三郎早年为逃避与雪梅的爱情而出家，在遇到静子后，他本不坚定的佛心被姑娘的满腔柔情打动，但他又知道自己是"三戒俱足之僧"，不应该羁縻于情网，一时他内心充满了剧烈的冲突，满腔愁绪，波谲云诡。他一面谆谆告诉自己——"我为沙门，处于浊世，当如莲花不为泥污，"一面又"因爱静子，无异骨肉"。作者没有明写三郎情感的波动，而是通过环境、细节的衬托来揭示的。如在第十二章，三郎知道快要离开姨母家（也意味着要离开静子）时，他不觉走到姨家的花园，但见"宿叶脱柯，萧萧下坠"，遂不觉"中怀惘惘，一若重愁在抱"。这是在伤秋，也是在伤己，因为在这之前，静子姑娘已萌以身相许之意，而他本人又岂尝不情丝缕缕？正在这时，"香风四溢，玉人翩然而至"。正当三郎心慌意乱、不知所措之时，不知是有意还是无意，静子姑娘头上的蝉翼轻纱，飘然落地，只见三郎立即趋步上前，用手捉住，但顿然竟又想"掷之于地"，后怕有悖礼法，才将轻纱交给静子。姑娘轻启樱唇，娇声道谢，三郎则"胶胶不知作何词以对。但见玉人口涡动处，又使沙浮复生，亦无此庄艳，此时令人真个销魂矣！"作者着墨不多，却字字传神。姑娘情窦初开，亦娇亦嗔、亦娇亦恨的小儿女情态，及三郎既萌情志，又囿于佛戒的亦进亦退的矛盾心理，皆表现得恰到好处。

《绛》中的爱情描写以凄婉哀艳见长。秋云以所佩琼琚和一片绛纱赠梦珠，表终身相托之意，梦珠则径入市卖掉琼琚，并出家当了和尚，从此不知踪影。秋云历尽艰难，寻找梦珠，最后终于在一座小寺找到已坐化的梦珠。小说在这里以感伤的笔调烘托了男女主人公爱情的至真至情至悲。此时，"庭空夜静，但有佛灯，光摇四壁"，梦珠"瞑目枯坐，草穿其膝"，貌白似偶像，襟间微露秋云所赠绛纱半角。睹物思情，秋云悲伤难抑，上前拥抱梦珠，流泪亲吻其面。顷刻，梦珠肉身化为灰，于微风中飘散而去，只留绛纱在秋云手中，秋云以绛纱裹了梦珠的少许肉灰，飘然不知去向。能把爱情描写到这样刻骨铭心的地步，能创造出这样凄艳的卓绝的情境，难怪柳亚子要用"多情"二字概括曼殊的一生。[1]

　　静子和秋云的一腔柔情竟得不到三郎和梦珠的眷顾，这对他们来说无疑是一种致命的悲剧，但对三郎和梦珠来说又岂不是这样呢？尽管他们以"既证法身"作为自己拒绝爱情的堂皇理由，但透过这层漂亮的帷幕，我们不难触摸到一个已没有能力承受情感重负的畸零人的悲苦内心。他们的悲剧，在于他们拒绝爱情之时，也是他们成为"非人"之时。三郎和梦珠的痛苦在于：他们既没有完全失去自然欲望——三郎千里寻母是何等深的母子之情，他拒绝静子时内心又是何等的痛苦，而梦珠在坐化时，衣襟间竟还有秋云送给他的定情的绛纱——又没有完全顺从佛门戒律。他们要在自然欲望和佛戒之间做出选择、取舍，要一遍遍在灵魂的炼狱拷打自己血肉丰满的自然欲望之后，才能带着累累伤痕接受佛戒，但这时的他们已不是胜利者，而是失败者，因为他们并没有真正消除"心灵深处的忧伤"，而只是"病态地克服了自己"，以自戕的方式毁灭了自己，也毁灭了别人，这是至悲至哀的心灵惨剧，这种惨剧的表演，使小说笼罩着一股浓重的感伤气氛。

　　苏曼殊无力给他的可爱又可怜的主人公安排一个更好的结局，因

1　柳亚子：《苏曼殊研究》，上海人民出版社，1987 年，第 328 页。

为他把自身的敏感、软弱、畸形的性格给了他这些感伤的主人公们。苏曼殊的其他四部小说没有像《断》和《绛》那样描写佛法与本能的冲突，而是描写了另一种形式的冲突，即封建礼教与爱情的冲突，但就如佛法只是三郎与静子、梦珠与秋云的爱情悲剧的外因一样，这几部小说中所描写的封建礼教也不是主人公悲剧的唯一原因，它的作用在于加剧主人公自身的病态人格，从而引发悲剧。《碎簪记》中的庄湜与灵芳自由恋爱甚至私奔，但被他的叔父骂为"少年任性""狂悖已甚"，要他另娶莲佩。结果是庄湜、灵芳、莲佩皆殉情而死；《焚剑记》中的阿兰、阿蕙，因姨迫嫁，一人在逃离途中死去，一个在未婚夫死后，抱着"木主"成婚，终身守活寡；《非梦记》中的男主人公则为婶母所逼，抛弃了贫寒的画师女儿薇香，另娶一富家女儿，结果薇香投水而死，男主人公出家当了和尚。很明显，这几部小说里的家长们代表着封建礼教，是造成主人公爱情悲剧的罪魁祸首，但主人公们本人的表现又如何呢？庄湜既爱灵芳，又爱莲佩，他不知道在两个同样美丽、同样深爱着他的可爱女子之间如何作出选择，结果，他的犹豫、软弱不但使自己郁郁病死，而且还造成二位女性的先后自杀；《焚剑记》中的阿蕙，先是秉承姨意旨议定婚事，未嫁而未婚夫发痧而卒。姨氏问其打算，回答说"既许于前，何悔于后"，遂依期出嫁；《非梦记》中的薇者尽管深爱着男主人公，但因男主人公的婶母令他另娶，所以，她不但自己听天由命，而且还劝男主人公承顺婶母："君既迫于家庭之命，则吾又岂容违越？"可见，一旦面对压力，苏曼殊的主人公们就缺乏了坚定不移地追求幸福的勇气和力量，他们所能做的，便只是出家或死亡这种消极的反抗。更可悲的是，他们大都已接触过"蛮夷之风"的熏染：庄湜曾留学国外，接受到新思想；莲佩"于英法文学，俱能道其精义"；昙鸾和麦五姑之间则常有英文书信来往。这决定了他们必然要与封建礼教产生冲突，而同时他们又是从本质上否定了个性自由的儒家传统礼教的守护者，这样，他们对爱情的追求越热烈，内心的痛苦就越大，最后只能要么逃避爱情，要么以自我折磨、自戕的方式结束自己的生命。他们是文化冲突的牺牲品，是过渡时代的牺牲品，也是自己的牺牲品。

总的来看，苏曼殊的思想里尽管有高亢的因素，但基本上可以说是以感伤为主的。他的悲观绝望，尽管令人痛苦，但却真实地反映了他的心理世界，也真实地反映了时代精神。可以说，曼殊是以自己充满浪漫感伤的一生履行了历史赋予他的作为过渡时代代表的使命的。他的忧郁、感伤虽然无力埋藏一个旧时代，但却足以预示一个新时代的到来，因为唯有感受到时代嬗变的清新气息，因而上下求索，而又无力跨出旧时代迈向新时代的人，才会有这样的忧郁与感伤。1918 年 5 月 2 日，苏曼殊病逝，仅隔了 13 天，鲁迅就发表了《狂人日记》，揭开了一个新时代的帷幕，随后，"五四"新文化运动以摧枯拉朽之势席卷神州大地，郭沫若以"天狗"的狂放，郁达夫以惊世骇俗的颓废，又创造了一个新的浪漫时代……历史的链条，就这样一环套一环滚动不息。

第四章　放号的天狗——郭沫若

　　从晚清西方浪漫主义文学开始为中国的知识分子所理解和接受起，中国特定的救亡图存的现实需要和经世致用的思想取向就影响着中国人接受浪漫主义文学的特殊视角，即欲借鉴浪漫主义文学所表现出的"摩罗"精神、"撒旦"精神，即鲁迅所说的"立意在反抗，指归在动作"的暴烈的反抗精神，以此打破几千年来的封建制度，彻底解放被封建礼教扭曲或泯灭的人性。所以，这样接受西方影响而形成的中国特色的浪漫主义，就没有西方浪漫主义那种丰富的想象性、神秘性、宗教感，而带有更多的现世色彩。而且，由于中国的知识分子接受西方文学影响时不是按西方文学发展史的连续性进行的，而是在同一平面上接受了西方文学各个发展阶段上的文学思潮，如浪漫主义、现实主义、现代主义等，中国浪漫主义文学就因此表现为兼收并蓄造成的丰富性、不成熟性，即中国现代浪漫主义文学带有较浓厚的启蒙主义、唯美主义和现代主义色彩。较能体现这种中国特色的浪漫主义特点的作家是郭沫若。在他身上，争个性自由，宣泄破坏和创造的狂飙激情与反封建、反道德、救世济民的现世情怀融为一体。这造成其浪漫主义创作的三个突出特点。即英雄主义、自我表现和诗情主义。

第一节 解放了的"普罗米修斯"

在"五四"浪漫作家中，郭沫若是以一个呐喊着、狂叫着、破坏着、创造着的叛逆诗人形象出现在文坛上的。他像雪莱笔下的普罗米修斯，欲从天上、地下盗取创造新世界的圣火，以扫除布满庸俗、虚伪、黑暗的世界。郭沫若的这种英雄主义倾向直接受到梁启超的影响。他说过，"他（指梁启超）著的《意大利建国三杰》，他译的《经国美谈》，以轻灵的笔调描写那忘命的志士、建国的英雄，真是令人心醉。我在崇拜拿破仑、毕士麦之余，便是崇拜加富尔、加里波蒂、玛志尼了"。[1]"平心而论，梁任公的地位在当时确实不失为一个革命家的代表。他是生在中国的封建制度被资本主义冲破了的时候，他负带着时代的使命，标榜自由思想而与封建的残垒作战。在他那新兴气锐的言论之前，差不多所有的旧思想旧风气都好像狂风中的败叶，完全失掉了它的精彩。二十年前的青少年——当时的有产阶级的子弟——无论是赞成或反对，可以说没有一个没有受过他的思想或文字的洗礼的。"[2]梁启超作为过渡时代的文人英雄，是以鼓吹政治上的理想主义、鼓吹破坏老大中国、创造少年中国，而点燃了郭沫若这一代"五四"时代成长起来的热血青年的救世豪情的。然而，"五四"时代毕竟是比梁启超所风行的时代更崇尚个性自由的时代，郭沫若比梁启超更重视个人的价值，他早期所推崇的英雄则是倡言破坏与创造的个人英雄，比梁启超表现出更明显、更强烈的个性主义色彩。这是"五四"时代反封建的

---

1 郭沫若：《我的童年》，《沫若文集》第 6 卷，人民文学出版社，1958 年，第 135 页。

2 郭沫若：《少年时代》，《沫若文集》第 6 卷，人民文学出版社，1958 年，第 148 页。

锐利武器，郭沫若则是执此干戈的勇猛斗士。郭沫若的这种英雄主义倾向，主要来源于泛神论和中国古代哲学。

郭沫若早年深受泛神论思想的影响。这一方面是因为泛神论强调诸神来自自然，万物来自普遍存在的自我，强调神与人、神与宇宙的同一性而表现出的反上帝、反权威的启蒙色彩，另一方面是因为泛神论宣扬的关于神、自然、自我的观念成为浪漫主义文学的重要因素，因而颇受浪漫气质极强的郭沫若的青睐。泛神论可以说是郭沫若早期浪漫主义文学观、人生观的基础，是他宣扬个性、自我，倡言反抗、破坏、创造的精神武器。郭沫若的泛神论思想有三个主要来源，一是以布鲁诺、斯宾诺莎为代表的西欧泛神论哲学，其中以斯宾诺莎的影响尤深，雪莱、歌德也被郭沫若视作泛神论者；二是印度的泰戈尔、加皮尔的宣扬"梵"的现实、"我"的尊严、"爱"的福音的泛神论思想；三是中国的孔子、庄子、王阳明等古代哲学家的影响，其中还包括陶渊明、李白的影响。他对此"供认不讳"，"我爱我国的庄子，我爱荷兰的斯宾诺莎，我爱印度的加皮尔，我爱他们的泛神论"。[1]郭沫若最早是从泰戈尔身上接触到泛神论思想的，时间是 1915—1919 年间，他当时正在日本学医。异乡的孤寂，婚姻的失意，神经的衰弱，使他有时想自杀，有时又想去当和尚。为了静心，他每天都读庄子、王阳明、《新旧约全书》，并时常像浮士德一样问自己："还是肯定我一切的本能来执着这个世界呢？还是否定我一切的本能去追求那个世界？"就是在这种情况下，他读到了泰戈尔的《园丁集》《吉檀迦利》等作品，那里所展示的"梵"的现实、"我"的尊严，以及所吟咏的"爱"的福音，同他十分合拍，使他感

1　郭沫若：《三个泛神论者》，《郭沫若全集》（文学编）第 14 卷，人民文学出版社 1990 年，第 134 页。

到无限的欣喜和抚慰。他说，从泰戈尔的作品中，"我真好像探得了我'生命的生命'，探得了我'生命的泉水'一样"，使他"享受着涅槃的快乐"。[1] 泰戈尔使郭沫若的思想发展到一个新阶段，使他逐渐能通过泛神论思想接触到西方的启蒙主义，浪漫主义作家，再进而以泛神论为观照，整合了他所喜爱的中国哲学思想，从而形成自己进取的、动的、带有强烈主体色彩的浪漫主义文艺观、人生观。就如他自己所说，"因为喜欢泰戈尔，又因为喜欢歌德，便和哲学上的泛神论（Pantheism）的思想接近了。——或者可以说我本来是有些泛神论的倾向，所以才特别喜欢有那些倾向的诗人的"。[2] 在他的眼里，能与他心性契合的西方浪漫主义诗人都具有泛神论倾向，他称"歌德，……他确是个泛神论者"；[3]"雪莱是我最敬爱的诗人中的一个。他是自然的宠子，泛神论的信者"。[4] 由西方的泛神论者，他进而联想到自己所喜爱的中国古代哲学家"和国外的泛神论思想一接近，便又把少年时分所喜欢的《庄子》再发现了"，"到了'一旦豁然而贯通'的程度"。[5] 所以他又说"孔子，……要说是哲学家，他也有他的泛神论思想"。[6]"那时候因为沾染了泛神论思想，……崇拜着庄子和王阳

1　郭沫若：《文艺论集·泰戈尔来华的我见》，《郭沫若全集》（文学编）第15卷，人民文学出版社，1990年，第270页。

2　郭沫若：《创造十年》，《沫若文集》第7卷，人民文学出版社，1958年，第69页。

3　郭沫若：《三叶集》，《郭沫若全集》（文学编）第15卷，人民文学出版社，1990年，第19页。

4　郭沫若：《文艺论集·〈少年维特之烦恼·序引〉》，《郭沫若全集》（文学编）第15卷，人民文学出版社，1990年，第311页。

5　郭沫若：《创造十年》，《郭沫若全集》（文学编）第12卷，人民文学出版社，1992年，第67页。

6　郭沫若：《三叶集》，《郭沫若全集》（文学编）第15卷，人民文学出版社，1990年，第19页。

明。"[1]郭沫若是个主观性很强的青春奔放型的诗人。他崇尚幻想与个性自由，他所接受的中西思想家的影响，不论是泰戈尔、斯宾诺莎，还是孔子、庄子、王阳明，都是他们思想中那种冲决一切束缚与权威，追求一切、创造一切的浩然之气。郭沫若是以强烈的主观色彩、感情色彩批判地、综合地、创造地吸收泛神论思想的，目的也就是要像凤凰集木啄火自焚以再生一个新我那样，摆脱种种人性的束缚，以求自我的彻底解放，尽管他是从泰戈尔最早接触到泛神论思想的，但因为泰戈尔所宣扬的宁静致远的境界太超脱了，所以他最终抛弃了泰戈尔而趋于斯宾诺莎和布鲁诺。郭沫若不仅从他们身上汲取了唯物主义思想，而且还感动于他们在宣传自己思想的过程中所表现出的抗争精神。他由衷地赞叹，"我爱荷兰的斯宾诺莎，因为我爱他的泛神论，因为我爱他是靠磨镜片吃饭的人"。[2]斯宾诺莎和布鲁诺一生都在同封建社会和教会专制进行斗争，最后布鲁诺被教会烧死，斯宾诺莎被犹太教会开除了教籍，最后只能靠磨镜片谋生，郭沫若对此是深为感动的。

郭沫若的泛神论明显受到斯宾诺莎的影响，他认为"泛神便是无神。一切的自然只是神的表现，我也只是神的表现。我即是神，一切自然都是我的表现"。[3]"泛神便是无神，一切自然只是神的表现"，这种观点来自斯宾诺莎；而"我即是神，一切自然都只是我的表现"，这种观点则源于印度的《奥义书》，因为"我"即是"梵"是《奥义书》

1　郭沫若：《创造十年续编》，《沫若文集》第7卷，人民文学出版社，1958年，第235页。
2　郭沫若：《三个泛神论者》，《郭沫若全集》（文学编）第14卷，人民文学出版社，1990年，第136页。
3　郭沫若：《文艺论集·〈少年维特之烦恼·序引〉》，《郭沫若全集》（文学编）第15卷，人民文学出版社，1990年，第311页。

的著名论题。"梵"与"我"都是世界的本源，万物皆唯生于"我"中，万有皆于"我"中存在，万有皆于"我"中消逝，此大梵不二者，即"我"是也。"梵"即"我"，"我"即"梵"，梵产生万物，包容万物，"我"也产生万物，包容万物，这实际上是以主观精神为万物本源了。这与郭沫若顺应"五四"时代精神，追求个人独立自由的浪漫精神是相契合的。

我们可以看出，郭沫若泛神论思想的核心是以"自我"为中心的个性主义，宣扬的是一种动的、进取的自我扩张精神。他认为"万物必生必死，生不能自持，死亦不能自阻，所以只见得'天与地与在他们周围生动着的力'……此力即是创生万汇的来源，即是宇宙意志，不见有别的"，人只要能与这种"力"融为一体，则会"体之周遭，随处都是乐园，随时都是天国，永恒之乐，溢满灵台"，而欲得之永恒之乐，则先在忘我，"忘我之方，歌德不求之静，而求之动。以狮子搏兔之力，以全身全灵以谋刹那之充实，自我之扩张，以全部精神以倾倒于一切"。[1] 他还以歌德和斯宾诺莎相比，说"斯宾诺莎陶醉于神，歌德陶醉于业"。[2] 所谓"业"，即事业、功业，即浮士德那样永不满足、永远追求的进取精神。即如他赞美歌德时所说，"灵不偏枯，肉不凌辱，犹如一只帆船，既已解缆出航，便努力撑持到底，犹如一团星火，既已达到燃点，便尽性猛烈燎原"。[3] 歌德作品所体现的奋斗精神、进取精神，与"五四"时的郭沫若的精神需求产生共鸣，使他热衷于歌

1　郭沫若：《文艺论集·〈少年维特之烦恼·序引〉》，《郭沫若全集》（文学编）第 15 卷，人民文学出版社，1990 年，第 312 页。

2　郭沫若：《文艺论集·波斯诗人莪默伽亚谟》，《郭沫若全集》（文学编）第 15 卷，人民文学出版社，1990 年，第 296 页。

3　郭沫若：《文艺论集·波斯诗人莪默伽亚谟》，《郭沫若全集》（文学编）第 15 卷，人民文学出版社，1990 年，第 298 页。

德作品的翻译、介绍，"歌德的著作，我们宜尽量地多介绍、研究"，因为"他所处的时代——'胁迫时代'——同我们的时代很相近"。[1] 郭沫若的审美理想与审美趣味与歌德的这种影响是分不开的。

郭沫若在接受西方哲学和浪漫主义文学影响的过程中，始终是基于自己的主观性情的需要进行积极的选择，并且表现出用中国传统文化阐释、同化西方哲学和文学的倾向。"五四"运动是一场反封建、反传统的思想解放运动，而自称秉承时代精神的郭沫若却独能在中国传统文化中看出适应时代发展需要的、进取的精神。他认为，中国固有的精神即是"动的文化精神"，他呼吁这种精神"恢复转来，以谋积极的人生之圆满"。[2] 在他看来，中国固有的文化精神，不论是儒家思想，还是道家思想，都是"肯定现世以图自我的展开"，是"以个性为中心，而发展自我之全圆于国于世界，所谓'修身、齐家、治国、平天下'，这不待言是动的，是进取的。便是道家思想也并不是不进取"，因而他总结说，"我国的传统思想……是注重现实、注重实践的"，"我们要唤醒我们固有的文化精神，而吸吮欧西的纯粹科学的甘乳。……我们要秉着个动的进取的同时是超然物外的坚决精神，一直向真理猛进"。[3] 就以儒教为例，"五四"本是以"打倒孔家店"为旗帜的，而郭沫若则能根据发展的观点，看到儒家文化所蕴含的积极进取精神。他说，"我国儒家思想是以个性为中心"；[4]"孔子的人生哲学是……不断

1 　郭沫若:《三叶集》,《郭沫若全集》(文学编)第 15 卷, 人民文学出版社, 1990 年, 第 24 页。

2 　郭沫若:《文艺论集·论中德文化书》,《郭沫若全集》(文学编)第 15 卷, 人民文学出版社, 1990 年, 第 155 页。

3 　郭沫若:《文艺论集·论中德文化书》,《郭沫若全集》(文学编)第 15 卷, 人民文学出版社, 1990 年, 第 157 页。

4 　郭沫若:《文艺论集·论中德文化书》,《郭沫若全集》(文学编)第 15 卷, 人民文学出版社, 1990 年, 第 156 页。

地自励，不断地向上，不断地更新"；[1]"孔氏认出天地万物之一体，而本此一体之观念，努力于自我之扩充，由近而远，由下而上，横则齐家治国平天下，纵则赞化育参天地配天，四通八达，圆之又圆，这是儒家伦理的极致"；[2]"本体含有一切，在不断地进化着，依两种相对的性质进化着。本体天天在向'善'自新着。然而本体这种向'善'的进化，在孔子的意思，不是神的意识之发露，而是神之本性，即本体之必然性"。[3]据此，他宣称，"我在这里告白！我们崇拜孔子。……我们所见的孔子，是兼有康德与歌德那样伟大的天才，圆满的人格，永远有生命的巨人"，[4]"孔子对于南子是要见的，'淫奔之诗'他是不删弃的，我恐怕他还是爱读的！我看他是主张自由恋爱（人情之所不能已者，圣人不禁），实行自由离婚（孔氏三世出其妻）的人"；[5]"孔子的人生哲学正是以个人为本位，他的究竟是望人人成为俯仰无愧的圣贤，孝悌的德丑只是在小康时期应时的说法罢了"。[6]西方的泛神论历来认为神是绝对的，固定不变的，即如斯宾诺莎，尽管他认为单个、有限的事物是发展变化的，但却认为作为神的整个自然界却是永恒不变的。郭沫若则从歌德、孔子的学说中受到启发，强调一种"变""动"的世

---

1 郭沫若：《文艺论集·中国文化之传统精神》，《郭沫若全集》（历史编）第 3 卷，人民文学出版社，1983 年，第 53 页。

2 郭沫若：《伟大的精神生活者王阳明》，《文艺论集》，上海光华书局，1925 年，第 121 页。

3 郭沫若：《文艺论集·中国文化之传统精神》，《郭沫若全集》（历史编）第 3 卷，人民文学出版社，1983 年，第 55 页。

4 郭沫若：《文艺论集·中国文化之传统精神》，《郭沫若全集》（历史编）第 3 卷，人民文学出版社，1983 年，第 58 页。

5 郭沫若：《三叶集》，《郭沫若全集》（文学编）第 15 卷，人民文学出版社，1990 年，第 23 页。

6 郭沫若：《文艺论集·论中德文化书》，《郭沫若全集》（文学编）第 15 卷，人民文学出版社，1990 年，第 156 页。

界观、人生观，即自强不息、奋斗不止、积极进取，不断向上的人生观。表现在他的作品中，则是一种万物皆备于我的极度扩张的个人主义和个人尊严感。这种个人主义，必然冲破一切偶像的权威，渲染出一个精赤裸裸、强劲不息的"我"出来。就如他在《梅花树下赞歌》中所高歌的：

> 梅花呀！梅花呀！
>
> 我赞美你！
>
> 我赞美我自己！
>
> 我赞美这自我表现的全宇宙的主体！
>
> 还有什么你？
>
> 还有什么我？
>
> 还有什么古人？
>
> 还有什么异邦的名所？
>
> 一切的偶像者，在我面前毁破！
>
> 破！破！破！
>
> 我要把我的声带唱破！

第二节　自我的涅槃

郭沫若的浪漫主义文艺观与他的泛神论思想有直接的关系。泛神论的核心思想"神即自然，自然即神"是说神在万物之中，又超然于万物之上，既是不可言传、难以捉摸的，又是可以与人、宇宙、自然相互感应的。这就造成一种时空的无限感。郭沫若的作品中，最能体现这种时空性的是其早期小说，如他最早的一篇未完成的小说《骷髅》，幻想在一个人迹罕至的海边，一个病态的渔夫对一位少女的尸体所产生的病态爱情。这完全是一部幻想的作品。另一篇小说《牧羊哀话》，以日据时代的朝鲜为背景，描写李朝的子爵之女佩夷与牧羊少年尹子英的牧歌式的爱情。小说中的这一对地位悬殊的少年，时常一起在大自然的怀抱中相依相伴，伴着山风习习，和着羊群咩咩，再衬以李朝和日本帝国主义刀光剑影的斗争，于幽婉凄怨中透出一种悲壮的色彩。特别是尹子英被李朝的卖国贼误杀后，佩夷拿起了恋人的牧羊鞭，常常独坐九仙峰顶，在残日凄风下，挥动牧羊鞭，唱出一出悲凉的牧羊哀歌：

> 太阳迎我上山来，
>
> 太阳送我下山去，
>
> 太阳下山有上时，
>
> 牧羊郎去无时归。
>
> 羊儿啼，声甚悲，
>
> 羊儿望郎，郎可知？

美丽的牧羊女，唱着美丽的哀歌，一咏三叹，凄艳欲绝。

当然，在郭沫若笔下，自然的神秘、伟大，往往通过受到大自然的滋养而膨胀起来的"自我"来表现出来。既然自然是神的表现，自我也是神的表现，一切自然都是自我的表现，也就是说，人可化为自然，自然也有人性，万物中有人，人与自然万汇一体，那么"自我"因而就从大自然中获得了无限的力量。因为"宇宙全体只是 Energy 的交流"，即"生动着的力"的交流，而此种力即是"创生万汇的本源，即是宇宙的意志，即是物自体"。[1] 而且这种力又是不断发展变化的，

---

1 郭沫若：《文艺论集·〈少年维特之烦恼·序引〉》，《郭沫若全集》(文学编)第 15 卷，人民文学出版社，1990 年，第 45 页。

即郭沫若所说的"自然界中天旋地转，云行雨施，漫无目的之可言，而活用永远不绝。自然界中，草木榛榛，禽兽狉狉，亦漫无目的之可言，而生机永远不息"。[1] 也就是因为自然具有这样深沉的力量，所以郭沫若愿意"以自然为慈母，以自然为朋友，以自然为爱人，以自然为师傅"。[2] 既然郭沫若认为诗是自我的表现，他的诗就表现出人与自然融为一体而获得的狂飙突进的力量、博大恢宏的感情和磅礴躁厉的气势，具有冲决一切束缚的力量。

郭沫若提倡的能动的、积极的、浪漫主义的文学观，最终是要在文学中突出具有反抗精神的"自我"，这与他把文学的本质看成是"主观的、表现的，而不是没我的、摹仿的"有关。他说："诗底主要成分总要算'自我表现了'，所以读一人的诗，非知其人不可。海涅底诗要算是他一生底实录，是他的泪的结晶。"[3] 郭沫若自称是一个"偏于主观的人"，他要借诗歌这只芦笛以"鸣我的存在"，并且是一个"冲动性的人"，半生都是"一任我自己的冲动在那里奔驰；我便作起诗来，也任我一己的冲动在那里跳跃"。[4] 一旦这种"主观""冲动"发而为诗，就会如急流瀑布，一泻而下，通过讴歌自然、自我，将"五四"时期那种特有的暴烈的反抗精神酣畅淋漓地抒发出来，宇宙万物因"我"的存在都成为有血有肉、有灵有性的东西，"我"因与自然融为一体，而获得了自信，获得了自我扩张、自我

1　郭沫若：《文艺论集·论中德文化书》，《郭沫若全集》（文学编）第 15 卷，人民文学出版社，1990 年，第 150 页。

2　郭沫若：《〈少年维特之烦恼〉·序引》，《郭沫若全集》（文学编）第 15 卷，人民文学出版社，1990 年，第 312 页。

3　郭沫若：《三叶集》，《郭沫若全集》（文学编）第 15 卷，人民文学出版社，1990 年，第 26 页。

4　郭沫若：《文艺论集·论国内的评坛及我对于创作的态度》，《郭沫若全集》（文学编）第 15 卷，人民文学出版社，1990 年，第 226 页。

创造的力量。在他的诗歌中，这个"我"一边宣称自己是个偶像崇拜者——"我崇拜太阳，崇拜山岳，崇拜海洋／崇拜水，崇拜火，崇拜火山，崇拜伟大的江河／我崇拜生，崇拜死，崇拜光明，崇拜黑夜……"，一边又称自己"我崇拜偶像破坏者，崇拜我／我又是个偶像破坏者哟！"（《我是个偶像崇拜者》）他效法自然的法则，从自然中汲取源源不绝的创造力、破坏力，他借屈原之口喊道——"我效法造化底精神，我自由创造，自由地表现我自己。我创造尊严的山岳、宏伟的海洋，我创造日月星辰，我驰骋风云雷雨，我萃之虽仅限于我一身，放之则可泛滥乎宇宙"（《湘累》）。他称自己是条"天狗"，要把日吞了，把月吞了，把一切的星球吞了，把全宇宙吞了，然后再造一个新我。这个"我"吸取了日、月、宇宙的力量，内在力量的膨胀使他无法自抑要飞奔，狂叫，燃烧，"我如烈火一样地燃烧！我如大海一样地狂叫！我如电气一样地飞跑"（《天狗》）。这是一个"自我"蜕变的痛苦过程，也是个人能量逐渐达到最饱满的过程。在这个过程中，"我剥我的皮，我食我的肉，我吸我的血，我啮我的心肝……"，因为有了这个过程，"旧我"终于让位给"新我"，"我便是我呀！我的我要爆了！"，这个爆裂中再生的新我，已经清除了旧我的一切，否定了旧我的一切，而成为一个洋溢着新生的清新和力量、富有创造精神的我。在这种近于迷狂的状态中，在这种雄浑豪放、欲彻底摆脱一切束缚的情绪激荡中，人的自我价值第一次得到了肯定，人的创造力第一次得到承认，人的本性第一次得到张扬。

郭沫若是个求"真"的人，也是个能不断适应新的变化而不断自我否定、自我完善的人，这使他永远能追寻到时代的主脉，不断获取新生的力量。他在给宗白华的一封信中，就否定自己是个"人"，称自己是"坏了的人"，"很想能如 Phoenix 一般，采集些香木来，把我现有的形骸烧毁了去，唱着哀哀切切的挽歌把他烧毁了去。从那冷净了的灰里再生出个'我'来！"[1]这种自我否定、自我更生的精神，因为迎合了"五四"时代狂飙突进的时代精神而具有了冲决一切束缚的力量。郭沫若的"自我"之所以具有如此巨大的能量，既因为他将"自我"融于生生不息的大自然，也因为他将"自我"与追求社会理想结合了起来。就如他自己所说，他"净化自己、充实自己、表现自己"的最终目的是要"开辟鸿荒的大我"。[2]这个"大我"，必须具有"为救四海的同胞而杀身成仁的那样的诚心，把自己的智能发挥到无限大，使与天地伟大的作用相比而无愧，终至于神无多让的那种崇高的精神"，才可能"放射永恒的光，往无穷永劫辉耀着去"。[3]这说明，郭沫若鼓吹的"自我"，并不是狭隘的"自我"，而是与创造一个美好社会的理想联系在一起的一种理想主义的"自我"。是由主观推向客观，由个人推向现实，"把自己的小己推广成人类的大我"。[4]他认为，中国当时的社会现实太黑暗了，必须进行全盘否定，并以自己的最高理想去否定它，再造它，以增进我们全人类的幸福。[5]这说明，郭沫若的浪漫主义理想是基于追求社会理想的目的，是建立在现实关怀的基础上的。这与他认为一切艺术"虽形似无用，然在它的无用之中，有大用存焉"，[6]也即他说的艺术在创

1　郭沫若：《三叶集》，《郭沫若全集》（文学编）第15卷，人民文学出版社，1990年，第19页。

2　郭沫若：《创造者》，《创造季刊》，1922年，第1卷第1期。

3　郭沫若：《文艺论集·中国文化之传统精神》，《郭沫若全集》（历史编）第3卷，人民文学出版社，1983年，第48页。

4　郭沫若：《文艺论集·波斯诗人莪默伽亚谟》，《郭沫若全集》（文学编）第15卷，人民文学出版社，1990年，第297页。

5　郭沫若：《文艺论集·未来派的诗约及其批评》，《郭沫若全集》（文学编）第15卷，人民文学出版社，1990年，第251页。

6　郭沫若：《文艺论集·论国内的评坛及我对于创作的态度》，《郭沫若全集》（文学编）第15卷，人民文学出版社，1990年，第229页。

作动机上是"无功利"的，而客观效果上则是"有目的"的。如他在《文艺之社会的使命》一文中，一方面说"艺术的本身是无所谓目的"，另一方面又提倡"要挽救我们中国，艺术运动是不可少的事……我们并不是希望一切的艺术家都成为宣传的艺术家，我们是希望他把自己的生活扩大起来，对于社会的真实的要求要加以充分的体验，发生一种救国救民的自觉。从这种自觉中产生出来的艺术，在它的本身不失其独立的精神，而它的效用对于中国的前途是不可限量的呢"。[1] 这又是在主张艺术发挥救世济民的功用了。

这样看来，郭沫若早期的浪漫主义还包括一种社会理想主义。他的自我否定、自我完善，也包括否定旧的现实，反对既存制度、既成道德，再造出一个理想的未来社会。这种理想社会的美境，在《女神》中的《女神之再生》《凤凰涅槃》中得到形象化的体现。在《女神之再生》中，女神们不堪颛顼和共工混战造成的黑暗世界，因而不愿再待在壁龛里做神像，而是相约出来再造一个新鲜的太阳，并要时常创造"新的光明、新的温热去供给她"，使她永远保持着新鲜的活力。在《凤凰涅槃》中，凤凰诅咒着宇宙中"脓血污秽着的屠场""悲哀充塞着的囚牢""群鬼叫号着的坟墓""群魔跳梁着的地狱"。长久生活在这坟墓般的世界，她们"悲哀呀，烦恼呀，寂寞呀，衰败呀"，失去了年轻时的"甘美""光华""欢爱"，因而集香木自焚，"更生"出一个新我，一个新的世界，到处都是"新鲜""净朗""华美""芬芳"，充满着"热诚""挚爱""欢乐""和谐""生动""自由"，一片欢乐、美好的气氛。这个理想社会虽然带有乌托邦色彩，但她所体现出的诗人对未来美好社会的乐观精神，却很能让人振奋，让人生出无穷的希望。

1　郭沫若：《文艺论集·文艺之社会的使命》，《郭沫若全集》（文学编）第 15 卷，人民文学出版社，1990 年，第 206 页。

第三节　拥抱激情

应该说，郭沫若是个个性极强，主观性也极强的浪漫诗人，主观性与抒情性又是诗歌艺术的最基本特征。郭沫若因为心灵世界里那个赤裸裸的"我"有苦闷要发泄，有偶像要打破，有理想要追求，并且要像天狗一样"飞奔、燃烧、狂叫"，要自爆出一个"新我"出来，因而，使他的诗歌的抒情性成为主宰一切的因素。郭沫若对抒情性诗歌情有独钟，他在论述诗歌的起源时说，"原始人与幼儿对于一切的环境只有些新鲜的感觉，从那种感觉发生出一种不可抵抗的情绪，从那种情绪表现成一种旋律的言语"，这种言语的生成就是诗。所以，"诗的创造贵在自然"，"诗的本质专在抒情"。[1] "艺术的根底，是建立在感情上的。"[2] 对感情的推崇，郭沫若得之于屈原、陶渊明、李白、王维等中国古代诗人和泰戈尔、海涅、歌德、雪莱、惠特曼等外国诗人的影响。陶渊明、王维、泰戈尔的影响，使他的诗力主冲淡，而李白、雪莱、惠特曼的影响，又使他偏爱雄浑豪放，特别是屈原和歌德的影响，使他的诗歌具有一种因情感激流的奔突迸发而形成的壮阔与雄丽的审美风格。郭沫若曾把歌德的浪漫抒情小说《少年维特之烦恼》翻译介绍到中国，并在译序中说歌德是伟大的主观诗人，而自己则与歌德有"种种共鸣之点"，第一就是"他的主情主义"。"他说，'人总是人，不怕就有些微点子理智，到了热情横溢，冲破人性的界限时，没有什么价值或至全无价值可言'……，他说'我这心情才是我唯一的至宝，

1　郭沫若：《三叶集》,《郭沫若全集》(文学编)第15卷，人民文学出版社，1990年，第47页。

2　郭沫若：《文艺论集·文艺之社会的使命》,《郭沫若全集》(文学编)第15卷，人民文学出版社，1990年，第203页。

只有他才是一切底源泉，一切力量底，一切福祜底，一切灾难底。'……他对于宇宙万汇，不是用理智去分析，去宰割，他是用他的心情去综合，去创造。"[1] 郭沫若认为，诗人和哲学家虽然都是"以宇宙全体为对象，以透视万事万物底核心为天职"，但"诗人底利器只有纯粹的直观，哲学家底利器更多一种精密的推理。诗人是感情底宠儿，哲学家是理智底干家子。诗人是'美'底化身，哲学家是'真'底具体化"，即使"哲学中的 Pantheism"，也"确是以理智为文以感情为母的宁馨儿"。[2]

郭沫若浪漫主义文艺观的形成与雪莱有很大关系。雪莱的诗论《为诗辩护》作为一篇浪漫主义文学的宣言是为了反击对当时诗人的攻击而写成的。雪莱的一位朋友托马斯·皮可克将诗人与历史家、哲学家相比，说诗歌只是徘徊在过去的无知的尘冢中，搅拌野蛮人的死灰，否定了诗的创造价值，这使得"热血的诗人雪莱，要愤激而成《诗之拥护论》(即《为诗辩护》)，要主张诗的神圣、想象的尊崇，诗人是世界的立法者了"。[3] 雪莱特别突出诗歌创作中的主观想象的作用，认为："一般说来，诗可以解作'想象的表现'"，"自有人类便有诗。人是一个工具，一连串外来的印象掠过它，有如一阵阵不断变化的风，掠过埃奥得亚的竖琴，吹动琴弦奏出不断变化的曲调"。[4] 郭沫若也借用了雪莱这个比喻，说明自己对艺术本质的认识："我想我们的诗只要是我们心中的诗意诗境底纯真的表现，命泉中流出来的 Strain，心琴

1　郭沫若：《文艺论集·〈少年维特之烦恼·序引〉》，《郭沫若全集》(文学编)第15卷，人民文学出版社，1990年，第42页。

2　郭沫若：《三叶集》，《郭沫若全集》(文学编)第15卷，人民文学出版社，1990年，第23页。

3　郭沫若：《文艺论集·神话的世界》，《郭沫若全集》(文学编)第15卷，人民文学出版社，1990年，第285页。

4　[英]雪莱：《为诗辩护》，《十九世纪英国诗人论诗》，人民文学出版社，1984年，第123页。

上弹出来的 Melody，生底颤动，灵底喊叫；那便是真诗，好诗，便是我们人类底欢乐底源泉，陶醉底美酿，慰安底天国。"[1] 雪莱一样把风比喻为灵的袭来，这风便是所谓直觉、灵感。雪莱的说法是"人不能说'我要作诗'，即使是最伟大的诗人也不能说这类话；因为，在创作时，人们的心境宛若一团行将熄灭的炭火，有些不可见的势力，像变化无常的风，煽起它一瞬间的火焰，这种势力是内发的，有如花朵的颜色，随着花开花谢而逐渐褪落，逐渐变化，并且我们天赋的感觉能力也不能预测它的来去……批评家劝人细意推敲和不求急就，这种意见如果予以正确的解释，不过是主张应当留心观察灵感袭来的瞬间"。[2] 郭沫若也引用雪莱"人不能说'我要作诗'"这句话，说明艺术创作需要直觉、灵感："Shelly 有句话说得好，他说：A man Can not Say，I will Compose Poetry…诗不是'做'出来的，只是'写'出来的。我想诗人的心境譬如一湾清澄的海水，没有风的时候，便静止着如像一张明镜，宇宙万汇的印象都涵映着在里面；一有风的时候，便要翻波涌浪起来，宇宙万汇的印象都活动着在里面。这风便是所谓直觉，灵感（Inspiration），这起了的波浪是高涨着的情调。这活动着的印象便是徂徕着的想象。"[3] "诗的原始细胞只是些单纯的直觉，浑然的情绪。到了人类渐渐文明，个体的脑筋渐渐繁复，想把种种的直觉情绪分化蕃演起来，于是诗的成分中，便生了个想象出来。我要打个不伦不类的譬比是直觉是诗胞的 Kern（细胞核），情绪是 Protoplasma（原形质）想

1　郭沫若：《三叶集》，《郭沫若全集》（文学编）第 15 卷，人民文学出版社，1990 年，第 13 页。

2　［英］雪莱：《为诗辩护》，《十九世纪英国诗人论诗》，人民文学出版社，1984年，第 123 页。

3　郭沫若：《三叶集》，《郭沫若全集》（文学编）第 15 卷，人民文学出版社，1990 年，第 14 页。

象是 Centro Soma（染色体），至于诗的形式只是 Zellenmembran（细胞膜）。"[1] 可见，郭沫若的浪漫主义文艺观，是整合了雪莱关于想象、灵感、直觉的观点的。

诗贵抒情，情贵自然流露，郭沫若一向反对诗歌客观描摹外在自然，而主张将诗人的内在情感外化。正是在这一点上，郭沫若强调情感的自然流露。即如他说的，"我自己对于诗的直感，总觉得以'自然流露'为上乘，若是出以'矫揉造作'，只不过是些园艺盆栽，只好供诸富贵人赏玩了"，"诗的生成，好像自然物的生存一般，不当参以丝毫的矫揉造作"。[2] 这自然使人想起英国诗人华兹华斯在《〈抒情歌谣集〉·序言》中给诗歌所作的定义："一切好诗都是强烈感情的自然流露。"在诗的形式上，华兹华斯主张诗的韵律和节奏要接近普通的散文语言。郭沫若也认为"诗的本职专在抒情，抒情的文字便不采诗形，也不失其诗……自由诗散文诗的建设也正是近代诗人不愿受一切的束缚，破除一切已成的形式，而专挹诗的神髓以便于自然流露的一种表示"。[3] 这种要求破除诗的形式的束缚，要求抒情的绝对自由的主张，与"五四"时代要求打破一切既成束缚的时代要求是一致的。

1　郭沫若：《三叶集》，《郭沫若全集》（文学编）第 15 卷，人民文学出版社，1990 年，第 49 页。

2　郭沫若：《三叶集》，《郭沫若全集》（文学编）第 15 卷，人民文学出版社，1990 年，第 47 页。

3　郭沫若：《三叶集》，《郭沫若全集》（文学编）第 15 卷，人民文学出版社，1990 年，第 4 页。

第五章　沉沦的"名士"——郁达夫

中国现代浪漫主义文学是在"五四"时期随着西方浪漫主义文学的输入而开始出现并发展起来的，但它的真正兴盛期不是在"五四"时期，因为这个时期不需要理想主义，而是在"五四"后，曾被青春唤醒过的时代在这一时期有如寂寞荒凉的古战场，感伤，成为一层浓得化不开的愁雾，笼罩着每一个曾经呐喊过、幻想过的觉醒者，使他们陷入痛苦与绝望的深渊。就是在这样的时代氛围里，以忧郁、感伤为抒情主形态的浪漫主义文学形成了一股比以昂扬感奋为主调的浪漫主义文学还要强盛的潮流，为时代的感伤推波助澜。郁达夫自1921年创作了小说《沉沦》，就以惊世骇俗的姿态成为这股感伤潮流中最高的一个浪头。他以自我分裂的人物形象和人物病态的心理方式，以赤裸裸的自我暴露，以带有西方唯美颓废色彩的情调，揭示理想主义破灭时代敏感的知识分子的心灵伤痕，他因此也被人称为颓废派，但即使他的颓废，其实也"不过是浪漫主义涂上了'世纪末'的色彩罢了。他仍然有一颗强烈的罗曼蒂克的心，他在重压下的呻吟之中寄寓着反抗"。[1] 这种"颓废的"反抗，虽然没有高昂的呐喊那样的力度，但若

1　郑伯奇：《〈小说三集〉导言》，刘运峰编：《1917—1927中国新文学大系导言集》，天津人民出版社，2009年，第158页。

不流于彻底的绝望，是比高昂的呐喊更能感染人，更具普遍性的。

第一节 "性的苦闷"与"生的苦闷"

郁达夫的审美趣味是偏嗜于感伤主义的，他自己说过，"把古今的艺术总体加起来，从中间删去了感伤主义，那么所余的还有点什么？莎士比亚的剧本，英国十八世纪的小说，浪漫运动中的各诗人的作品，又哪一篇得完全脱离感伤之域？我想感伤主义是并无妨害于文学的……这感伤主义，就是文学的酵素了"。[1] 郁达夫是把感伤主义看作浪漫主义的一个重要因素，但又是不同于浪漫主义的。在他看来，浪漫主义和感伤主义（他称为"殉情主义"）尽管都以感伤为中心，但浪漫主义者追求的"未来的理想"是"情热的、空想的、传奇的、破坏的……把理知和意念完全拿来做感情的奴隶"，而殉情主义却"理知发达，感情无奔放之势"。殉情主义作品的产生，是因为作家或社会的"极盛时候早已过去，精力的全部，消亡殆尽，残余的一些活力，不能自家振作，再来做一番事业。而生命力又不是完全塞死的时候"，这个时候，作家所最引为愉悦的东西，是回忆过去的辉煌，因为"过去"是他生活中最美好的东西。但他的回忆，只证明了他现在没有精力和意志来恢复这已逝去的美好，"于是乎只好用了感情，把过去的事情，格外的想得壮丽，才足以掩盖现在的孤苦"，这样创作出来的作品，"大抵是缺少猛进的豪气与实行的毅力，只是陶醉于过去的回忆之中，而这一种感情上的沉溺，又并非情深一往，如万马的奔驰，狂飙的突起，只是静止的、悠扬的、舒

---

1 郁达夫：《序孙译〈出家及其弟子〉》，《郁达夫文论集》，浙江文艺出版社，1985年，第318页。

徐的,所以殉情主义的作品,总带有沉郁的悲哀咏叹的声调,旧的留恋与宿命的嗟怨。尤其是国破家亡,陷于绝境的时候,这一种倾向的作品,产生最多"。[1] 这实际上也是郁达夫在解释自己为什么偏嗜感伤主义。他并非没有过希望,并非没有个人尊严和个性自由的要求,他宣称——"自我就是一切,一切都是自我,个性强烈的我们现代的青年,那一个没有这种自我扩张的信念",[2] 但他又无力对抗社会,最终只能靠卑贱自身,才能对压抑自己的社会、人生发出几声呜咽的悲鸣。他啜泣:"将亡未亡的中国,将灭未灭的人类,茫茫的长夜,耿耿的秋星,都是伤心的种子";[3] 他悲鸣:"反抗反抗,我对于社会何尝不晓得反抗,……但是怯弱的我们,没有能力的我们,教我们从何处反抗起呢?"[4] 郁达夫不善于用思想的面纱掩盖自己真挚的忧郁与感伤,他呈现给读者的心灵世界也不是澄明统一的理性世界,而是在贫病、死亡、寂寞的现实背景下的一种已失衡、变形了的情感世界。他的作品,无不流露出各种各样的哀怨与忧伤,如他的小说《过去》《迷羊》《风铃》等描写的是主人公对已逝的美好日子的回忆,表现对旧事的无可奈何的留恋;《银灰色的死》《沉沦》是由于苦闷压抑而悲鸣出来的;《茫茫夜》《秋柳》《街灯》等描写的是在无聊生活的压抑窒息下混迹烟花世界的知识分子精神上的空虚寂寞;《离散之前》《血泪》《落日》描写的是被社会的沉闷黑暗压迫得潦倒落魄的文人的生的苦闷;《春风沉醉的晚上》《薄奠》这样有"社会主义色彩"的作品,描写的是下层贫民困顿无依的生活;即使如《春潮》

---

1 郁达夫:《文学概论》,《郁达夫文论集》,浙江文艺出版社,1985年,第128页。

2 郁达夫:《自我狂者须的儿纳》,《郁达夫文论集》,浙江文艺出版社,1985年,第47页。

3 郁达夫:《茫茫夜》,《郁达夫小说集》,浙江文艺出版社,1985年,第115页。

4 郁达夫:《茑萝行》,《郁达夫小说集》,浙江文艺出版社,1985年,第222页。

这样写儿童生活的作品，也都含着淡淡的哀伤和沉郁的悲哀。至于其散文，如《莴萝行》《还乡记》《零余者》《一个人在途中》《感伤的行旅》等，也都在抒写生活困顿、婚姻家庭的不幸中流溢着宿命的嗟怨。

郁达夫作品的感伤基调是"性的苦闷"和"生的苦闷"。这两种苦闷的形成，是与他的身世分不开的。郁达夫出生于一个没落的士绅家庭，至出生时，他的家庭已经破产，所以他将自己的出生称作是"一出结构并不很好而尚未完成的悲剧"（《悲剧的出生——自传之一》），他对人世的最初感觉是"对饥饿的恐怖"，五六岁时已会"露了一脸很悲凉的寂寞的苦笑"（同上）。他三岁时，父亲去世，孤儿寡母受人欺凌，他渐渐变得习惯孤独，怕羞，胆小，畏缩，对人、事充满本能的仇恨，在学校只拼命读书，拼命和同学中贫苦者相往来，对有钱的人，经商的人仇视（《书塾与学堂——自传之三》）。1913 年，当他带着在国内形成的敏感性格随兄到达日本后，一种新的屈辱感加剧了他近于变态的性格。他留学时的日本，已经经过了明治维新的工作，"新兴国家的气象，原属雄伟，新兴国民的举止，原也豁荡，但对于奄奄一息的我们这东方古国的居留民，尤其是暴露己国文化落伍的中国留学生，却终于是一种绝大的威胁"（《雪夜——日本国情的记述·自传之一章》）。异国的刺激，使他在形成国家概念的同时，也就必然带上了弱国的子民在异域感受到的屈辱感。他在日本"开始看清了我们中国在世界竞争场里所处的地位"，"觉悟到了今后的中国的命运，与夫四万万五千万同胞不得不受的炼狱的历程"，而"弱国民族所受的侮辱与欺凌，感觉得最深切而亦最难忍受的地方，是在男女两性，正中了爱神毒箭的一刹那"。[1] 在当时的日本，"欧洲的自由主义

1　郁达夫：《雪夜》，《郁达夫散文全集》，哈尔滨出版社，2016 年，第 302 页。

思想，以及十九世纪文化的结晶，自然主义中的最坚实的作品，车载
斗量地在那里被介绍"，[1] 而且，"两性解放的新时代，早就在东京的上
流社会——尤其是知识阶级，学生群众——里到来了。……伊孛生
的问题剧，爱仑凯的恋爱与结婚，自然主义派文人的丑恶暴露论，富
于刺激性的社会主义两性观，凡这些问题，一时竟如水似地杀到了东
京，而我这一个灵魂洁白，生性孤傲，感情脆弱，主意不坚的异乡游
子便成了这洪潮上的泡沫，两重三重地受到了推挤、涡旋、淹没与消
沉"。[2] "一般神经过敏的有思想的青年，流入于虚无者，就跑上华严大
瀑去投身自杀，志趣不坚的，就作了颓废派的恶徒，去贪他目前的官
能的满足。"[3] 从一个完全封闭、男女大防的社会，一下置身于一个随处
可看到名女优半裸的照相，读到"妇女画报上的淑女名姝的记载，东
京闻人的姬妾的艳闻"的性开放的社会，一个一向连把与女性在一起
都看作是"读书人的大耻"[4] 的亚当的中国后裔，在日本的几年恰又处
于青春觉醒、情绪最波动的年龄，而他这性的苦闷又只能在带给他屈
辱感的日本女人身上得到释放，虽然日本少女的蔑视使他感到的是一
种被侮辱、绝望、悲愤、隐痛充塞得无法呼吸的压抑，但青春的驱动
又使他无法抵御她们"肥白柔和"的肉体的诱惑。1925 年的一个雪夜，
当他的性苦闷终于到了"不可抑制的地步"，终于在"几瓶热酒"的
刺激下，在一个肥胖的日本妓女怀里失去童贞时，他却立刻感到"如
在大热的伏天，当头被泼上了一身冷水"，一阵自暴自弃、自轻自怜

1　郁达夫：《战后敌我的文艺比较》，《郁达夫文论集》（下），吉林出版集团股份
　　有限公司，2017 年，第 735 页。

2　郁达夫：《雪夜》，《郁达夫散文全集》，哈尔滨出版社，2016 年，第 303 页。

3　郁达夫：《序孙译〈出家及其弟子〉》，《郁达夫文论集》（上），吉林出版集团
　　股份有限公司，2017 年，第 352 页。

4　郁达夫：《水样的春愁》，《郁达夫散文集》，吉林出版集团股份有限公司，2017
　　年，第 20 页。

的痛感激活了他被性的"恶魔"麻醉过的灵魂。他悲天悯地："太不值得了？太不值得了！我的理想，我的远志，我的对国家所抱负的热情，现在还有些什么？还有些什么？"把一次偶然的失身与国家民族问题联系起来，未免有点夸张做作，但却真实地反映了一个不甘沉沦而又不得不沉沦的中国知识分子的精神矛盾和痛苦。一个无法从"国家"获得安全感、满足感，连自己的青春勃发的肉体都感到恐惧的软弱无力的"支那人"，在日本也许只能像《雪夜》中的"我"那样破釜沉舟般发誓："沉索性沉到底吧！"[1]

最能表现郁达夫及其主人公"性的苦闷"的痛苦和复杂性的是其小说《沉沦》。这部小说描写了"一个病的青年的心理"，揭示了"五四"后在中西文化冲突压抑下，一个中国知识分子形成变态人格的过程（郁达夫其他作品中的主人公，如《银灰色的死》中的"他"，《茫茫夜》《怀乡病者》《空虚》中的于质夫，《莺萝行》中的"我"，都是这样的中国知识分子）。"我"从一个灾难深重，仍固守着封建传统文化的旧国家，来到一个充斥着西方各种资产阶级民主自由、个性解放思想的新兴国家，中西文化的鲜明对比，使他立刻感觉到某种威胁和侮辱，"眼看着故国的陆沉，身受着异乡的屈辱，与夫所思所感、所经所历的一切，剔括起来，没有一点不是失望，没有一处不是悲伤"。[2]异质文化的压抑，使他感到焦虑和苦闷："我何苦要到日本来，我何苦要求学问，既然到了日本，那自然不得不被他们日本人轻侮的"，"故乡岂不有明媚的山河，故乡岂不有如花的美女，我何苦要到这东海的岛国里来！"他多疑敏感，情绪多变，

1　郁达夫：《雪夜》，《郁达夫散文全集》，哈尔滨出版社，2016 年，第 305 页。

2　郁达夫：《忏余独白》，《郁达夫全集》(第 5 卷)，浙江文艺出版社，1992 年，第 542 页。

因而患了严重的忧郁症。他一会儿自怜，"可怜我今年已经是二十一岁了。槁木的二十一岁！死灰的二十一岁！"一会儿自傲，"他们都是日本人，他们都是我的仇敌，我总有一天来复仇，我总要复他们的仇"；一会儿自嘲，"他们都是日本人，他们对你当然是没有同情的，因为你想得他们的同情，所以你怨他们，这岂不是你自家的错误么？"一会儿自责，"You coward fellow，You are too coward！你既然怕羞，何以又要后悔！"一会儿自慰，"啊呀，哭的是你么？那真是冤屈了你了。像你这样的善人，受世人的那样的虐待，那可真是冤屈了你了。罢了罢了，这也是天命，你别再哭了，怕伤害了你的身体"；一会儿又因绝望而要自杀，"悔也无及，悔也无及。我就在这里死了吧！"这个自伤自悼、自怨自艾、不知所属、不知所终的忧郁青年，在当时中国青年知识分子中间也曾引起过西方"维特热"那样的轰动，这说明这种"忧郁的青年"形象在当时是有普遍性、代表性的。他们从西方文化中接受了个性主义思想的影响，以反抗封建文化传统、要求个性解放；但不幸的是，他们自身又都承袭了根深蒂固的中国传统文化的教育，封建意识又潜在地制约着他们，使他们在反抗的同时，又潜在地依恋传统文化以缓解自己在异国他乡所受的屈辱，这决定了他们所要求的个性解放仅仅是几声悲凉绝望的呐喊，不但不能导致任何实际的抗争行动，反而会将两种文化的矛盾冲突化为自身的矛盾冲突，从而导致过多的自省，这种自省无形中消解着个体的反抗力量，增强着社会的压迫，使自身承受越来越重的压抑、折磨和痛苦，导致人格变态。郁达夫曾痛心地剖析了自己也即自己的主人公郁闷的心理动因，"自己的一身，实在也只可以说是时代造就出来的恶戏。自己终究是一个畸形时代的畸形儿，再加上这恶劣环境的腐蚀，那就更加不可收拾了，第一不对的，是既做了中国人，而偏又去受了些不彻底的欧洲世纪末的教育……结果就是新旧两者的同归于尽"。[1]处在两种异质文化碰撞、冲突的夹缝中，他们感到孤独，苦闷，无所适从。从一种完全封闭的文化环境进入一个已是非常开放的社会，他们在竭力以中国传统文化要求个性解放时，又导致心理和情感的失衡，心理变态的痛苦把他们置于无底的精神炼狱，备感恐惧和无能为力。中国传统文化的道德观和个性主义的反道德意识的冲突造成了他们理智与情感的矛盾。理智战胜情感时，他压抑个性而导向孤独、忧郁、苦闷；而情感渴求满足时，理智又加以无情的鞭挞，使他们享受不到满足的快乐而导致情感畸形。

《银灰色的死》中的于质夫，在日本听到妻子死亡的消息后，"总每是昼夜颠倒的要到各处酒馆里去喝酒"，因为"酒馆里当炉的大约都是十七八岁的少妇"。尽管他知道她们都只想骗自己的钱，但他每当太阳西下，就不由自主地跑到这些酒馆里。"有时候他想改过这恶习惯来，故意到图书馆里去取他平时所爱读的书来看，然而到了上灯的时候，他的鼻孔里，会有脂粉、香油，油沸鱼肉，香烟醇酒的混合的香味到来。他的书的字里行间，忽然会跳出一个红白的脸色来。一双迷人的眼睛，一点一点地扩大起来。同蔷薇花苞似的嘴唇，渐渐地开放起来，两颗笑靥，也看得出来了。洋磁似的一排牙齿，也看得出来了。他把眼睛一闭，他的面前，就有许多妙年的妇女坐在红灯的影里微微的在那里笑着。也有斜视他的，也有点头的，也有把上下的衣服脱下来的。也有把雪样嫩的纤手伸给他的。到了那个时候，他总会不知不觉地跟了那只纤手跑去，同做梦一样，走了出来。等到他怀里有温软的肉体坐着的时候，他才知道他是已经不在图书馆内了。"但每当他用亡妻的

1　郁达夫：《蜃楼》，《春风沉醉的晚上》，生活·读书·新知三联书店，2013年，第165页。

金刚石戒指当来的钱买过一个醉饱后，他就立刻感到自家"孤冷得可怜"，感到内疚，忏悔："亡妻呀亡妻，你饶了我吧！"但每当"凄凉了一阵，羞愧了一阵"之后，他仍复到酒馆里去求得一个醉饱，并仍复去找当炉的日本女人，但亡妻的影子又在他眼里晃动，结果弄成个疯疯癫癫，"看他的样子，好像是对了人家在那里辩护他日下的行为似的，其实除了他自家的良心以外，却并没有人在那里责备他"。至于其最后在银灰色的月光下的"银灰色的死"，则是其摆脱心灵痛苦的最好方式了。

《沉沦》中的"我"的沉沦过程，最强烈地体现了个性意识和道德意识的矛盾冲突。他因孤独、压抑，把唯一解救自己的希望寄托于爱情："知识我也不要，名誉我也不要，我只要一个能安慰我体谅我的心，一副白热的心肠！从这一副心肠里生出来的同情！从同情而来的爱情！我所要求的就是爱情！"但他自身继承的传统道德意识却使他的这种正当人性要求成为反道德行为，并使他在对自己的行为进行评价时产生悔恨和自责，从而使热情不能以正常的途径释放，爱的渴望最终被扭曲变形为性苦闷、性变态。一方面，他不顾从小服膺的"身体发肤，不敢毁伤"的圣训，"在被窝里犯罪"，一方面又因此而"恐惧心也一天一天地增加起来"；一边"窥浴"，一边"自家打自家的嘴巴"，"心里怕得非常，羞得非常，也喜欢得非常"；一边因窃听到草丛里的男女苟合，而"同偷了食的野狗一样，就惊心吊胆的把身子屈倒去听了"，一边骂自己，"你去死罢，你去死罢，你怎么会下流到这样的地步"；一边在妓院偷看妓女"红色的围裙，同肥白的腿肉"，一边"切齿痛骂自己，畜生！狗贼！卑怯的人！"可以说，他每次"性"的满足，都伴随着道德感、屈辱感的无情鞭挞，他不但不能获得心灵痛苦的解脱，反而痛苦更深，最终堕入永劫的精神地狱，在无以排解的苦闷中自杀，做了文化冲突的牺牲品，宣告了个性追求的失败。

虽然郁达夫在创作的不同时期对"性的苦闷"(主要指在日本时的创作)和"生的苦闷"(主要指从日本回国后的创作)各有所侧重,但总的来看,两种苦闷在他的作品中是融为一体的。"性的苦闷"是造成"生的苦闷"的一个因素,"生的苦闷"则加剧了"性的苦闷",因为他笔下的人格变态主人公往往是因为得不到生活的"饱暖"、精神的"饱暖"才"思淫欲",甚至变态地发泄情欲的。郁达夫在谈到自己刚从日本回到中国来时的情境时说,"碰壁,碰壁,再碰壁,刚从流放地遇救回来的一位旅客,却永远地踏入了一个并无铁窗的故国的囚牢,……愁来无事,拿起笔来写写,只好写些愤世嫉邪、怨天骂地的牢骚,放几句破坏一切、打倒一切的狂呓。越是这样,越是找不到出路,越想破坏,越想反抗",[1]而越反抗,越发现自己陷于一个无法摆脱的可怜的生的境地,最后只能靠尚属于自己的性本能变态地发泄生的苦闷:"人生终究是悲苦的结晶,我不信世界上有快乐的两字。人家都骂我是颓废,是享乐主义者,然而他们哪里知道我何以要去追求酒色的原因?唉唉,清夜酒醒,看看我的胸前睡着的被金钱买来的肉体,我的哀愁,我的悲叹比自称道德家的人,还要沉痛数倍。我岂是甘心的堕落者?我岂是无灵魂的人?不过看定了人生的运命,不得不如此自遣耳。"[2]如果说郁达夫在日本时尽管性的要求受到压抑,但仍还有"祖国"可以希望的话,那么,当他一踏上故国的土地,感到缚在他周围的"运命的铁锁圈""一天一天的扎紧起来"时[3],当他不得不抛弃自己的理想主义,"东奔西走,为饥饿所驱使,竟成了一个贩卖知识的商

---

1 郁达夫:《忏余独白》,《郁达夫全集》(第5卷文论),浙江文艺出版社,1992年,第543页。

2 郁达夫:《茑萝集·自序》,《郁达夫文论集》,浙江文艺出版社,1985年,第68页。

3 郁达夫:《茑萝行》,《郁达夫小说全集》,哈尔滨出版社,2016年,第125页。

人"时[1]，他终于对"生"也完全幻灭了。他想自杀，曾"拖了沉重的脚，上黄浦江边去了几次"，[2]但终于没有勇气，只有更深地沉在醇酒妇人的迷醉中。更令他痛苦的是，他读书得来的知识，不仅不能为他换来饭吃，反而会使他能更清晰地体味到精神幻灭过程中的痛苦："自家以为有点精神，有点思想的人，竟默默无言地，看着他自己的精神的死灭、思想的消亡！试问天下痛心事，甚于此者，更有几多宗？"[3]他终于变成了一个不生不死、不痴又痴、心如死灰的行尸了，"我的过去半生是一篇残败的历史，回想起来，只有眼泪与悲叹，几年前头，我还有一片享受悲痛的余情，还有些自欺自慰的梦想，到今朝非但享受苦中乐 Sweet Bitterness 的心思没有了，便是愚人的最后一件武器——开了眼睛做梦，To dream with wide opened eyes——也被残虐的命运夺去了"[4]。以前想想自己惨痛的经历和心境，他还会有泪滴下来，经过了生的幻灭，他连泪也没有了。

看这样的一段话：

今晚在宴会的席上，在许多鸿儒谈笑的中间，我胸中的感觉，同在这样的白杨衰草的坟地里漫步时一样。不过有一点我觉得比从前进步了；从前我和境遇比我美满的朋友——实际上除你们几个人之外，哪一个境遇比我不美满？——相处，老要起一种感伤，有时竟会滴下泪来。现在非但眼泪不会滴下来，并且也能如他们一样举起箸来取菜，

1　郁达夫：《鸡肋集·题辞》，《郁达夫文论集》，浙江文艺出版社，1985年，第326页。

2　郁达夫：《茑萝行》，《郁达夫小说全集》，哈尔滨出版社，2016年，第126页。

3　郁达夫：《寒灰集·序》，《炉边独语》，大众文艺出版社，2001年，第333页。

4　郁达夫：《风铃/空虚》，《郁达夫小说全集》，中国致公出版社，2001年，第73页。

提起杯来喝酒。不过从前的那一种喜欢谈话的冲动，现在没有了。他们入座，我也就座，他们吃菜，我也吃菜，劝我喝酒，我就喝，干杯就干杯。席散了，我就回来。雇车雇不着，就慢慢的在黄昏的街道上走。同席者的汽车马车，从我身边过去的时候，他们从车中和我点头，我也回点一头。他们不点头，我也让他们的车子过去……还有一点和从前不同的地方，就是我默默坐在那里，他们来要求我猜拳的时候，我总笑笑，摇摇头，举起杯来喝一杯酒，教他们去要求坐在我下面的一个人猜。近来喝酒也喝不大醉，醉了也不过默默地走回家来坐坐，吸吸烟，倒点茶喝喝。

这段话出自郁达夫 1924 年 3 月写成的散文《北国的微音》。再看看郁达夫 1926 年在广州记的几节日记：

十一月三日：啊啊！独生子死了，女人病了，薪金被人家抢了，最后连我顶爱的这几箱书都不能保存，我真不晓得这世界上真的有没有天帝的，我真不知道做人的余味，还存在哪里？我想哭，我想咒诅，我想杀人。

十一月八日：晚饭后，无聊之极，上大街去跑了半天……明天起要紧张些才好，近两年来，实在太颓废了，可怜可惜。

十一月十一日：啊啊！以后我不知道自家更有没有什么作为了。我很想振作。可怜我也老了，胆量缩小了。打算从明天起，再发愤用功。

十一月十四日：打牌打到晚上……到家的时候，已经十点多了。

十一月十八日：胸中不快，真闷死人了。

十一月二十日：过去的一个礼拜，实在太颓废，太不成话了。

十一月二十一日：现在我的思想，已经濒于一个危机了，以后若不自振作，恐怕要成一个时代的落伍者。

十一月二十六日：中午……饮酒一斤，……这两天精神衰颓……以后总要振作才好。

十二月二日：晚上回来，寂寥透顶，心里不知怎么的总觉得不快。

十二月三日：晚上又有许多年青的学生及慕我者，设饯筵于市上，……我一人喝酒独多，醉了。

十二月七日：酒又喝醉了……一晚睡不着，想身世的悲凉，一个人泣到了天明。

……

1926 年 3 月，郭沫若、郁达夫和王独清一起从上海到了广州。这次南行，郁达夫本想"改变旧习，把满腔热忱，满怀悲愤，都投向革命中去的"，但到了广州后，满目所见，都是"一些阴谋诡计，卑鄙污浊"，于是，好不容易刚刚唤起的一种幻想，便又如"儿童吹玩的肥皂球儿，不到半年，就被现实的恶风吹破了"。[1]同年七月，郭沫若参加了北伐军，而郁达夫则在颓荡的迷阵里不可自拔了。上面所引的日记真实地记录了郁达夫在这段时间内是如何地折磨自己、毁灭自己而又徒劳地想再振作的痛苦。这是一个多么令人痛惜的郁达夫！悲愤难鸣而又不甘沉沦，执着于生活而又不见容于社会，带着一脸的迷茫和颓唐站在我们面前，铅一样的灰颓和沉重向我们扑面压来。哀莫大于心死，而郁达夫写这些日记的时间，恰是北伐节节胜利、国民革命成功在即、全民情绪亢奋的时刻，但他不但没有因为时代的欢欣而有所振作，而且在日记中都鲜有对时事的提及。他的个人主义情绪限制住

1　郁达夫：《鸡肋集·题词》,《郁达夫文论集》, 浙江文艺出版社, 1985 年, 第 327 页。

了他，他因为对社会的绝望而退守自己的内心，反复叨念的只是个人生活的圈子，咀嚼的只是个人悲哀的痛苦。他虽然表面上还如行云流水，潇洒自如，内心却已对生命本身都感到绝望了："自家今年三十岁了，这一种内心的痛苦，精神毁灭的痛苦，两三年来，没有一刻远离过我的心意。并且从去年染了肺疾以来，肉体也日渐消瘦了，……在人世的无常里，死灭本来是一件常事，对于乱离的中国人，死灭且更是神明的最大的恩赉。可是肉体未死以前，精神消灭的悲感呕，却是比地狱中最大的极刑，还要难受。……自己的半生，实在是白白地浪费去了。对人类，对社会，甚而至于对自己，有益的事情，一点儿也没有做过，自己的死灭，精神的死灭，在这大千世界里，又值得一个什么？"[1] 死灭本是顺应自然的事，可怕的是能清晰地体味到死灭途中精神的痛苦，而且一生碌碌无为，于事无补，这对于本抱有热烈的入世精神的郁达夫来说，自然感到自己"多余"的悲凉。

第二节　"零余人"的哀歌

郁达夫是感伤时代的典型代表，他以真诚的感伤，甚至颓废，对压抑个性的封建礼教进行了弱者最有力、最犀利的挑战和反抗。由于自身的自卑、怯懦、敏感，加上他在日本的时候，日本思想已是"哲学上，理知主义的破产，文学上，自然主义的失败"，各种现代主义哲学思想蔚然流行，在这种氛围的影响下，他也"走上了反理知主义的浪漫主义的路"。他的个性主义，因此就带有较明显的"世纪末"色彩。

非理性主义思潮是十九世纪末西方社会的精神危机、社会危机、文化危机的产物。工业文明的高速发展，导致人的异化，使"他人就

1　郁达夫：《寒灰集·序》，《炉边独语》，大众文艺出版社，2001 年，第 333 页。

是地狱",人性也被扭曲。旧的上帝已无法给人安慰,而新的偶像尚未找到,人日益陷入孤独与绝望,精神成为荒原。各种非理性主义思想的产生,就是对这种普遍的精神现象的反映。这些哲学思想,虽然已没有资本主义上升时期那种生气勃勃的个人主义精神,但仍保持了个人主义的价值体系,只不过实现个人价值的方式变了,由上升时期的无畏攫取转变为世纪末的绝望抗争,但两种抗争的目的还是一致的,即都是要追求个人的自由、独立,反抗权威、压迫。

郁达夫的带有现代色彩的个性主义,若从哲学渊源上来看,与尼采和施蒂纳有很大关系。尼采是现代主义哲学的鼻祖之一,在"五四"前后在中国被广泛介绍。他所鼓吹的"打碎一切偶像",重新估价一切,张扬个人意志,与"五四"时期的反封建专制,张个性自由的主潮是一致的。鲁迅、茅盾、郭沫若都曾受过尼采的影响,郁达夫也称尼采是他"平时爱读的作家之一"。[1]他翻译了尼采给女友的七封信,结题为《超人的一面》出版。他称赞尼采的《查拉图斯脱拉》时说:"这虽是疯狂哲学家的一部像呓语似的杰作,然而神妙飘逸,有类于我国的楚辞,真是一卷绝好的散文诗。"[2]尼采的孤高傲世、超然独立的超人神采吸引着郁达夫,成为他及其作品主人公以个人独立的姿态与社会对立的精神力量。《沉沦》中的"我",每当在人世中感到孤独、郁闷时,就爱跑到人迹罕至的山腰水畔,"有时在山中遇着一个农夫,他便把自己当作了 Zarathustra,把 Zarathustra 所说的话,也在心里对那农夫讲了"。尼采的思想激励着郁达夫,感奋着郁达夫,尼采本人也成为郁达夫心目中的英雄,以至于他一直想以尼采为主人公创作一部小

1　郁达夫:《断残集·自序》,《郁达夫文论集》,浙江文艺出版社,1985 年,第 530 页。

2　郁达夫:《歌德以后的德国文学举目》,《郁达夫文论集》,浙江文艺出版社,1985 年,第 460 页。

说。1932 年 10 月 7 日，他在由上海到杭州途中所记的日记中说："此番带来的书，以关于德国哲学家 Nietzsche 者较多，因这一位薄命天才的身世真有点可敬佩的地方，故而想仔细研究他一番，以他来做主人公而写一篇小说。"半年后他又慨叹："薄命的尼采，在中国虽也传噪过一时，但三十年来，他的作品，却还不见有一部完全的翻译。家乡独处，每有将这疯狂哲人的身世来编一篇小说的雄心，但岁月因循，一转瞬间，时代已经变成了不要超人，不要哲学的世纪了。"[1]郁达夫由尼采的被冷落，慨叹社会已不允许有个性自由、精神独立的存在了，实际上是在对造成自己贫困潦倒、悲观绝望的时代进行无可奈何的讥讽。尽管他最终也没有以尼采为主人公做出一篇小说，但他对尼采的热情是一生保持着的。

作为资产阶级上升时期的思想代言人，施蒂纳鼓吹的"利己主义""唯我思想"，对"五四"时期渴望呐喊出个体高昂的精神独立，和摧毁一切封建权威的狂飙叛逆精神的知识分子来说，具有一种荡涤灵魂、振聋发聩的冲击力，其影响不亚于尼采的"上帝死了"的绝望而亢奋的惊呼。鲁迅和其他新文化运动的倡导者都接受过他的影响。施蒂纳的"利己主义"是一种理想化的个人主义，他宣称："我是我的权利的所有者和创造者……除了我自己以外我不承认任何其他的权利的来源——不论是上帝、国家、自然、人、神权、人权等等"，"我既不关心神，也不关心人，我不关心善、正义、自由等。我关心的只是什么是我，它不是一般的东西，而是唯一者，就好像我是唯一者一样。对我来说，除我自己以外，就没有别的东西了。"[2]郁达夫对此钦佩

1　郁达夫：《断残集·自序》，《郁达夫文论集》，浙江文艺出版社，1985 年，第530 页。

2　范伯群、朱栋霖主编：《中外文学比较史》（上），江苏教育出版社，1993 年，第 345 页。

不止，1923 年专门写了《自我狂者须的儿纳》一文，介绍并阐发施蒂纳的个人主义理想，称赞他"不承认人道，不承认神性，不承认国家社会，不承认道德法律。他所最反对的是一种偶像，不管它是理想呢还是什么，总之自我总要生存在自我的中间，不能屈服在任何物事的前头……他的主张，约而言之，几句话就可以讲了的——便是除了自我要求以外，一切的权威都没有的，我是唯一者，我之外什么也没有。所以我只要忠于我自家好了，有我自家的所有好了，另外一切都可以不问的"。[1]

尼采和施蒂纳尽管属于不同的历史时期，但他们都强调"自我"高于一切，都主张个性的尊严，环境的破坏，都尊重个人主义，反对一切有形或无形的权威。郁达夫就是因为看到了他们的这种一致性，才对他们同样表示钦佩的，这也说明了郁达夫在博鉴广收西方各种哲学、文艺思想时，始终是基于自己的主观情绪需要和社会需要的，是以反对封建传统文化、呼吁个性解放为大前提吸取外来影响的，因而更多地重视他们的个人主义理论具有的社会现实意义。他说："他们对现实的生活、目前的事实上，怎么也不能一概抹杀。不过他们在这一环境之中，毅然决然，用了他们个性的力量，在那里战斗。脚踏了大地，他们想征服大地。这一种表现的倾向，给人生的好处，至少有两三点可以说得出来。第一，人生内在的当为的能力，因而觉醒了。被宿命观压倒了的人类的自由意志，因而解放了。第二，因为主张自己的尊严和自由的结果，对于他人的个性的自由和尊严，也容忍起来了。第三，对于人类生活的见解，因而非常流动了。"[2]郁达夫把文学"视为纯粹表现自我"的工具，以及他在生活中我行我素，不为流俗所羁，

1　郁达夫：《自我狂者须的儿纳》，《郁达夫文论集》，浙江文艺出版社，1985 年，第 50 页。

2　郁达夫：《文学概论》，《郁达夫文论集》，浙江文艺出版社，1985 年，第 143 页。

在作品中描写那种永远在人世中漂流，不肯向世俗屈服的孤独的个人主义英雄，都可以看出他与尼采和施蒂纳的内在精神联系。

郁达夫开始接触外国文学的时间，是在他到日本之后（在这之前，他连林纾译的外国小说都没有看过）。在当时的日本，"欧洲的自由主义思想，以及十九世纪文化的结晶，自然主义中的最坚实的作品，车载斗量地在那里被介绍"；[1]"伊孛生的问题剧，爱伦凯的恋爱与结婚，自然主义派文人的丑恶暴露论，富于刺激性的社会主义两性观，凡这些问题，一时竟如水似地杀到了东京"。[2]关于自己接触外国文学的情况，他曾回忆说"这一年的九月里去国，到日本之后，拼命地用功补习……但我在课余之暇，也居然读了两本俄国杜儿葛纳夫的英译小说，一本是《初恋》，一本是《春潮》"。于是，"和西洋文学的接触开始了，以后就急转直下，从杜儿葛纳夫到托尔斯泰，从托尔斯泰到陀思妥耶夫斯基、高尔基、契诃夫。更从俄国作家，转到德国各作家的作品上去，后来甚至于弄得把学校的功课丢开，专在旅馆里读当时流行的所谓软文学作品"；"在高等学校里住了四年，共计所读的俄、德、英、日、法的小说，总有一千部内外，后来进了东京的帝大，这读小说之癖，也终于改不过来，就是现在，于吃饭做事之外，坐下来读的，也以小说为最多"。[3]

郁达夫读外国小说范围很广，在他的日记和文章里出现的外国作家的名字是数以百计的，但他读小说又不是毫无选择的，而是以鲜明的、强烈的主体意识，带有偏爱态度来审视、评价、选择外国作家作品的，而且他还在理论上阐述了文艺鉴赏保持偏爱态度的价值。他说，

1　郁达夫:《战后敌我的文艺比较》,《郁达夫文集》(第7卷)，花城出版社，1983年，第104页。

2　郁达夫:《雪夜》,《郁达夫文集》(第4卷)，花城出版社，1982年，第94页。

3　郁达夫:《五六年来创作生活的回顾》,《郁达夫文集》(第7卷)，花城出版社，1983年，第178页。

"文艺赏鉴上的偏爱价值，完全是一种文艺批评的标准，但在爱好文艺的赏鉴者中，却是很普遍的一种心理"，"我们读坎坷不遇的批评家所作的坎坷不遇的文人的批评时，每有不得不为感动，甚至有为流涕太息的地方，因此我们可以知道偏爱价值是情意的产物，不是理智的评定。……所以我敢说对于文艺作品，不能感得偏爱者，就是没有根器的人，像这一种人是没有赏鉴文艺的资格的"。[1] 而郁达夫偏爱的是浪漫气息浓厚、富有抒情味、艺术性较高的作家，他本人浪漫的性情和忧郁的性格，使他对欧美一些浪漫派作家情有独钟。

屠格涅夫是郁达夫最早接触到的外国作家，他的小说《初恋》《春潮》是郁达夫最早读到的外国小说。郁达夫对屠格涅夫的喜爱之情是溢于言表的，他不无敬仰地说："在许许多多古今大小的外国作家里面，我觉得最可爱、最熟悉、同他的作品交往得最久而不会生厌的，便是屠格涅夫。这在我也许是和人不同的一种特别的偏嗜，因为我的开始读小说，开始想写小说，受的完全是这一位相貌柔和，眼睛有点忧郁，络腮胡长得满满的北国巨人的影响。"[2] 他撰写了《屠格涅夫的〈罗亭〉问世以前》《屠格涅夫的临终》等文章介绍屠格涅夫的生活和创作，还翻译了屠格涅夫的论文《哈姆雷特和堂吉诃德》，并计划翻译屠格涅夫的《罗亭》《烟》《春潮》等小说。[3] 屠格涅夫是 19 世纪俄国一个温和的贵族自由主义者，他生活在俄国由农奴制向资本主义的过渡时期。作为贵族知识分子，"他有敏锐的观察力，能很快就猜

1　郁达夫：《文艺赏鉴上之偏爱价值》，《郁达夫文集》（第 5 卷），花城出版社，1982 年，第 158 页。

2　郁达夫：《屠格涅夫的〈罗亭〉问世以前》，《郁达夫文集》（第 6 卷），花城出版社，1983 年，第 176 页。

3　郁达夫 1927 年 1 月 10 日日记，《郁达夫文集》（第 9 卷），花城出版社，1984 年，第 44 页。

度出渗透到社会意志中的新要求和新思想，在自己的作品中经常注意到……那些已经到来并开始隐约使社会不安的问题"；[1] 这个使社会不安的问题就是农奴制改革问题，屠格涅夫是反对农奴制的，因而他看到了农奴的野蛮和粗暴，看到了贵族中的先进知识分子已无力挽救农奴制，但作为贵族中的一员，他又对农奴制必然消失的命运感到无限惋惜，他的作品中因而流露出伤感的挽歌情调，甚至流露出浮生若梦的幻灭感。这种浓郁的感伤情调与郁达夫的审美情趣是一致的，他的小说《青烟》不但与屠格涅夫小说《烟》名目相仿，而且表露了类似的人生若空的情绪："时间一天一天的过去了，但是我的事业，我的境遇，我的将来，啊啊，吃尽了千辛万苦，自家以为已有些物事被我把握住了，但是放开紧紧捏住的拳头一看，我手里只有一溜青烟！"[2] 屠格涅夫意识到贵族阶级的必然失败，主要归因于他看到周围的贵族中的优秀的知识分子的软弱无力，已无力挽救自身的命运了，他在小说中描写了这样一类被称为"多余人"的俄国贵族知识分子，如《多余人日记》中的朱尔卡都林、《罗亭》中的罗亭、《贵族之家》中的拉夫列茨基等。他们都受过良好的教育，天资聪颖，博学多才，热心宣传真理和理想，能看到现实中的不合理之处，并对俄国专制制度表示不满，然而这些聪明、优雅的贵族却有一个致命的弱点，那就是脱离实际，意志软弱，缺乏实践的能力，理想只流于空谈，最终一事无成。郁达夫对这些俄国的"多余人"是熟悉的，直到1932年他还在日记里写道"读杜葛涅夫的 *The Diary of a Superfluous Man*，这是第三次了，大作家的作品，像嚼橄榄，愈嚼愈有回味"。[3] 在第二天的日记

1　辛未艾译，《杜勃罗留波夫选集》第2卷，新文艺出版社，1959年，第263页。

2　郁达夫：《青烟》，《郁达夫小说集》，浙江文艺出版社，1985年，第229页。

3　郁达夫，1932年10月14日记，《郁达夫文集》（第9卷），花城出版社，1984年，第193页。

里，他还将《零余者的日记》中的几首诗译成了汉语。[1]郁达夫直接借用了屠格涅夫"多余人"这一称呼（只不过被他译成"零余者"）。他就自称为一个"真正的零余者"。他每当孤寂悲凉时，往往就冥思自己在人世的意义，结果竟推断出："我的确是一个零余者，所以对了社会人世是完全没有用的。a Superfluous man！a useless man！Superfluous！Superfluous。"[2]郁达夫笔下的"零余者"形象，大都是一个面容憔悴，神经衰弱，高度敏感，意志不坚，空有理想而无力实现，渴求异性却又时时感到羞辱的知识分子。他们也想在社会上有所作为，然而虽然"他们用了死力，振臂狂呼，想挽回颓风于万一，然而社会的势利，真如草上之风，他们拼命的奋斗的结果，不值得有钱有势的人的一拳打"，[3]碰壁之后，他们无力呐喊着再冲出一条生路，而是悻悻地退缩下来，不但再无力振作，甚至嘲笑自己的所作所为："少年的血气干萎无遗的日下的我，哪里还有同从前那么的爱国热忱，我已经不是chauvinists（盲目的爱国者）了。"[4]对于家庭，他们尽管奔波辛劳，却只换来贫困潦倒，连做儿子、丈夫的责任都无法尽到，因而深自引疚："我读书学术，到了现在，还不能做出一点轰轰烈烈的事业来，就是这几块钱，还是昨天从母亲那里寄出来的，我对于母亲有什么用处呢？我对于家庭有什么用处呢？"[5]"五四"退潮以后，许多曾经呐喊过、睁开过眼睛的知识分子都或多或少地带有这种"零余者"色彩，这些追求个性主义的知识分子大都是理想主义者，他们满

1　郁达夫，1932年10月15日记，《郁达夫文集》（第9卷），花城出版社，1984年，第193—194页。

2　郁达夫：《零余者》，《郁达夫文集》（第3卷），花城出版社，1982年，第88页。

3　郁达夫：《离散之前》，《春风沉醉的晚上》，浙江文艺出版社，2020年，第344页。

4　郁达夫：《青烟》，《郁达夫小说集》，浙江文艺出版社，1985年，第231页。

5　吴秀明编：《零余者》，《郁达夫全集》（第3卷），浙江大学出版社，2007年，第71页。

怀信心地宣告"20世纪是理想主义复活的时候"，他们要用自己"最高的理想去毁灭"现实的一切，"再造出一个理想的世界"。[1] 然而，当"五四"向人们昭示了新世纪的曙光时，却没有提供实现理想的现实条件，他们面对的仍是坚如磐石的黑暗。"这班现代的青年，心中充满了理想，这些理想无一不和现代社会底道德，信念，制度，习惯冲突"，[2] 特别是"五四"的退潮，一下子把这些理想主义的青年从理想的天堂抛入茫茫无际的失望的沼泽。由于他们对理想的渴望过于热切，过于幼稚，根本就没有作好与现实抗争的准备，所以稍一遇到挫折，就陷入极度绝望的深渊。所以在这一时期的文学创作中，就充满了这些失败了的理想主义者的悲鸣，形成了一个"零余者"作家群，如王以仁的《孤雁》、倪贻德的《玄武湖之秋》等，都塑造了一批孤独内向、忧郁感伤的主人公，他们都是游离于社会之外的"多余人"，是人生大潮的漂泊者。屠格涅夫在当时受到这部分青年的喜爱，是与这种时代情绪有必然联系的。就如郭沫若在《新时代》(即《处女地》)译序中所说："这部书的自身我很喜欢，我因为这书里的主人翁涅署大诺夫，和我自己有点相像……这书里面的青年，都是我们周围的朋友……屠格涅夫这部书是写的俄罗斯的事情，你们尽可以说他是把我们中国的事情去改头换面地复述一遍呢？"[3] 屠格涅夫的名字在中国最早出现有1915年7月1日出版的《中华小说界》上，在上面发表了刘半农用文言翻译的屠格涅夫的四篇散文诗。同年，《青年杂志》从第1卷第1期起开始连载陈暇译的屠格涅夫的小说《春潮》，从第5期又开始连载《初恋》；1921年，《小说月报》12卷3号上用4期连

---

1 郭沫若《未来派的诗约及其批评》，《沫若文集》(第10卷)，人民文学出版社，1959年，第127页。

2 陈独秀《自杀论》，《新青年》第7卷第2号，1920年1月1日。

3 傅勇林：《郭沫若翻译研究》，四川文艺出版社，2009年，第307页。

载了耿济之译的《猎人日记》，1925 年 19 卷又用 4 期连载了赵景深译的《罗亭》。屠格涅夫的其他长篇小说也在 20 年代被介绍到中国，如《前夜》(沈颖译，1921 年商务版)、《父与子》(郭沫若译，1925 年商务版)、《畸零人日记》(樊仲云译，1928 年开明书店)、《烟》(樊仲云译，1929 年商务版)、《贵族之家》(高滔译，1929 年商务版)、《屠格涅夫散文诗》(白棣、清野译，1929 年上海北新书局)。这一时期还出现了一批有分量的研究屠格涅夫的论文，如田汉的《俄罗斯文学之一瞥》(《民铎》，1 卷 6、7 号)，胡愈之的《猎人日记研究》(《小说月报》，13 卷 3 号)。屠格涅夫在当时也并不是唯一一个被介绍到中国来的俄国作家，托尔斯泰、陀思妥耶夫斯基、安德烈耶夫、普希金都是在这个时候为中国的青年知识分子所认识和喜爱的。原因在于，在这些俄国作家的作品中，中国的作家们看见了"被压迫者的善良的灵魂、的辛酸、的挣扎；还有 40 年代的作品一同烧起希望，和 60 年代的作品一同感到悲哀"，[1] 郁达夫曾分析了自己变成"多余人"的原因："平时老喜欢悲歌慷慨的文章，自己提起笔来，也老是痛哭淋漓，呜呼满纸的我这一个热血的青年，在书斋里只想去冲锋陷阵，参加战斗，为众舍身，为国效力的我这一个革命战士，际遇着了这样的机会，却也终于没有一点作为，只呆立在大风圈外，捏紧了空拳头，滴了几滴悲壮的旁观者的哑泪而已。"[2] 屠格涅夫的作品，使他对自己的际遇有了一种异国的参照，也给他的悲哀中输进了一种异国悲哀的因子，使他能更确信地印证了自己凄冷的情怀。

郁达夫一向为人诟病的是他赤裸裸自我暴露的癖好，这与他把

1　鲁迅：《祝中俄文字之交》，《南腔北调集》，《鲁迅杂文全集》，河南人民出版社，1994 年，第 466 页。

2　郁达夫：《大风圈外》，《郁达夫文集》第 3 卷，花城出版社，1982 年，第 439 页。

"艺术的理想"看作是赤裸裸的天真,"文学作品,都是作家的自叙传"的文艺观是一致的。他不论是在小说、散文,还是在日记、论文中,都真诚地坦率地把自己喜怒哀乐的情绪,爱憎的态度,荣辱的感受,猥亵的念头,自私的打算,性欲的变态,毫不隐瞒地袒露在读者面前,以至被徐志摩讽刺为"就和街头的乞丐一样,故意在自己身上造些血脉糜烂的创伤,来吸引过路人的同情"。[1] 这自然是对郁达夫的一种误解,因为郁达夫是"摩拟的颓唐派,本质的清教徒",[2] 他的自我暴露,只不过是"忠实地表现了人们所不敢表现的生活的一面"。[3] 郁达夫以真诚的自我暴露来反对封建礼教压抑人性的努力,很容易使人想起法国卢梭的被称为"文学史上的奇书"的《忏悔录》。两位作者在作品中所表现的主题是相似的,即都直面封建专制礼教,勇敢地要求个人的独立和尊严。卢梭在《忏悔录》中把自己的一生、灵魂赤裸裸地全盘搬给了读者,他不无骄傲地宣称:"不管末日的审判号角在什么时候吹响,我都敢拿着这本书走到至高无上的审判者面前,果敢地大声说:'请看!这就是我所做过的,我当时就是这样的人……请你把那无数的众生叫到我跟前来!让他们听听我的忏悔……然后,让他们每一个人在您的宝座面前,同样真诚地披露自己的心灵,看有谁敢于对您说:我比这个人更好!'"郁达夫视卢梭的这种精神反叛为自己的楷模和准则,对此欣羡不已,并在 1928 年连续写了四篇关于卢梭的文章,即《卢骚传》《卢骚的思

---

1 郭沫若:《论郁达夫》,王自立、陈子善编:《郁达夫研究资料》(上),花城、三联香港分店联合出版,1985 年,第 86 页。

2 郭沫若:《论郁达夫》,《郁达夫研究资料》(上),花城,三联香港分店联合出版,1985 年,第 86 页。

3 匡亚明:《郁达夫印象记》,王自立、陈子善编:《郁达夫研究资料》(上),天津人民出版社,1982 年,第 62 页。

想和他的创作》《翻译说明就算答辩》《关于卢骚》，比较全面地介绍
了卢梭的思想和创作，1930 年还翻译了卢梭晚年的散文作品《一个
孤独漫步者的沉思》。他称赞卢梭是"真理的战士，自然的骄子……
他的精神……他的影响，笼罩了浪漫主义运动的全部"。[1] 面对人们
对卢梭的误解，他辩护说："他一生所做的事情，只想和他的主张能
一致，所以弄得许多人，都不能够了解他的行为。他的自卑狂的面，
的确有自大狂的倾向含着，所以大多的批评家，都说他的虚荣心很
大，说他是世界上最骄傲最虚伪的人"；"大家都以为他是一个拥护
罪恶反对道德的异端者，谁知道卢骚的主张严正的道德称许本性的
善处，攻击社会和人类的毒恶，比哪一个都要猛烈，比哪一个都能
彻底"。他甚至不无崇敬地预言："法国也许会灭亡，拉丁民族的文
明、语言和世界，也许会同归于尽，可是卢骚的著作，直要到了世
界末日，创造者再来审判活人死人的时候止，才能放尽它的光辉。"[2]
郁达夫把他看作世界大革命的第一个鼓动者，即使当他忧郁孤独时，
也要借卢梭之口喊道："自家除了己身以外，已经没有弟兄，没有邻
人，没有朋友，没有社会了，自家在这世上，像这样的已经成了一
个孤独者了。"[3] 从这些明显带有夸张、幻想成分的介绍和评价中，我
们不难看出郁达夫与卢梭的声息相通。然而，卢梭吸引郁达夫的不
仅在于他的个人反叛精神和方式，还在于他用以与现代文明相对立
的自然论，而且卢梭的个性解放思想也是服从于他的"回归自然"
论的。卢梭认为"出自造物主之手的东西，都是好的，而一到了人

1　郁达夫：《卢骚传》，《郁达夫文论集》，浙江文艺出版社，1985 年，第 375 页。

2　郁达夫：《卢骚的思想和他的创作》，《郁达夫文论集》，浙江文艺出版社，1985
　　年，第 359 页。

3　郁达夫：《一个人在途上》，《郁达夫全集》第 3 卷，浙江大学出版社，2007
　　年，第 129 页。

的手里就全变坏了"(《爱弥尔》),因而人应摆脱造成人堕落的现代文明,重返人的童真时代。他的小说《爱弥尔》《新爱洛绮丝》,都热情洋溢地渲染了自然对人性的魅力,提出"顺乎自然"的教育、爱情理想,并对毁灭这种理想的封建权威进行愤怒的控诉——"自然,甜蜜的自然,我蔑视毁灭你的权力的一切野蛮道德"(《新爱洛绮丝》)。郁达夫借鉴了卢梭的"自然论",认为"无论是文学、美术、或音乐,常坠入衰运,流于淫靡的时期,对此下一棒喝的就是'归向自然''回到天真'上去的一个标语。大凡艺术品都是自然的再现,把捉自然,将自然再现出来,是艺术家的本分。把捉得牢,再现得切,将天真赤裸裸的提示到我们五官前头来的,便是最好的艺术品","美与情感(包括同情与爱情),对于艺术,犹如灵魂肉体,互相表里,缺一不可的"。[1] 郁达夫充满激情的自我表现、自我暴露,无疑是他这种"自然论"的实现。其情愈真,其态度愈真诚,其自我暴露给人的震撼力和冲击力就愈强,作品的悲剧情调就愈浓厚。卢梭和郁达夫都是在大自然中展示人物的心理历程的。如卢梭的《爱弥尔》就是在一个脱离社会影响的世外桃源里展示爱弥尔顺应自然的成长过程;《新爱洛绮丝》以对优美大自然的歌颂,情景交融地描写男女主人公自然纯美的爱情,以及爱情受到封建等级制度阻碍时淡淡的感伤主义情调。郁达夫对卢梭笔下美丽的大自然赞美不已,如他就称许《忏悔录》描写了一切"可以增加自然的美,表现自然的意的东西",几乎阐发尽了大自然所有的秘密,"他的留给后世的文学上的最大的影响,也可以说是在这自然的发现的一点上"。[2] 郁达夫对大自然也怀有一种倾心的爱:"对于大自然的迷恋,似乎是我从小的一

1 　郁达夫:《艺术与国家》,《郁达夫文论集》,浙江文艺出版社,1985 年,第 58 页。

2 　郁达夫:《卢骚的思想和他的创作》,《郁达夫文论集》,浙江文艺出版社,1985 年,第 391 页。

种天性"，[1] 他也把自然看作净化人心的灵丹妙药："山水，自然，是可以使人性发见"。[2] 他笔下的大自然也有一种未被世俗污染的纯美，如"晴天一碧，万里无云，终古常新的皎白，依旧在她的轨道上，一程一程的在那里行走。从南方吹来的微风，同醒酒的琼浆一般，带着一种香气，一阵阵的拂上面来"，[3] 这是何等美的境界！但是郁达夫不是一个"无为而无不为"的达观处士，他是"因为对现实感到了不满，才想逃回到大自然的怀中"的。[4] 因而他笔下的大自然总缺乏卢梭笔下的大自然的那种独立性，那种轻曼舒徐的格调、青春勃发的活泼、荡涤一切陈规陋俗的冲击力，人与自然的关系也不是如卢梭作品中那样和谐、统一、融为一体，而是人始终有意识地把自然视作主体情绪得以渲染的容器和工具，自然只有在起到这种作用时才有意义，其本身并没有获得独立价值。当他的主人公在山水中徜徉时，必是带着在与人世的争斗中落下的心灵的创伤，必是因为在社会上体尝到失败的悲凉，必是因为受到了异性的轻蔑与侮辱……才来到宽容、博大的自然中避难的。就如《沉沦》的主人公面对大自然时的自悼词："这里就是你的避难所。世间的一般庸人都在那里妒忌你，轻笑你，愚弄你；只有这大自然，这终古常新的苍空皎日，这晚夏的微风，这初秋的清气，还是你的朋友，还是你的慈母，还是你的情人；你不必再到世上与那些轻薄的男女共处去，你就在这大自然的怀里，这纯朴的乡间终老了罢。"

　　然而，由于郁达夫笔下的主人公都是社会、人生的失败者，当他

1　郁达夫：《忏余独白》，《炉边独语》，大众文艺出版社，2001 年，第 292 页。

2　郁达夫：《闲书·山水及自然景物的欣赏》，《闲书》，百花文艺出版社，2005年，第 82 页。

3　郁达夫：《沉沦》，《郁达夫小说集》，浙江文艺出版社，1985 年，第 16 页。

4　郁达夫：《忏余独白》，《炉边独语》，大众文艺出版社，2001 年，第 292 页。

们把自然当作倾诉对象，当作倾心相与的爱人，袒露自己伤痕累累的灵魂时，自然不但不能抚平他们的伤口，反而会以自己的安谧、平和、生生不息的活力印证了他们自身的萎靡、失败、孤冷，加剧了他们的忧郁感伤。睹物思情，他们禁不住要清泪滚滚了。不妨看看下面两段"人景交融"的精妙描写：

（1）"他眼睛离开了书，同做梦似的向有吠声的地方看去，但看见了一丛杂树，几处人家，同鱼鳞似的屋瓦上，有一层薄薄的蜃气楼，同轻纱似的，在那里飘荡。"

"Oh，You serene gossamer！ You beautiful gossamer！"

这样的叫了一声，他的眼睛里就涌出了两行清泪来，他自己也不知道是什么缘故。

——《沉沦》

（2）"他为这沉默一压，看看这一堆荒冢，又想到了这荒冢底下葬着的是一个他所心爱的薄命诗人，心里的一种悲感竟同江潮似的涌了起来。

'啊啊李太白，李太白'。

不知不觉的叫了一声，他的眼泪也同他的声音滚下来了。"

——《采石矶》

第一段的背景是主人公因性情早熟，"与世人绝不相容"，因而感到"孤冷得可怜"，于是就到学校附近的原野上散步，边走边读着华兹华斯的诗。大自然使他获得了片刻的安宁，暂时忘却了世间的不平，但在大自然的澄明与和谐中，他禁不住想到自己的可怜，"好像有万千哀怨，横亘在胸中"，旧伤加新创，他的眼泪使大自然也感伤起来。第二段出自以清朝诗人黄仲则为主人公的间接自传体小说《黄仲则》中黄仲则上谢公山凭吊李白墓的一段描写。黄仲则是一个"神经过敏""孤傲多疑""负气殉情""恃才傲物"的诗人。他早年失恋，现在也无家可回，只能暂充提督学政朱筍河的诗客。他在谢公山上看到"杂草生满"的李白的荒冢，想想李白和自己的身世，想到二人都是"被人家虐待的境遇"，自然要满怀悲伤了。

可见，郁达夫笔下的大自然是一种人格化的自然，是被生命个体移情过的自然，并没有获得独立的生命，而是只有在与主体的情绪产生呼应时，才落入主体的视野，因而，自然在郁达夫笔下也没成为主人公的一种终极追求，而是将自然视作获得心灵安慰、唤回纯真人性的手段。这与西方浪漫主义所追求的大自然显然是有差异的，因为西方浪漫主义者笔下的自然，或是作为纯粹的审美对象，或是具有一种使人"自然化"的力量，人是自然的一部分，与自然同呼吸，共命运，息息相通，而且自然具有自己独立的意志、情感、生命，人在与自然的感应中体会到自己的本质力量，感受到一种神秘的生命流动，夏多布里昂的《阿达拉》，可以说最典型地体现了西方浪漫主义的自然观。而郁达夫笔下的自然，总摆脱不了"人气"，自然作为一种抒情手段，是用来展示主人公的情绪变化过程，并且大自然不但没有给他们带来灵魂的永久安息和最终慰藉，而且还更激化了主人公对现实的眷恋，从而更加剧了他们的痛苦、绝望。因此，如果说西方浪漫主义对自然的景仰是"形而上的""神秘的"，那么郁达夫（中国现代作家笔下的自然基本如此）笔下的自然则是"形而下的""经验的"，因为即使当他们在陶醉于自然之美时，也总要不由自主地将眼睛从自然移向现实。这样的例子在郁达夫的作品中俯拾皆是，如《感伤的行旅》中，"我"坐火车经过苏州，看到铁路两旁秀美的景色时，不由得感慨起来："啊啊，人类本来就是大自然的一部分细胞，只教天性不灭，绝没有一个人会对于这自然的和平情景而不想赞美的，所以，那些卑污贪暴的军阀委员要人们，大约总已经把人性灭尽了的缘故罢，他们只知道打仗，他们只知道要杀人，他们只知道如何的去敛钱争势夺权利用，他们只知道如何的来破坏农工大众的这一个自然给与我们的伊甸园。"[1] 美丽的大自然与血腥屠杀、无耻的争权夺利，是多么不协调的一组画面，在"我"的脑子里却同时涌现出来，社会责任感无法使他们的自我消失在浑然不分的存在和千变万化的事象中，而是促使他们把自己浓烈的主体激情喷注到自然中去，自然因而失去了本身的宁静，而充满了汹涌的情欲，骚动的心灵，或激昂或感伤，永远凸显出一个主体的"我"出来。这也是中国浪漫主义文学区别于西方浪漫主义文学的一个独特方面。

第三节　美的偏至

郁达夫把美视为艺术的最大要素之一（另一要素为"感情"），认为"艺术追求的是形式和精神上的美愫"，并说他虽然"不同唯美主义者那么持论的偏激，但我却承认美的追求是艺术的核心。自然的美、人体的美、雄大的美，及其他一切美的情愫，便是艺术的主要成分"。艺术之所以对人重要，即是因为艺术可以给人美的陶醉，"可以一时救我们出世间苦（weltschmerz）而入于涅槃（Nitvana）之境，可以使我们得享乐我们的生活"。[2] 唯美主义把丑和恶作为生活的实质，主张从恶和丑中寻找出美，从悲哀与痛苦、颓废与变态中获得生活的

1　郁达夫：《感伤的行旅》，《屐痕处处》，生活·读书·新知三联书店，2014 年，第 130 页。

2　郁达夫：《艺术与国家》，《郁达夫文论集》，浙江文艺出版社，1985 年，第 58 页。

实感，感受人生的意义。即如十九世纪末英国唯美主义代表作家王尔德，他不仅在生活上放浪形骸，而且在晚年于狱中写的《狱中记》中宣称"悲哀地享乐"，认为"有悲哀的地方，就是神圣的地方"，真诚的悲哀比虚假的快乐更能体现人生的意义，其戏剧《莎乐美》，小说《道林·格雷的画像》就是他这种悲哀快乐理论的实践，带有浓重的唯美主义色彩。郁达夫对王尔德也是情有独钟的，他在1922年《创造季刊》创刊号上就翻译发表了《道林·格雷的画像》的序文，题为《杜莲格来的序文》，同一刊物的第一卷第2期上，还有一则广告说郁达夫译的《杜莲格来》即将出版。郁达夫不但自己喜欢王尔德，还向别人推荐，据陈翔鹤回忆，他读的第一本外文原作，"要算 Wilde 的 *The Picture of Dorian Gray*，也还是出于达夫兄的介绍"。[1] 郁达夫确是偏嗜感伤、悲哀的，他也津津乐道悲哀的美，他的作品中"捉不到快乐的影子，只有灰的阴惨的悲苦的沉痛的调子"，[2] 因为他认为"悲哀之感染，比快乐当然更来得速而且切"，"只有凄切的孤单"，才是"人类从生到死味觉得到的唯一的一道实味"。[3] 郁达夫的作品中，时时处处充溢着无从摆脱的忧愁和感伤，弥漫着一种透心的凄凉和绝望，在凄凄清清的环境和心境状态中，抒写人生的挣扎与迷茫。郁达夫的散文《还乡后记》中的"我"贫困潦倒，不得不坐船回家将息自己惨痛的心灵。但又深感无颜面对母亲、妻儿。这时的他，只想在："秋风凉冷月的九十月之交"，带着"一具黑漆的棺材"回家，"棺里躺着的是与他寝处追随的一个年少妇人"，或一个"至亲骨肉"，而这时，"叶落的林

1　陈翔鹤：《郁达夫回忆琐记》，王自立、陈子善编：《郁达夫研究资料》（上），天津人民出版社，1982年，第102页。

2　素雅编：《达夫代表作后续》，《郁达夫评传》，现代书局，1931年，第36页。

3　郁达夫：《北国的微音》，《郁达夫全集》（第3卷），浙江大学出版社，2007年，第80页。

中，阴森的江上，不断地筛着渺蒙的秋雨"，舟行途中，他一边在船头焚化纸帛，一边对棺里的人说"我们要回去了……你可要饭吃？你可安稳？你可觉得伤心？你不要怕，我在这里，我什么地方都不去了，我在你身边……"。这实际上是为自己曾有过的希望、梦想焚纸送行，也是在自慰"孤冷得很"的灵魂。[1] 凄凉的情景，交融着"我"痛苦绝望得无以复加的心境，于迷离的伤感中透出一种凄婉的美。

应该说，郁达夫的这种审美情趣是在中西文化的共同浸润影响下形成的。从中国传统文化渊源来看，无论是祈慕"乘天地之正，而御六气之辨，以游无穷"[2] 的道家的绝对自由思想，还是追求"达则兼济天下，穷则独善其身"的人格境界的儒家思想，都同时也含有一种对人生的悲哀和一种强烈的使命意识、忧患意识。从文学传统看，屈原的"路漫漫其修远兮，吾将上下而求索"的幽忧穷蹙、怨慕凄凉，李白"白发三千丈，缘愁似个长"的失意的悲哀，杜甫《三吏》《三别》的忧时伤世的赤诚情怀，黄仲则"似此星辰非昨夜，为谁风露立中霄"的淡淡的怨愁……形成了中国传统诗文中的"殉情主义"传统。至于"悲秋"主题，像"悲哉，秋之为气也，萧瑟兮，草木摇落而变衰"（宋玉），像"万里悲愁常做客"（杜甫）等等，更是中国古代文人借秋天的肃杀凄凉渲染个人哀思的拿手好戏。郁达夫（包括其他一些浪漫主义作家，如郭沫若、倪贻德、王以仁、周全平等）从小就浸淫在中国古典诗文中，对这些抒发忧思哀怨的作品尤为欣赏，他作品中的感伤情趣，与中国传统文化的潜移默化的影响不无关系。

郁达夫的悲哀感伤，表达的是现代人的苦闷，这种苦闷的成因，与他受身世、时世、传统文化的影响而形成的敏感忧郁的性格有关，

1　郁达夫：《还乡后记》，《炉边独语》，大众文艺出版社，2001年，第78页。

2　冯友兰：《庄子·逍遥游》，《中国哲学简史》，文化发展出版社，2018年，第108页。

也与他所受的外国作家的影响有关。英国十九世纪末以《黄面志》为中心形成的一个颓废作家群和日本的私小说对形成他偏于感伤的审美情趣就很有关系。

《黄面志》是1894年创刊的一种黄色封面的刊物，集中在周围的是一群郁达夫称为"少年天才"的艺术家，主要包括画家比亚兹莱，诗人道生、大卫生。他们都是忠诚于艺术、不满于英国国民的保守精神的，因而采取极端的方式，如酗酒等，公然反抗社会的习俗与道德，成为颓废的英雄、绝望的斗士。郁达夫对这些天才极为赏识，认为他们是真正体尝到现代生活真味的天才，定会青史留名："他们的余光，怕要照到英国国民绝灭的时候，才能湮灭呢！"这些天才大多身世飘零，一生都脱离不了愁思，而且他们颓废的生活方式，直接造成了他们的短命，他们中的许多人"都在三十岁前后或是投身在Seine河里，或是沉湎于Absinth酒中，不幸短命死了"。这些作家不幸的身世和感伤的情怀深深打动、吸引了郁达夫，使他引为知音。如被他称为他"近年来在无聊的时候，在孤冷忧郁的时候的最好伴侣"的道生，就不但"作最优美的抒情诗，尝最悲痛的人生苦，具有世纪末的种种性格"，而且还"为失恋的结果，把他本来是柔弱的身体天天放弃在酒精和女色中间，作慢性的自杀"。道生是一位唯美派诗人，也是"天生成的一个世纪末的颓废诗人"，天生有"厌世观、嫌人癖（Misanthropy）"。在伦敦时，他曾爱上一个小酒馆的当炉少女，深深地被她迷醉，无奈少女"只解欢娱，没有灵性"，不理解他的唯美的爱、纯粹的爱，最后嫁给了一个侍者。道生受此打击，顿成"千古伤心人"，从此日日出没于寂寞、忧愁悲哀的世界，"不醇于酒便没于淫"。他的孤傲多疑，使他不见容于世，他唯有把自己心里的寂寞，"心房的鲜血"，发泄成"几卷情诗"，化作"诗里头的长恨"，他的诗因此浓淤着"深刻的感化和惨伤的色彩"。实际上，道生的爱和诗，都是出于他唯美的天性，爱情的失败之所以使他那么绝望，痛苦，不是因为他对少女情爱的失望，而是因为少女在他眼中所象征的美被丑恶的现实玷污了（她嫁给了一个"俗不可耐"的侍者），因而他感到了美的幻灭。而美，又是他生活的全部目的。郁达夫也看到了这一点，他就说："虽则是这少女的凄艳，足以引 Dowson 的魂魄，但也许是 Dowson 的世纪末（Fin-de-siecle）的颓废的倾向，与他的恋爱的'恋爱'（To Love 'Love'）的自作的罗网（self-deception）致他的死命的。"郁达夫对道生的唯美诗歌倾心不已，称这些诗中的每"一言一句，都是从肺腑流出来的真真的内心的呐喊"。"热情如火，句句如黄钟大吕，音调朗朗，所表现的幻象消灭的悲哀，如千条飞瀑，直向读者脑门上搏击下来"；它们"充满音乐上的美，象征上的美、技巧上的美"，欣羡敬佩之情，溢于言表。郁达夫作品所表现出的主题、情调，即使作品中男主人公的爱情方式（与酒馆当炉少女的恋爱，及恋爱失败后的悲愁）也都可以看出与道生的某种精神上的联系。[1]

日本的"私小说"发展于自然主义小说，是日本的资本主义文明高速发展的产物，被用来解剖这种文明导致的"世纪末的颓废情绪"和"青年的忧郁症的心理"，具有强烈的"自我"色彩。在日本私小说作家中，郁达夫比较欣赏的是佐藤春夫和葛西善藏。他曾在日记中写道："看葛西善藏的小说二短篇，仍复是好作品，感佩得了不得。昨天午后从街上古物商处买来旧杂志十册，中有小说二三十篇。我以为葛西的小说终是这二三十篇中的上乘作品"[2]；在 2 月 12 日的日记里又有关于葛西善藏的记载："买了一本《新潮》新年号，内有葛西善藏的

1　郁达夫：《集中于〈黄面志〉(The Yellow Book）的人物》，《郁达夫文论集》，浙江文艺出版社，1985 年，第 89 页。

2　郁达夫：《孤独是一朵莲花》，浙江文艺出版社，2017 年，第 375 页。

一篇小说,名《醉狂者之独白》,实在做得很好。"[1]在日本私小说家中,葛西善藏擅长描写知识分子的私生活和心理状态,这也许就是他吸引郁达夫注意的主要原因。

郁达夫最敬重的日本作家是佐藤春夫。他在《海上通信》中就说"在日本现代的小说家中,我所最崇拜的是佐藤春夫",并指出佐藤春夫最好的作品是其"出世作《病了的蔷薇》即《田园的忧郁》","其他如《指纹》《李太白》等,都是优美无比的作品",其新作"《被剪的花儿》也可说是他近来的最大的收获。书中描写主人公失恋的地方,真是无微不至,我要想学他的地步,但是终于画虎不成"。[2]郁达夫在日本开始写小说时,佐藤春夫刚以《田园的忧郁》一书崭露头角,成为一个"最近代的"、最时髦的作家。郁达夫嗜读小说,对日本当时的文坛现状当然是了解的,从各种流行的杂志中读到佐藤春夫的小说,并因与自己的审美趣味契合而倍加珍爱也是水到渠成的事。就拿他的成名作《沉沦》与佐藤春夫的《田园的忧郁》相比,他说《沉沦》"也可以说是青年忧郁病 Hypochondiria 的解剖……但是我的描写失败了",[3]这恐怕是直接接受了佐藤对《田园的忧郁》的自评"我的 Anatomy of Hypochondiria(解剖忧郁病)是不彻底的"影响。《沉沦》不是把弱小民族的悲哀屈辱作为社会问题来写的,而是从解剖个体的"病的心理"入手,这与《田园的忧郁》以描写第一次世界大战后日本的青年人的"世纪末的倦怠"来表现日本资本主义的畸形繁荣也是有相通之处的。可以说,当郁达夫开始写作时,他与佐藤春夫是处于同一种文化氛围中的,所不同的是:佐藤春夫是这种文化氛围的创造

---

1 郁达夫:《郁达夫日记集》,吉林出版集团股份有限公司,2017年,第73页。

2 郁达夫:《海上通信》,《郁达夫全集》第3卷,浙江大学出版社,2007年,第61页。

3 郁达夫:《沉沦·自序》,《郁达夫文论集》,浙江文艺出版社,1985年,第17页。

者之一，而郁达夫则是感受者、被影响者，而当时日本文化的一个特征，就"是把像'病的'啦，'忧郁'啦，或者'颓废'啦等字眼儿当作'现代的'代词来原封不动地使用"，"郁达夫当时把'病的''忧郁的'等看作'现代人的苦闷'。在这一点上，可以说他是直接地在佐藤春夫，或者说是在更广泛的大正时期的，特别是新浪漫派的文学影响下开始迈出了作为小说家的第一步！"[1] 实际上，郁达夫与佐藤春夫的相似，连郁达夫当时的留日同学都看到了。与郁达夫同期留日（也是"创造社"成员）的何畏就曾对郁达夫说过："达夫，你在中国的地位，同佐藤春夫在日本的地位一样。但是日本人了解佐藤的清洁孤傲，中国人却不能了解你，所以你想以作家立身是办不到的。"郁达夫接着回答："惭愧惭愧！我何敢望佐藤春夫的肩背：但是在目下的中国，想以作家立身，非但干枯的我没有希望，即使 Victor Hugo，Charles Dickens，Gerhart Hauptmann 等来也是无望的。"[2] 佐藤是个具有浓厚浪漫主义气质的作家，他向往以厌倦、忧郁和厌世为基调的颓废世界，并能深入近代人的内心世界，以阴郁的情调、微妙的旋律，描写出人的病的心理，郁达夫接受佐藤春夫，是与他把佐藤看作以"清洁孤傲"的性格，以描写"世纪末的颓废"和"现代人的苦闷"反抗社会的艺术家的看法相联系的。

中国现代浪漫主义文学是以中国传统文化为基础，接受西方浪漫主义文学的影响而形成的具有中国特色的浪漫主义文学。中国现代浪漫主义文学可以说是西方浪漫主义文学的回响和延续，而西方浪漫主义文学则给中国现代作家提供了认识、阐释中国传统文化的新的视角

1　[日] 伊藤虎丸：《鲁迅、创造社与日本文学》，北京大学出版社，1995 年，第 270 页。

2　郁达夫：《海上通信》，《郁达夫全集》第 3 卷，浙江大学出版社，2007 年，第 62 页。

和方法。在接受西方浪漫主义文学影响的过程中，现代浪漫主义作家始终是根植于中国传统文化土壤中的，始终保持着鲜明的主观能动性，郁达夫主张"文艺鉴赏上之偏爱价值"，即是这种主观能动性的表现。他总是以自己的审美趣味、艺术追求为前提，吸取各种自己所需的异域养分，来形成自己的独特风格。例如，郁达夫的浪漫主义具有浓厚的现代主义色彩，但他并不是全盘摹仿、照搬现代主义的，而是在全面、清楚地理解的基础上有所取舍，如他一方面认为未来派的有些主张是可以接受的，如反对既成的观念，另一方面又不赞成未来派"全将过去抹杀的"虚无主义态度，"譬如我们已经长成了一个人的中年者，来主张完全幼年时代割舍丢弃，那么主张贯彻的时候，非要要求个个母亲，生下来的孩子，都是三十岁以上的人不可，这事情那里能够办到呢？"又如对表现主义，他一方面接受表现主义文学表现内在精神真实和个人强烈情绪的主张和手法，另一方面又看到表现派作品"奇矫、难解的地方太多，一般人不能够同样的欣赏"。[1]又如，虽然他比较喜欢读日本小说（主要是自然主义小说、私小说），但在1935年的一篇文章中，他又说日本的短篇小说"局面太小，模仿太过，不能独出新机杼，而为我们所取法"。[2]

郁达夫称自己作品中的主人公是"真正的零余者"，是近代的多余人。若要在西方浪漫主义文学作品中为这种"零余者"找一个对应者的话，那么这个人当是歌德《少年维特之烦恼》中的维特，确实，以"维特型"概括郁达夫小说中的主人公似乎已成定论。无疑，维特与郁达夫笔下的主人公确有许多相似之处：性格软弱、忧郁感伤、爱情失意……但郁达夫的主人公并不完全等同于西方的维特，而是具有明显

1　郁达夫：《诗论》，《郁达夫文集》第5卷，花城出版社，1991年，第222页。

2　郁达夫：《林道的短篇小说》，《郁达夫文论集》（上），吉林出版集团股份有限公司，2017年，第242页。

的"中国特色"，即都带有中国传统文化培育出的一种知识分子类型："名士派"的特色。

对于郁达夫及其主人公身上的"名士"气质，30年代就已有人提出过精辟的分析。看下面这段话，"成为达夫一个致命伤的，却是前一代的'名士'气质，在他的思想里，我们决不武断地说，达夫是始终受了这一名士气质在侵害着的。要是你看一下他的最重要的作品，你决不会失败可以找到浸渍在结构中这一气氛的浓重。那里的主人公，可以说，每一个都不缺少'放浪形骸''风流自赏'或是'孤洁清高'的意味，都不缺少与'诗''酒''山水''哭''牢骚'结下的缘分"。[1]中国传统"名士"的人格是受庄子为代表的道家的人生哲学的影响形成的，他们往往以超世孤傲为人格基调。庄子主张弃仁义，"绝圣弃知"，抗议"人为物役"，张扬个体的绝对自由，即能"乘云气、骑日月，而游乎四海之外"，[2]不受生死、世俗利害影响的理想人格。这种人生哲学要求冲破一切既成的宗法专制和妨碍个体独立的外在规范，因而成为有叛逆精神和浪漫倾向的中国传统文人的精神武器。但这些文人往往是被排斥在主流意识之外的，是因为兼济天下的浩然之志得不到实现的途径，才伴狂放诞，以放浪形骸、酗酒狎妓等方式对自己无法战胜、无法融入的现存体制进行抗议的，如魏晋时的刘伶"纵酒放达"，嵇康"不拘礼教"；唐朝的李白，郁郁不得志时也每每狎妓饮酒，纵情声色；宋朝"偎红倚翠"的柳永；元代自称"普天下郎君领袖，盖世界浪子班头"的关汉卿；明末鼓吹达观享乐，在秦淮水榭组织桃叶渡盛会的"四公子"；清代"负气殉情"的黄仲则；近代遁

1　秀子：《郁达夫的思想和作品》，《郁达夫研究资料》（下），天津人民出版社，1982年，第409—410页。
2　高濂：《庄子·齐物论》，《遵生八笺》（下），浙江古籍出版社，2019年，第1005页。

入空门的苏曼殊……郁达夫有较深厚的古典小说、诗词的修养,对历史上的这些文人的人生方式并不陌生。在郁达夫身上,我们时时可以看出嵇康的孤傲,阮籍的任诞,刘伶的放浪形骸,陶渊明的遁隐。他对历史上的这些"名士们"深深迷恋,并引为同道,甚至恨自己是个"时代的错误者",没有生在古代,与这些失意的才子们同游同乐:"恨我自家即使要生在乱世,何以不生在晋的时候。我虽没有资格加入竹林七贤……之列,但我想我若生在那时候,至少也可听听阮籍的哭声。或者再迟一点,于风和日朗的春天,长街上跟在陶潜的后头,看看他那副讨饭的样子,也是非常有趣。即使不要讲得那么远,我想我若能生于明朝末年,就是被李自成来砍几刀,也比现在所受的军阀官僚的毒害,还有价值。因为那时候还有几个东林复社的少年公子和秦淮水榭的侠妓名娼,听听他们中间的奇行异迹,已尽够使我们把现实的悲苦忘掉,何况更有柳敬亭的如神的说书呢?"[1]在1922年底写的小说《采石矶》中,他更以清朝诗人黄仲则自喻。黄仲则身世飘零,才华横溢,但孤傲多疑,负气殉情,清高避世,他看不惯"挂羊头卖狗肉""盗名欺世"的伪儒,敢于"直言乱骂"。他决心向压抑自己的势力反抗,但又软弱无力,毫无办法,只"觉得人生事事,都无长局",最后唯有与李太白为伴,宁可当个"乾坤无事入怀抱,只有求仙与饮酒"的"薄命诗人"。郁达夫对黄仲则深为同情,同时也是借写黄仲则抒发自己的人格理想和人生理想,表达"老夫亦是奇男子,潦倒如今百事空"的怨愤抑郁之情,并暗含对"黄钟废弃,瓦釜争鸣"的不合理现实的讥刺。

应该说,中国历史上的这些"名士"大多是因为走不通"做帝王

---

1 郁达夫:《骸骨迷恋者的独语》,《郁达夫全集》第3卷,浙江大学出版社,2007年,第110页。

师"的入仕之途，才放浪形骸或遁世消隐的，所以，他们身上表现出的"名士"作风恰恰反衬出他们有强烈的现实情怀，他们遵循的人生哲学决定了他们的这种特点。他们欲借酒浇愁，但"举杯消愁愁更愁"，愁什么？愁的是空有抱负，奈帝王不识千里马，一身才华无处施展；他们纵情山水，想到的却是"先天下之忧而忧，后天下之乐而乐"，不知不觉又把自己摆在民众导师、楷模的位置上去了……这种强烈的现实情怀，实际上正是中国知识分子人格精神的最可贵之处，也是他们人生悲剧的根源。郁达夫笔下的现代"名士们"在这一点上是与他们的这些前辈导师一脉相承的，只不过他们的苦闷、忧郁，以及佯狂放纵具有现代色彩而已。即如他们对爱情的追求，就基本上没摆脱传统的"才子佳人"模式，只不过古代的"才子"换成了现代的知识分子，"佳人"变成了酒店女招待、日本妓女而已。他们尽管狂歌低吟，沉浸在感伤、悲哀的深渊，但在内心深处却始终无法摆脱自己的社会责任感，他们只是因为没有力量改变现实才变成现代的"名士"的。就如郁达夫在谈到古今中外文人追寻梦里的乌托邦的原因时所说："他们追寻那梦里青花的原因……不外乎他们的满腔郁愤，无处发泄，只好把对现实怀着的不满的心思，和对社会感到的热烈的反抗，都描写在纸上。"[1] 针对有人将他及"创造社"的其他作家称为"为艺术而艺术"派的说法，他反驳说："我们在创作的时候，总不该先把人生放在心里。艺术家在创造之后，他的艺术的影响及于人生，乃是间接的结果。"[2] 他反对将作家分为"为艺术的艺术派"和"为人生的艺术派"，因为"艺术就是人生，人生就是艺术"，"表面上似与人生直接最没有

---

1 郁达夫：《文学上的阶级斗争》，《郁达夫文论集》，浙江文艺出版社，1985年，第40页。

2 郁达夫：《"茫茫夜"发表之后》，《郁达夫文论集》，浙江文艺出版社，1985年，第30页。

关系的新旧浪漫派的艺术家，实际上对人世社会的疾愤，反而最深"，他们只是因为"战斗力不足，不能战胜这万恶贯盈的社会"，才"逃到艺术的共和国里"，以艺术的形式，表明"他们对当时的社会怀抱着的悲愤"。[1]从郁达夫的这种艺术主张，及作为这种主张的实践的作品中的主人公所表现出的人格状态来看，郁达夫所描写的主人公在某些方面可以说是中国古代"名士"的现代变种，他们的"名士气"在显示出中国知识分子追求个性、反抗权威的理想人格精神的同时，也表现出他们固有的软弱性、自卑性，缺乏西方浪漫主义英雄的那种坚定的人格力量、个性力量，将他们与西方浪漫主义文学中的感伤典型维特稍作比较，即可看出这一点。

应该说郁达夫笔下的中国现代"名士们"与维特式的西方浪漫英雄是有不少共同之处的：都是以自我为中心，都不满现实并试图反抗，都自觉高人一等，并有满腹才华，都是爱情的失意者，都愿意在大自然的陶醉中忘却人世的不幸等。然而，维特尽管也有消沉、悲伤，在生活中却还有一个明确、固定的目标，并对实现这个目标满怀信心，毫不怀疑，甚至以死相求，也绝不向现实妥协。维特因为对自己有信心，一直能保持自己的独立的力量来与现实相抗争，所以即使自杀也能保持精神的平静和喜悦，"四周是这样的宁静，我的心境是这样的平和，上主，我感谢你，感谢你在这最后的片刻里，赐予我温暖的力量"；而郁达夫笔下的主人公不但对自己的人生目的一片茫然，而且总把自己的失败归因于外在的阻力：社会的不公，爱情的失意等。动辄怨天忧人，泪流满面，毫无遮掩地表露出自己的软弱和自卑。如《沉沦》中的"我"本是个"coward"，是个神经质的自卑狂，他不敢

1　郁达夫：《文学上的阶级斗争》，《郁达夫文论集》，浙江文艺出版社，1985 年，第 41 页。

接受日本女学生"活泼泼的眼波",却把原因归结为自己是"支那人",最后因绝望自杀前,还把"祖国"拉来作为自己软弱的遮羞布,不无做作地喊道:"祖国呀祖国!我的死是你害我的。"这就与维特的死具有了不同的审美效果。维特选择死,尽管也是因为无法排解现实压抑造成的悲哀,但他是自觉以死亡的方式来宣告自己与现实的毫不妥协,是为了维护个体尊严、自由而采取的一种带有英雄主义色彩的抗争方式,而《沉沦》中的"我"则是因为忍受不了羞辱、悔恨、自怜的压抑而以死亡表示向命运屈服。维特是自己毁灭自己的,"我"则是一个毫无英雄色彩的时代多余人。郁达夫并非不了解、不欣赏维特式的浪漫主义英雄,他在创造自己的人物时脑中不一定没有西方浪漫感伤英雄的影子,但他毕竟生活在20世纪的灾难深重的中国,他清醒地知道,唯有建立一个理想的国家,才能获得个人理想的自由、尊严。他笔下的主人公要比维特们具有更强烈的社会责任感,承受着更多、更重的外在压力,所以,一旦无法战胜社会,承认自己是失败者,就自然陷入比维特更绝望的深渊。这是中西文化的差异及中西浪漫主义文学发生的现实环境的差异造成的必然结果,同时也说明郁达夫等中国浪漫主义作家在接受西方文化影响时,是始终基于中国文化的土壤上的,是始终保持着选择的主动性的。

第六章　飞翔的伊卡洛斯——徐志摩

希腊神话中，建筑师和雕刻家代达罗斯和儿子伊卡洛斯用蜜蜡将翅膀粘在身上，飞上天空。伊卡洛斯年轻气盛，越飞越高，结果灼热的太阳融化了蜜蜡，伊卡洛斯坠海而死。在中国的浪漫主义作家中，徐志摩就是这样一个努力想向上飞的伊卡洛斯。1926年，他在散文《想飞》中倾吐了自己"想飞"的理想和志向："是人没有不想飞的。老是在这地面上爬着够多厌烦，不说别的。飞出这圈子，飞出这圈子！到云端里去！那个心里不成天千百遍的这么想？飞上天空去浮着，看地球这弹丸在太空里滚着，从陆地看到海，从海再看回陆地。凌空去看一个明白——这才是做人的趣味、做人的权威、做人的交代。这皮囊要是太重挪不动，就掷了它，可能的话，飞出这圈子，飞出这圈子！

……人类最大的使命，是制造翅膀；最大的成功是飞！理想的极度，想象的止境，从人到神！诗是翅膀上出世的；哲理是在空中盘旋的。飞：超脱一切，笼盖一切，扫荡一切，吞吐一切。"

徐志摩与伊卡洛斯一样，有"激昂的热情，迅速上升的信心，奇异的想象，得意兴奋的情绪，膨胀的精神和狂喜神秘的向上性"，他"想腾升于20世纪中国生活中一切'悲欢离合，奋斗生存'之上"。[1]

1　李欧梵：《徐志摩：伊卡洛斯的狂喜》，《徐志摩研究资料》，陕西人民出版社，1988年，第551页。

对徐志摩来说，"飞"意味着得到完全的自由，意味着摆脱社会习俗，意味着超脱庸俗道德。凌空飞翔是徐志摩的人生理想，他一生就是一种跳着、溅着、飞翔着的诗心，追求一种超脱现实的理想。他的快乐与悲哀，飘逸与沉重，希望与绝望，都取决于他的这种浪漫的理想。

第一节　康桥情结

徐志摩浪漫的"想飞"的人生理想与英美文化，特别是英国康桥文化环境的影响有密切关系。徐志摩初赴美时，本欲效法意大利三杰，做一个救国救民的时势英雄，做一个中国的 Hamilton（美国 18 世纪政治活动家），改变了其人生道路的是他 1920 年 9 月的英国伦敦之行。他赴伦敦本是欲从罗素学习哲学，但罗素不在，狄更生就推荐他进康桥学习，徐志摩的人生观从此有了一个转折。康桥的人文环境诱发了徐志摩潜在的浪漫气质和飘逸灵动的性情，他迷醉于康桥那脱尽尘埃气的一种清澈透逸的意境，一颗萌动的诗心波澜起伏。这里有最清新、宁静的大自然，康河两岸有四季常青的葱绿的草坪。他可以在"星光下听水声，听近村晚钟声，听河畔倦牛刍草声"，也可以随意拿 1 卷书，走 10 里路，选一处清静地去看天，听鸟；也可买一只小舟，划去桥边荫下，躺着念书或做梦——槐花香在水面上漂浮，鱼群的唼喋声在耳边挑逗。康桥不但有如此调谐、宁静，与诗人的性灵丝丝契合的自然环境，而且还有一条源远流长，能滋润徐志摩的浪漫性情的文化长河，那就是 19 世纪英国的浪漫主义文学。徐志摩陶醉于华兹华斯、柯勒律治、拜伦、雪莱、济慈、罗塞蒂、哈代、曼殊斐尔、邓南遮、波特莱尔等浪漫作家的精美作品，时时感受到"美的神奇的启示"，这一切无不使他沉醉，诗情便也"有些像山洪暴发，不分方向的乱冲……生命受了一种伟大力量的震撼，什么半成熟的意念都在指顾间散作缤纷的花雨"。他在康桥沐浴的这"一阵奇异的风""奇异的月色"，[1] 奠定了诗人徐志摩的人生理想、政治理想，因而成了他魂系梦萦的情结，谈到在康桥的日子，他总是那么一往情深："我在康桥的日子，可真幸福，深怕这辈子再也得不到那样甜蜜的洗礼，一个人就会变气质，脱凡胎，我敢说的只是——就我个人说，我的眼是康桥教我睁的，我的求知欲是康桥给我拨动的，我的自我意识是康桥给我胚胎的。"[2] 康桥的洗礼，使徐志摩的浪漫性情进一步升华，灵化，从此，他成了一道跳着溅着不舍昼夜的生命水，在追求美、自由和爱的生命流动中，展演自己的悲欢人生。

第二节　海滩上种花

1922 年 10 月，徐志摩怀抱着康桥式的理想回国了。关于这种康桥式理想，他曾有过详细的阐述，即"要使生命成为自觉的生活，不是机械的生存，是我们的理想。要从我们的日常经验里，得到培保心灵扩大人格的滋养，是我们的理想。要使我们的心灵，不但消极地不受外物的拘束与压迫，并且永远在继续地自动，趋向创作，活泼无碍的境界，是我们的理想。要使我们的精神生活，取得不可否认的实在，使我们生命的自觉心像大雪滚球一般的愈滚愈大，不但在生活里能同化极伟大深沉的极隐奥的情感，并且能领悟到大自然一草一木的精神，是我们的理想。使天赋我们灵肉两部的势力，尽性的发展，趋向最后的平衡与和谐，是我们的理想"。[3] 胡适对徐志摩的这种理想也有精辟的概括："他的人生观真是一种'单纯信仰'，这里面只有三个大字：一个是爱，一

1　徐志摩：《猛虎集》"序文"，新月书店，1942 年，第 5 页。
2　徐志摩：《吸烟与文化》，《徐志摩散文》，人民文学出版社，2013 年，第 145 页。
3　徐志摩：《话》，《徐志摩散文》，人民文学出版社，2013 年，第 152 页。

个是自由，一个是美。他梦想这三个理想的条件能够汇合在一个人生里，这是他的'单纯信仰'。他一生的历史，只是他追求这个单纯信仰的实现的历史。"[1] 为了实现自己的这种美好的理想，徐志摩要让自己像一朵雪花那样"我一定认清我的方向——/ 飞扬，飞扬，飞扬 / 这地面上有我的方向"。她不去那冷寞的幽谷，也不去那凄清的山麓，也不上荒街去惆怅，而是认准自己的方向，在清幽的住处，找到身上有朱砂梅的清香的"她"，那时，"我凭借我的身轻 / 盈盈地，沾住她的衣襟 / 贴近她柔波似的心胸！"[2] 这首诗那么轻灵，那么痴情，那么柔美，那么执著，一种陶醉于理想中的幸福感溢香扑面；在另一首诗《为要寻一个明星》里，他甚至表示愿意为理想献出生命："我骑着一匹拐腿的瞎马 / 向着黑夜里加鞭 /……我冲入这绵绵的昏夜 / 为要寻一颗明星"，最后累坏了胯下的牲口，也累坏了马鞍上的骑手，"这回天上透出水晶似的光明 / 荒野里倒着一只牲口 / 黑夜里躺着一具尸首。——/ 这回天上透出水晶似的光明！"看来，徐志摩对实现自己理想的艰苦性是有心理准备的，在《婴儿》这首诗里，他以哲理化的形式，形象地表现了他对理想社会的企盼及自己这种理想实现的艰难。他把自己理想的新世界想象为一个"馨香的婴儿"。他坚定地宣称"我们要盼望一个伟大的事实出现，我们要守候一个馨香的婴儿出世"，为了这个的出世，一个安详、柔和、端丽的母亲，在剧烈的阵痛中，在"生产的床上受罪"，但尽管痛苦，她却不曾绝望，因为"她知道（她的灵魂知道！）……她的胎宫里孕育着比她自己更伟大的生命的种子，包涵着一个比一切更永久的婴儿"，所以，在惨酷的绞痛中，她"仿佛听着上帝准许人间祈祷的声音，她仿佛听着天使们赞美未来的光明的声音"，所以她"忍耐着，抵抗着，奋

1　胡适：《追悼志摩》，《新月》第 4 卷第 1 期，1932 年。

2　徐志摩：《雪花的快乐》，人民文学出版社，2018 年，第 224 页。

斗着"，沉浸在"一个完全、美丽的婴儿出世的盼望中"。毫无疑问，这个"婴儿"就是徐志摩盼望的理想，也即康桥的文化背景孕育的英国式的资产阶级民主政治制度。茅盾对此有过精辟的分析："在生产的床上受罪的产妇——中华民族，那时正在国际帝国主义和国内封建军阀的双重的压迫下，中国是封建的并且殖民地资本主义统治下的中国，因而这'产妇'所能诞生的婴孩可以假定他或者是资产阶级的德谟克拉西，或者是民主政权，究竟志摩所谓'婴儿'是指的前者呢，或后者？志摩没有说明，然而我们读了志摩的全部作品就知道他所谓的'婴儿'是指英美式的资产阶级的德谟克拉西。"[1]实际上，徐志摩并不讳言自己信仰德谟克拉西，他公开承认自己是个"不可教训的个人主义者"，并且指出自己"信德谟克拉西的意义，只是普通的个人主义，在各个人自觉的意识与自觉的努力中涵有真纯德谟克拉西的精神，我要求每一朵花实现它可能的色香，我也要求各人实现它可能的色香"[2]。虽然，他的这种理想太超凡脱俗了，他飞得太高了。当他执著于自己的这种绝对高尚、美好但单纯的信仰在中国的土地上空飞翔，想凭借着自己的个人主义、绝对自由的理想主义去在中国的现实中要求着那个"馨香的婴儿"的出世时，他就难免伊卡洛斯的命运。1922 年，徐志摩回国，他悲剧性地发现，中国正遭受着他寄托着自己理想的西方强国的侵略。在这些强国的支持下，各军阀连年混战，民不聊生，中国社会比他出国以前更加黑暗。从一个鲜花烂漫、荡漾着美与爱的芬芳的自由社会，陡然进入一个暮色沉沉的黑暗社会，徐志摩自然感到"那日子简直是一团漆黑"，仿佛整个时代的沉闷盖在他的头顶，但这个刚从"五四"所呼吁的民主、自由的国度翩然归来的夜莺，这时虽然失望，但并不退缩，因为时代越

1　茅盾：《徐志摩论》，《现代》第 2 卷第 4 期，1933 年 2 月。

2　徐志摩：《列宁忌日——谈革命》，《晨报副刊》第 1428 号，1926 年 1 月 21 日。

黑暗，越能映衬出他理想的美好和实现这理想的悲壮，所以，他面对着这个风雨如磐的黑暗时代，天真地喊道："我们要求的一如其我们还有胆气来要求，决不是部分的、片面的补直，决不是消极的慰藉，决不是一夫的改革，决不是傀儡的把戏……我们要求的是'彻底的来过'……我们要求一个'完全的再生'，我们不承认已成的一切，不承认现有的社会，政治、法律、家庭、宗教、娱乐、教育；不承认一切的主权与势力。我们要一切都重新来过。"[1]这种不合时宜的亢奋与自信，说明了作为浪漫主义诗人的徐志摩在政治、社会问题上的幼稚，也代表了他一贯的对自己的理想、信仰的执著、忠诚。单纯的信仰给了他无穷的勇气，使他始终以一种动的、进取的、积极的、入世的精神去追求自己的理想。他相信"真的理想主义是受得住眼看他经常保持着的理想萎成灰，碎成断片，烂成泥，在这灰这断片这泥的底里他再来发现他更伟大更光明的理想"，而他自己"就是这样的一个理想主义者"。[2]徐志摩以理想的柔弱翅膀拚力扑打现实的层层叠积、坚硬如铁的黑幕，尽管为此使他美丽的羽毛纷纷折断如雪花般纷纷飘散。虽然与现实的矛盾冲突一度使徐志摩陷于迷茫，但他仍像一个虔诚的朝圣者，近于迷信地寻找着任何可能给他带来实现理想社会的希望的伟人或政权。他说过："不论是谁，不论是什么力量，只要他能替我们移去压住我们灵性的一块昏沉，能给我们一种新的自我意识，能启发我们潜伏的天才与力量来做真正创造的工作，建设真的人的生活与活的文化——不论是谁，我们说，我们都拜倒。列宁，基督，洛克佛拉，甘地；耶苏教，拜金主义，悟善社，共产党，三民主义；——什么都行，只要他能替我们实现我们最需要最

1　徐志摩：《青年运动》，《徐志摩全集》第 2 卷，天津人民出版社，2005 年，第 14 页。

2　徐志摩：《迎上前去》，《徐志摩散文》，人民文学出版社，2013 年，第 137 页。

想望的——一个重新发见的国魂。"[1]然而，无论是孙中山，俄国的十月革命，还是共产党，蒋介石的国民党，都不能给他带来所希望的理想，这个有单纯信仰的理想主义者于是流入怀疑的颓废，"不知道风向哪一个方向吹"了。

精疲力尽的诗人被现实碰得头破血流后终于明白了自己理想的必然命运。他在《婴儿》那首诗里寄托着理想的馨香的婴儿终于没有出现："一年、一年，又过去了两年。这两年间我那时的想望有实现了没有？伟大的'婴儿'有出世了没有？我们的受罪取得了认识与价值没有？我不知道，我不知道？我知道的还只是那一大堆丑陋的蛮肿的沉闷，厌得瘪人的沉闷，笼盖着我的思想，我的生命，它在我的筋络里，在我的血液里。我不能抵抗，我再没有力量。"[2]诗人徐志摩终于默默悟到，"在海滩上种花"尽管表现出"最永久最有力量的""单纯的烂漫的天真"，但种花人的一番心血怕是白费了，因为"沙碛是养不活鲜花的"。[3]几度花开几度败，几度追求几度绝望，这个"想飞"到"理想的极度""想象的止境"的灵鸟终于明白"一个人最大的悲剧是设想一个虚无的境界来谬骗你自己，骗不到底的时候，你就得忍受'幻灭'的莫大痛苦"；[4]尽管他对康桥一往情深却不能带走那儿的一片云彩！

第三节　夜莺啼血

徐志摩最成功、最感人的作品是那些抒发个人情感的诗和散文。

1　徐志摩：《落叶》，《徐志摩散文集》，万卷出版公司，2008年，第79页。

2　徐志摩：《秋》，《徐志摩散文集》，万卷出版公司，2008年，第91页。

3　徐志摩：《海滩上种花》，《徐志摩全集》第3卷，天津人民出版社，2005年，第111页。

4　徐志摩：《自剖集》，《徐志摩诗文》，四川文艺出版社，2007年，第58页。

崇尚感情本就是浪漫主义文学的起点和基石，华兹华斯的著名论断"诗是强烈感情的自然流露"早已成为浪漫主义诗人的创作圭臬。徐志摩也自称是个"信仰感情的人，也许我自己天生就是一个感情性的人"（《落叶》）。他以感情为指南，以冲动为自己的风，写诗就是"兴致来时"的激情倾吐，"心头有什么郁积，就付托腕底胡乱给爬梳了去，救命似的迫切，那还顾得了什么美丑"。[1] 徐志摩在英国初涉"分行的写作"时所得的诗歌，如《青年杂咏》《情死》《春》《夏日田间即景》《近沙土顿》《梦游埃及》等，都以冲动的情感，或讴歌个性自由的可贵，或赞美爱情的纯洁高尚，或描绘和暖的春风细雨下的喁喁私情，或在如画的乡村乐图中称羡农人的悠闲。徐志摩的第一部诗集《志摩的诗》收入了他 1922 年秋回国后二年内所作的诗。这一时期，"五四"新文化运动已处于低潮，个性解放的呼吁已经喑哑，徐志摩却仍受着自己的单纯的信仰的激励，常常"感情激发不能自已"。这些诗，"初期的汹涌性虽已消灭，但大部分还是情感的无关阑的泛滥"，他的诗笔仍像"最不受羁勒的一匹野马"，在情感的沃野上恣意驰骋。他讴歌理想的人生，讴歌纯洁的爱情与清澈的光明。他激赏在没有生命、颜色，美丽的恶劣环境下忍熬着尖厉秋风的扫荡和风拳的打击，低低地说着"我为你耐着！"的爬山虎；他向往在冰冷寂寞的世界里，没有虚饰、猜忌，彼此同情、呵护、诚心相待的可贵真情；他赞赏在草丛乱石间踏出斑斑血迹，冲破一切的恐怖、迟疑、畏葸、苦痛，不停地向最想望的高峰攀登的"朝山人"。这些从"筋骨里迸出来"[2] 的诗章，激情洋溢，热情奔放，体现出诗人乐观、进取的浪漫气质。

1　徐志摩：《猛虎集》"序文"，新月书店，1942 年，第 7 页。

2　徐志摩：《徐志摩全集》第 2 卷，天津人民出版社，2005 年，第 146 页。

徐志摩的抒情诗和散文，往往是在他"不能自制浓烈的感想"[1]时情感恣意泛滥的产物，都是在他情不可抑，势不可遏时挥洒恣肆、浑然天成的妙笔，难怪杨振声在谈到徐志摩的散文如《拜伦》《泰戈尔》时不由得由衷赞叹："那力气也真足，文章里永看不出懈怠，老那样夏云的层涌，春泉的潺溪。"[2]

徐志摩是一位恋爱至上主义者，断言"恋爱是生命的中心与精华"，是"最有生气最有潜力的创造源泉"。[3]他本是一位性情中人并且把追寻一个理想的爱人视作实现自己"真、爱、自由美"三位一体的人生信仰的标志。他一如西方浪漫主义作家如卢梭、拜伦、雪莱一生都在追逐着理想的生活，而终不可得。他们追求女人的爱，但不是爱女人本身，而是把女人当作他们自己内心理想的化身。徐志摩一生为情而生，为情所累，为情所伤，但至死不渝。为了追寻自己理想的爱情，他与当时"容不得恋爱，容不得自由"的社会现实作了拼命的搏斗："听凭荆棘把我们的脚心刺透／听凭冰雹劈破我们的头／你跟着我／我拉着你的手／逃出了牢笼，恢复我们的自由！"[4]

徐志摩不愧为写情圣手，他的情诗，气韵丰满，飘逸灵动，字字溢情，将他从心底流出的欢悦与悲伤，无遮无拦地袒露在你的面前。他表示对爱情要忠贞不渝："等铁树儿开花我也耐心等／爱，你永远是我头顶的一颗明星；"他发誓："天堂，地狱，哪儿都成／反正丢了这

1　徐志摩：《泰戈尔》，《徐志摩全集》第 1 卷，天津人民出版社，2005 年，第 441 页。

2　杨振声：《与志摩最后的一别》，《新月》第 4 卷第 1 期，1932 年。

3　徐志摩：《艺术与人生》，《徐志摩全集》第 1 卷，天津人民出版社，2005 年，第 204 页。

4　徐志摩：《这是一个懦怯的世界》，《〈中国新闻学大系〉诗集》，上海良友图书印刷公司，1935 年，第 309 页。

可厌的人生，实现这死／在爱里，这爱中心的死，不强如／五百次的投生？"[1] 为了爱、自由，他甚至可以与恋人一起去死："要恋爱／要自由，要解脱——这小刀子／许是你我的天国！"[2] 应该说，这些情诗表现的情感是真挚而热烈的，也是令人神往的，但这种没有人间烟火气的爱情，注定是不会在现实的土壤里扎根、开花、结果的。他全身心投入追求的理想的爱最终也没有出现，这只本只应在亮丽的晴空中悠然滑翔的灵鸟最终因误落尘世而发出失望而悲哀的鸣叫，他那原本敏感的、"不够深"的心河，于是流淌着缠绵的忧愁；那原本就"并不大"的胸膛，承载着世纪末的凄凉。

爱与忧郁本就是一双孪生姐妹。徐志摩初登文坛时，就说有"一份深刻的忧郁占定了我，这忧郁，我信，竟于渐渐的潜化了我的气质"。[3] 实际上，当如新生婴儿般单纯、透明、洁白的诗人像云雀那样欢快地鸣叫时，一份深刻的忧郁已准备好作他的膏粱了。在一块遍地沙砾的土壤上，他偏要培栽自己理想的鲜花，这本身就包孕着深刻的悲剧性，特别是当他饱尝了理想破灭的绝望、爱情失意的痛苦后，他原是灼烫的热情化成了死灰，情绪就由济慈、雪莱式的欢快趋于尼采、哈代、波德莱尔式的悲哀，他的感伤也就开始带有"病态的、自剖的、怀疑的、厌倦的"颓废色调。他不再知道自己追求过的"明星"现在在哪一个方向，也不知道了那两情依依的爱情在哪儿向他招手，他只知道自己的心灵在荒原里颤栗，一种莫名的沉闷使他再也无法振翮飞翔。尽管他多次试图挣扎出这枯窘的颓废的情感世界，争取一个真的复活的机会，但他最后只能这样告诉人们："我只要你们记得有一种天教歌唱的鸟不到呕血不住口，它的歌里有它独自知道的别一个世界的

1　徐志摩：《翡冷翠的一夜》，上海书店，1931 年，第 76 页。

2　徐志摩：《决断》，《徐志摩文集》，商务印书馆香港分馆，1988 年，第 228 页。

3　徐志摩：《猛虎集》"序文"，新月书店，1942 年，第 5 页。

愉快，也有它独自知道的悲哀与伤痛的鲜明；诗人也是一种痴鸟，他把他的柔软的心窝紧抵着蔷薇的花刺，口里不住的唱着星月的光辉与人类的希望，非到他的心血滴出来把白花染成大红他不住口。他的痛苦与欢乐是浑成一片的。"[1] 在极度孤苦彷徨之际，尚能讲出这样不甘沉落的话，确是充满着慷慨悲歌意味。无奈诗人尚未"复活"，就化作一朵彩云飘然而去了。

在现实中理想破灭的诗人只有在大自然中才能感到一种无拘无束自由自在的愉悦，他的一颗受伤的赤子心唯有在生生不息的大自然中才能得到回应与抚慰。徐志摩一再称自己"是个自然崇拜者"[2]。他和歌德一样，把大自然看作是"最伟大的一部书"，并向人们指出，"只要你认识了这一部书，你在这世上寂寞时便不寂寞，穷困时不穷困，苦恼时有安慰，挫折时有鼓励，软弱时有督责，迷失时有南针"；[3] 人要恢复自己的性灵，获得自由，人类要进步发展，就必须"回到自然的胎宫里去重新吸收一番营养"；[4] "只有你单身奔赴大自然的怀抱时，像一个裸体的小孩扑入他母亲的怀抱时，你才知道灵魂的愉快是怎样的，单是活着的快乐是怎样的，单就呼吸单就走道单就张眼看耸耳听的幸福是怎样的"。[5] 徐志摩歌颂自然的作品往往是随心所欲，尽情挥洒，客观的自然因带上了抒情主义的强烈情感而变得或生气勃勃，清新活

1　徐志摩：《猛虎集》"序文"，新月书店，1942年，第12、13页。

2　徐志摩：《鬼话》，《徐志摩全集》第1卷，天津人民出报社，2005年，第340页。

3　徐志摩：《翡冷翠山居闲话》，《徐志摩全集》第2卷，天津人民出版社，2005年，第113页。

4　徐志摩：《青年运动》，《徐志摩全集》第2卷，天津人民出版社，2005年，第14页。

5　徐志摩：《翡冷翠山居闲话》，《徐志摩全集》第2卷，天津人民出版社，2005年，第113页。

泼，或忧郁哀伤，苦闷寂寞。徐志摩的这种通过情感的转化而创造出人格化的自然的抒情方式，与英国湖畔派诗人的影响有关。柯勒律治就曾说过："形象无论多么美，总不能代表诗人，尽管它们是自然的真实写照，尽管它们被形诸同样准确的语言，独创性天才所创造的形象，已经受到一种支配一切的激情或由这种激情所发生的有关思想和意象的修改……或者已经注入了一个人的智慧的生命，这个生命来自诗人自己的精神……它的形体透过大地、海洋和空气而出现。"[1] 这就是说，主体将自己的情感注入描写的对象，从而使无生命的东西具有了生命。徐志摩对这种创作方式非常迷醉，他惊叹济慈的"一想着了鲜花，他的全身就变成了鲜花"以及雪莱在创作《悲歌》时不知是"雪莱变了云，还是云变了雪莱"的这种人与自然融为一体的纯粹境界。[2] 他自己的创作实际上也深得其中三昧，有时也能达到炉火纯青的境界。他的诗笔有如一根魔杖，一经他的点化，自然万物便声情并茂，丰润无比，令人沉迷。

1　［美］艾布拉姆斯：《镜与灯》，北京大学出版社，1989年，第79页。

2　徐志摩：《济慈的夜莺歌》，《徐志摩全集》第3卷，广西民族出版社，1991年，第143页。

第二编

外国浪漫主义文学

第一章　外国浪漫主义文学发展概述

第一节　浪漫主义：作为一种创作方法

欧洲文学中的浪漫主义，既是指一种创作方法，也是指一种文学思潮。作为创作方法的浪漫主义的产生要远远早于作为一种流派的浪漫主义，而掌握了浪漫主义创作方法的作家的创作一旦蔚成风气，也就成了一种浪漫主义思潮或流派。在欧洲文学史上，文学中的浪漫主义流派萌芽于 18 世纪后期，至 19 世纪前期在欧洲各国广泛盛行。但作为创作方法，浪漫主义则是与艺术的诞生同时开始的。表现在文艺理论上，则是以唯心主义哲学为基础的表现论，其最早代表是柏拉图的"灵感说"。柏拉图哲学的中心思想是客观唯心主义的理念论，他认为现实世界仅仅是理念世界的摹仿，是理念世界的影子，而摹仿现实的文艺则是影子的影子，不能表现真理，只有颂神诗人，凭神的灵感发而为诗，才是传达真理的诗，才是美的，才是崇高的。他在《苏格拉底的自辩》中说："诗人的创造不凭智慧而凭一种神圣的灵感，一种好比巫师的灵感。"[1] 在《伊安篇》中他又说道："凡是高明的诗人：无论

---

[1] 《欧美古典作家论现实主义和浪漫主义》（二），中国社会科学出版社，1981 年，第 17 页。

在史诗或抒情诗方面，却不是凭技艺来做成他们的优美的诗歌，而是因为他们得到灵感，有神力凭附着。科里班特巫师们在舞蹈时，心理都受一种迷狂支配，抒情诗人们在做诗时也是如此。"[1] "灵感""迷狂"，浪漫主义文学的主情主义和反理智主义，由此种下了最初的种子，将留待以后适宜的土壤而孕育，萌芽，茁壮成长。

继柏拉图的"迷狂说"之后，另一个对浪漫主义作出理论阐述的哲学家是罗马时期的朗吉驽斯。他在《论崇高》一文里说："崇高的语言对听众的效果不是说服，而是狂喜。一切使人惊叹的东西无往而不使不仅讲得有理、讲得悦耳的东西黯然失色……我要满怀信心地宣称，没有任何东西像真情的流露得当那样能够导致崇高，这种真情如醉如狂，涌现出来，听来犹如神的声音。"[2]这实际上是说浪漫主义关注的是人的主观心灵和情感。

第三个从理论角度论述浪漫主义的是希腊文论家斐罗斯屈拉塔斯，他提出了"想象说"，进一步继承和发展了柏拉图和朗吉驽斯的浪漫理论。他认为艺术是想象的产物，在其理论名著《狄阿那的阿波洛尼阿斯的生平》中，他说作品是"想象塑造的"，而想象是"比摹仿更为巧妙的一位艺术家。摹仿仅能塑造它所看到过的东西，并把这没有看到过的东西作为现实的标准"。[3]

从理论上来说，直接继承了柏拉图衣钵的哲学家是普罗提诺，他把柏拉图的客观唯心主义和基督教神学、东方神秘主义糅合在一起，创造了新柏拉图主义，并提出文艺创作的"放射说"或"流溢说"，这实际上是柏拉图"灵感说"的翻版，只不过他把柏拉图的理念发展

---

1 《欧美古典作家论现实主义和浪漫主义》(二)，中国社会科学出版社，1981年，第17—18页。

2 伍蠡甫：《西方文论选》(上)，上海译文出版社，1983年，第122页。

3 伍蠡甫：《西方文论选》(上)，上海译文出版社，1983年，第134页。

为"神"或"太一"。在他看来，一切都是从"神"或"太一"放射或流溢出来的，物体之所以美并不是物体本身美，而是因为它分享到了"神"或"太一"流溢出来的光辉。但要看到最高的美是离不开人的心灵的，只有靠"心眼"，靠"收心内视"，人才能见到最高的美。美不在物质本身而在艺术家的心灵赋予的理性。比如雕刻，理性的原型并不在石头材料里，而在构思的心灵里。艺术的美来源于对现实物质的理想化。他这样说道："艺术不仅摹写可以看得见的世界，而且它还上升到自然所借以建立起来的那些原则；……菲狄亚斯并没有采用任何现世可见的模型来塑造他的宙斯，而是按照宙斯所要显现给我们看的那个样子来对他加以领会的。"[1] 不按现实的样子而按可能的样子来描写，这实际上就是主张艺术家要靠理想、幻想和想象来表现世界，这是典型的浪漫主义手法。

文艺复兴时期是人的个性得到极度张扬的伟大时期，人的创造力、想象力也获得前所未有的刺激和搏动。与此时代的精神脉搏相一致，文学领域也展开了一场声势浩大的精神解放运动，虽然还不能形成高潮，但浪漫主义文学的种子已经适时地生出稚嫩但预示着无限生机的绿叶。

但新生事物的成长历来都不是一帆风顺的，旧的传统的文艺观总在制约着新的文艺观的发展。这一时期，浪漫主义的发展是伴随着与古典主义的论争而不断壮大的，论争最早出现在意大利文艺界，具体是围绕着亚里士多德的诗学理论展开的。当时的意大利文学家阿里奥斯托创作了一部传奇体长诗《疯狂的罗兰》，叙述罗兰疯狂地爱上了安杰丽加，走遍天涯海角寻找她，后来知道她已结婚，于是又愤恨而发疯。长诗嘲笑了离奇的骑士冒险，歌颂了爱情的忠贞。长诗发表后却

1　伍蠡甫：《西方文论选》（上），上海译文出版社，1983年，第140—141页。

被守旧派大肆抨击，认为违反了亚里士多德的单一情节的法则。而支持者则针锋相对，进行了回击。如基拉尔底·钦提奥特地在《论传奇体叙事诗》一文中为《疯狂的罗兰》辩护。他认为传奇体叙事诗与荷马史诗不能相提并论，不能根据亚里士多德根据史诗所规定的单一情节法规来要求。他说："在我看来；如果一个诗人要用传奇写古时的材料，他最好不限于一个人物的单一动作，毋宁使用一个人物的许多动作，……情节的头绪多，会带来多样化，会增加读者的快感，也使作者有机会多加穿插，运用如果放在写单一情节的诗篇里就难免受到谴责的那些事件……"[1]

另一位文论家卡斯特尔维屈罗在《亚里士多德〈诗学〉的诠释》中也提出类似的观点。他认为诗与历史不同："诗的题材是靠诗人的智慧寻求和虚构出来的；至于诗的语言，它不是推理的语言，因为人们通常不用韵文来推理，诗的语言是诗人凭借他的智慧，在富于韵律的诗章中创造出来的。"[2]这就是说艺术重虚构，重创造。

此外，还有一位意大利戏剧家瓜里尼也对亚里士多德将悲喜剧严格区分的法规提出了疑问，他在论文《悲喜混杂剧体诗的纲领》中为当时打破了亚里士多德悲喜剧法规的新型剧作辩护，说："悲喜混杂剧可以兼包一切剧体诗的优点而抛弃它们的缺点；可以投合各种性情、各种年龄。各种兴趣。"[3]这和后来浪漫主义文学思潮产生时对古典主义法则的猛烈攻击是一致的。

综上所述，我们可以看到，从希腊柏拉图"灵感说"起，经过罗马时期、中世纪时期和文艺复兴时期各个阶段，通过许多文论家的丰

1　伍蠡甫：《西方文论选》（上），上海译文出版社，1983年，第185页。

2　《欧美古典作家论现实主义和浪漫主义》（二），中国社会科学出版社，1981年，第117页。

3　伍蠡甫：《西方文论选》（上），上海译文出版社，1983年，第198页。

富和发展，一套从内容到形式的浪漫主义创作方法的理论已经被总结出来了，那就是主张文艺表现灵感、表现主观、表现理想；重虚构、重激情、重夸张、务自由、追求惊奇的效果。只不过在这些时期欧洲采用浪漫主义创作方法的作家还是分散的，零星的，还没有形成流派。

第二节 浪漫主义：作为一种文学思潮

到了 17 世纪，亚里士多德的理论被极端化了，一些理论家如法国的布瓦洛等主张希腊罗马古典作品是摹仿自然人性最优秀的，因而只消摹仿古典作品，即是摹仿自然。布瓦洛还特别订立了一套法规，如严格区分悲剧与喜剧，戏剧必须遵守"三一律"等，大大束缚了作家的创造力，把现实主义变成了拟古主义，而且是食古不化，使创作公式化、僵化，而且因为此时王权高于一切，所以作品大多沦落成为统治者歌功颂德的工具。

物极必反，到了 18 世纪，这种文学堕落状况得到了一定程度的矫正和改变。这一时期，整个欧洲爆发了一场声势浩大的思想解放运动，史称启蒙运动，这一运动反对宗教迷信，提出自由、平等、博爱，作家和理论家们如法国的伏尔泰、狄德罗、卢梭，德国的歌德、席勒，群起提倡启蒙主义文学，反对贵族文学，提倡个人化的写作，反对千篇一律的模仿与古板之作，从而形成了浪漫主义文学思潮前的一次规模宏大的文学运动，这一运动扫清了阻碍文学健康、符合人性发展的许多障碍，为浪漫主义的顺利到来奠定了坚实的基础。

而实际上，浪漫主义文学流派的最初潮流也就是在启蒙运动的浪潮中初具雏形了，这就是产生在 18 世纪后期英国的感伤主义文学潮流，文学史上称之为前浪漫主义，这一流派曾流传到法、俄、德等国，在世界范围内产生了很大的影响。这一流派的作家大都是些资产阶级民主主义者，他们最初以为启蒙运动的理性主义能够保证人民的普遍幸福，不料工业革命后的社会现实却令他们大失所望，他们不但没有从自己原先也热烈盼望的这场运动中得到实利，反而日益感到地位不稳。他们不满贵族和资产阶级的暴虐，对理性社会表示失望，但却又不理解社会变化的原因，于是他们就求助于咀嚼感伤来抵挡来自社会和自己心理的压力，希望靠感情的滋养来平复在现实世界碰得伤痕累累的灵魂。从理论方面对这一流派进行阐释的是诗人爱德华·杨格，他在《论独创性的写作》中反对盲目崇拜古人，提倡独创。他说"有独创性的作者的笔好像阿尔米达的魔杖，从不毛的荒野里召唤出一个花香鸟语的春天"。[1] 维廉·布莱克在他的《〈雷诺治〉一书的批注》中说："一个人如自问心中并无灵感，就不要妄想当艺术家。……在诗人心目中一切形体皆尽善尽美，但它们不是从自然中抽出来或配合出来的，它们来自想象。"[2] 在这些理论的促进下，很多着重抒发感情、表现想象的作品不断涌现，形成一个感伤主义流派。

在创作上，这一流派强调感情的力量，着力描绘小人物的不幸与痛苦来引起读者的同情与怜悯。主要代表作家则有诗人杨格的《夜思》，写诗人内心对于宇宙和人类的悲观感伤的情绪；《哀怨》则抒发妻女亡故后诗人的个人痛苦；托马斯·葛雷《墓地哀歌》，徜徉于废墟、古迹、幽灵以及午夜墓场的境界之中，注重抒发对死去农民的哀悼，表现了人生无常、世界幻灭的悲观情绪，引起不少人模仿，一时形成所谓的"墓园诗派"。当然，其中也有一些相对来说比较乐观的诗人，如农民诗人彭斯是位出身佃户的苏格兰农民，他在民间歌谣的哺育下成为大诗人。他讴歌自由、劳动、爱情和故乡，讽刺迂腐、虚伪、

---

1 伍蠡甫：《西方文论选》（上），上海译文出版社，1983年，第496页。

2 《欧美古典作家论现实主义和浪漫主义》（二），中国社会科学出版社，1981年，第253页。

贪婪与奢侈，诗句清新、质朴、自然、有力，如《自由树》《一朵红红的玫瑰》《威利长老的祈祷》等诗，都是脍炙人口的名作，传之久远；布莱克常被视为英国浪漫主义诗歌的先驱，他的诗歌荡漾着一种天真直率的气质，并且具有一定程度的神秘象征色彩。

小说方面，首开感伤主义先河的是英国的理安生的书信体言情小说《帕美勒》；斯特恩的心理分析小说《感伤的旅行》则直接赋予这一流派以名称；哥尔德斯米斯的《威克菲牧师传》，写牧师威克菲一家深受贵族乡绅的迫害，从而以他们肉体和精神的痛苦来引起读者的同情，同时又美化了与世无争的田园生活；《荒村》则描写在资本主义化时期农村极度荒凉悲惨的图境；戏剧方面则有英国谢立丹的《造谣学校》等。这些作品表现的都是主观情感、内心思绪，普通人的悲欢离合，以及复杂的社会矛盾和心理矛盾，其中还充满着离奇的自然风光。由于这些创作都采取了浪漫主义的创作手法，文学史上称之为前浪漫主义。

但浪漫主义文学正式成为一个流派，成为一种思潮或运动，则要到 19 世纪初。浪漫主义文学的兴起首先取决于当时欧洲的社会和政治状况。1789 年的法国大革命摧毁了贵族地主阶级的统治，建立了资产阶级的政权，但革命后的残酷现实却使很多原先对革命抱着希望的各阶级人民深感失望，这种情绪，就是浪漫主义文学产生的现实土壤。除了政治条件外，德国古典哲学和空想社会主义思想则是浪漫主义文学产生的理论和哲学前提，费希特、康德、谢林、黑格尔的哲学此时都很流行，他们极力夸大主观的作用，强调天才、灵感和人的精神力量，把"自我"提得高于一切；而以圣西门、傅立叶、欧文为代表的空想社会主义思想此时也非常流行，他们对未来社会主义社会的预测虽然脱离实际，但却激发了人们的幻想和对现实世界的不满；从文学自身发展的历史来看，产生于 18 世纪英国的感伤主义文学、启蒙时期的卢梭的主情小说和歌德的"狂飙突进"式的精神高扬，对浪漫主义文学运动则起到了直接促进的作用。

浪漫主义文学的发生和发展也是与和古典主义的斗争同步进行的，这种斗争早在 18 世纪中叶的德国就已经开始了。当时莱比锡大学教授、作家、批评家、文学史家高特舍特发表了《批判的诗学》，主张文学应走法国古典主义道路，一切都要合乎理性，戏剧应严格遵守"三一律"等。但该理论遭到了瑞士苏黎世大学教授波特玛和布莱丁格的激烈抨击，双方就此展开了激烈争辩，这场争辩实质上就是古典主义与浪漫主义之争。波特玛等认为：指导诗人的不应该是理性而应该是想象和感情，诗人所表现的世界应该是奇特的，不平凡的，足以引起惊奇的，就像《失乐园》那样。斗争的结果，高特舍特失败，这就说明，在德国，古典主义已经失去存在的土壤，浪漫主义开始成为文学的主流了。

作为一个流派的浪漫主义最早也产生于德国，由于德国当时还处于封建割据时期，经济落后，但唯心主义哲学却为当时整个欧洲的翘楚，这使得德国的浪漫主义文学具有浓厚的唯心主义色彩和神秘主义气息。

德国浪漫派分为早期浪漫派和后期浪漫派。早期浪漫派的代表是奥古斯都·施莱格尔、弗利德里希·施莱格尔、诺瓦利斯、蒂克，他们以《雅典娜神殿》杂志为中心，以费希特、谢林等的哲学为基础，形成了自己作为一个浪漫流派的纲领。他们认为浪漫派的文学是文学中的文学，是宇宙的诗，一切文学都在浪漫派文学里。他们主张，艺术的最高法则就是打破一切法则，把一切科学、美术、诗歌、音乐熔为一炉而没有区别；诗人要凭兴之所至，不受任何狭隘规律的约束；他们认为理性是危害人类的感觉和认识能力的，艺术的基础是热情而不是理智；物质世界使人失望，人只有从梦幻中、灵魂中、世界中才能找到精神的乐园；他们向往中世纪在基督教统治下的封建宗法社会，因为在他们看来，中世纪是富于宗教的神秘感的时代，所以中世纪是一个富有诗意的时代，讴歌中世纪，就是讴歌美。

服务于这一理论，这一派作家的创作多表现宗教的神秘和空虚无聊的精神状态。如诗人诺瓦里斯的《夜的颂歌》，诗人沉湎于神秘的世界，歌颂死亡，歌颂黑夜，否定现世人生，表达出一种人生无常的颓废悲观的感情；蒂克的小说《威廉·洛厄尔》描写了一个英国青年的堕落，但作者却把堕落的原因看作是启蒙思想的后果；在其另一部小说《弗兰兹·斯坦恩巴尔德的漫游》中，作者则美化封建骑士制度，以中世纪的所谓"牧歌生活"来对比现实生活，表现出一种将封建的生活和制度理想化的倾向。

后期浪漫派的代表是布伦塔诺和阿尔尼姆，他们宣扬天主教，美化封建制度。他们文学上的主要成就表现在对民歌的收集与整理方面，如他们合编的民歌集《儿童的奇异的号角》以及格林兄弟所编的《儿童与家庭童话集》都流传至今，被广泛传诵。这一派最有代表性的作家是霍夫曼和沙米索。霍夫曼的作品具有强烈的神秘色彩，总是写人的生活受到一种阴暗神秘的力量所支配，而人却没有能力控制自己的命运，如他的小说《魔鬼的药酒》《雄猫慕尔的人生观》等，宣传的都是恐怖和神秘思想，令人悲观失望；相比而言，沙米索的作品格调要明朗积极得多，他最著名的作品是童话体小说《彼得·史勒密尔奇遇记》，通过一个人用影子换财富但丧失了人之所以为人的要素后痛苦不堪的奇异故事，将资本主义社会人与人之间的冷漠揭露得淋漓尽致。这显然代表了德国浪漫主义文学中比较积极的一派，这一派后来流传到了海涅，则发展到革命民主主义的高度。

海涅最著名的作品是诗体旅行游记《德国，一个冬天的童话》，他自称这部长诗"是一个崭新的品种……它将显示一种比那些最著名的政治鼓动诗更为高级的政治"。因而长诗的政治倾向性很强，反映了诗人较为成熟的政治思想观点。《德国，一个冬天的童话》的命名有着深刻的寓意。当时德国处于极度落后状态，分裂的邦国林立，统治阶级昏聩无能而又狂妄自大，人民群众痛不聊生，一切先进的思想与学说皆遭禁止。海涅长期侨居巴黎，呼吸着资产阶级大革命后的自由空气，接触到当时欧洲各种变革社会的思潮，当他再度回到德国时，深感德国社会中腐朽的不合理的现实已失去继续存在的必然性。可是德国反动派为维持其存在却美化它，海涅认为，这总归是一个荒谬的童话般的幻想，而且是在人类的春天即将来临之前的残冬的童话，最终是要破灭的。

海涅强烈的爱国激情和对美好未来坚定的信念也在长诗中得到充分显示。他一踏上国土就浑身充满力量，听到熟悉的德语，"心脏就好像舒适地溢血"。长期流落异国，使他得了怀乡病，尽管当前的德国现实使他失望，但他并不悲观，他在诗中号召人民把先进的社会理想付诸实践。在末尾诗人预感新的时代即将到来。当然，诗人在描写强大的黑暗世界时，难免会流露出思想的矛盾和个人的孤独与忧伤。

在艺术表现上。长诗除了具有现实与幻想交织、讽刺与抒情结合，以及具有浓厚的民间文学色彩等特点外，尤需强调的是诗人绝妙的讽刺才能在这部长诗中得到最充分的显露。他的讽刺和幽默的政治倾向性非常鲜明，就像匕首和投枪，以摧枯拉朽之势，插向仇敌最敏感处和最痛处。

在理论方面，海涅最著名的著作是《论浪漫派》，该书既是德国浪漫主义文学发展的理论总结，也是一种崭新文学的宣言书。他从浪漫派与政治、宗教的关系中，剖析了德国浪漫派文学运动的主要特征。他指出，德国浪漫派是"中世纪文艺的复活"，而这种文艺来自基督教，是一朵从基督的鲜血里萌生出来的苦难之花。他主张应坚决克服浪漫主义文学的消极倾向，将文学与实际生活结合起来；文艺作品只有与人民利益、人民的愿望结合起来，才能有生命力；诗人只有在"不离客观现实的土地之时，才坚强有力，一旦神思恍惚地在蓝色太空中东飘西荡，便变得软弱无力"。这实际上是一种现实主义的创作观点，所以说，海涅虽是在浪漫主义影响下走上文学之路的，但他的《论浪漫派》的发表，实际上是结束了浪漫主义在德国文坛上的统治地位。

18 世纪末 19 世纪初，浪漫主义文学在英国得到很大的发展，在 19 世纪的前 30 年，英国浪漫主义文学成为整个欧洲文学的旗帜。

英国人向以恪守传统、含蓄深沉、坚韧不拔、孤僻甚至固执的民族性格闻名全世界，然而英国人的天性中又有一种"多愁善感性"，对艺术和自然具有特殊的感悟力。这似乎又培养了他们惯好独处、喜欢乡间和酷爱大自然的天性，越是有教养的阶层越是如此。自然神圣而亲切，好像成了他们的集体无意识，因而，在英国文学史上，"田园诗"，或更确切地说"讴歌自然的诗"占有不可小觑的地位，而其中成就最高、影响最远的田园诗派，则要首推 18 纪末兴起的"湖畔派"。

"湖畔派"是英国浪漫主义文学的第一批代表作，主要诗人包括华兹华斯、柯勒律治和骚塞。他们曾先后隐居于英格兰西北部的昆士兰"湖区"，更重要的是他们三人的思想和创作颇多相似之处，于是就有了"湖畔派"之谓。他们的诗歌或讴歌宗法式的农村生活和自然风光，或是描写奇异的故事和异域风情，并常常通过缅怀中世纪的淳朴而否定社会的文明。

三人中成就最高、影响最大者首推华兹华斯，他是位典型的田园诗圣手，"自然诗人"的所有内涵无不在他那里体现出来。华兹华斯从小就深得大自然陶冶，后来又深受启蒙主义和感伤主义影响，向往唯情论，主张在平静中溯忆，尤醉心卢梭的"返回自然"说。1789 年法国大革命爆发以后，他持支持、同情态度，后来由于雅各宾党的恐怖政策，加上英国对法国宣战以及其他一些私人原因，他对法国大革命的态度由同情、支持到反对、毁谤，政治上日趋保守。1795 年他与妹妹多箩茜同柯勒律治相遇并成莫逆之交之后，这"共有着一个灵魂的三个人"（多箩茜语）便定居湖区，遍游英国各地，越来越趋向大自然。1798 年两位诗人合作发表《抒情歌谣集》，从而唤来了英国诗坛浪漫时代的到来，1800 年，"诗集"再版，华兹华斯执笔撰写了一长篇序言，从理论上阐明了新诗理论的基础，提出了浪漫主义的诗学见解，成为与古典诗学分道扬镳的文献，也成了英国浪漫主义文学的宣言。华兹华斯认为诗歌应以日常生活，特别是以乡村的田园生活为题材，用人们的日常语言而不用雕琢的诗的词汇来叙述或描写，同时用一种"想象"的光辉来关照诗歌的情节，使得"平常的东西能以不寻常的方式出现于心灵之前"；他认为一切好诗都是强烈感情的自然流露，诗的目的是表达热情，引起快感，启发同情；人的心灵能照映出自然中最美、最有趣味的东西，它和普遍的自然交谈而发生一种喜爱，因而人愈接近自然，也就愈接近上帝。[1]

华兹华斯是位真正富有独创的诗人，其创作无论题材还是体裁都是多种多样的，其中既有题旨深邃的人生哲理诗，也有清新自然的田园诗，但即使是哲理诗，也无不带有一种来自大自然的芬芳气息和无邪的快乐，在这些哲理诗中，其中最值得称道的是他写的一些关于童年或童心崇拜的诗。在诗人看来，幼儿期是欢乐和美的集中体现，因为那时对自然的影响格外敏感；婴儿直接源于创造了自然的造物主，还带有生前那个世界的回忆；童年与自然界、造物主之间的特殊亲密

1　[英]华兹华斯：《抒情歌谣集·序言》，《十九世纪英国诗人论诗》，人民文学出版社，1984 年，第 29 页。

的关系，应贯穿一生；成人要想超越社会尤其眼下那种粗鄙的城市社会而达到崇高和幸福，就必须返归自然，过简朴生活。这些诗中最具代表性的莫过于用歌谣体写成的叙事诗名篇《我们是七个》。1793 年诗人游威尔士时曾遇见一个七八岁的乡下女孩，她本兄妹七人，但两个已夭亡。诗人在和她交谈时发现，她并没有把死去的一姊一弟排除出去，尽管诗人反复向她解释说她实际上只有五个兄妹了，女孩却坚持说"我们是七个"，因为她拒绝按成人的推理和数学的逻辑来推理，而只凭直觉和感情判断事物。她不明生死界限，把人的生命看作是不朽的，既无开始，也无结束，所以她把生与死混为一谈，在她看来，虽然一姊一弟不再与其一块生活玩耍，但他们躺在离家门仅十数步遥的墓地里，而她又天天来此青草覆盖的墓地吃饭、编织，不时为死去的人唱安息歌，祈祷，他们总是在一起，哪里被分开了呢？为这天真未凿的童心和这淡淡的哀伤所打动，诗人久久不能释怀，几年后终诉之笔端。诗中童心的纯洁可爱，反衬出成人世界理性社会的严酷冷漠，颇发人深思。这一类作品还有《丁登寺旁》《不朽颂》《序曲》等，都是传诵于世的不朽名篇。

不过华兹华斯最有价值的诗还是其田园诗或者说自然诗。华兹华斯是位真正自觉的大自然的歌手，他从朴实的自然汲取灵感；以内心的真诚、人民的语言去创造诗篇。其数量巨大的田园诗，抒写乡情乡景，描绘大地风貌，歌颂清雅恬静的空间，描摹活动其中的万千生灵，意境清新悠远，形象生动亲切。华兹华斯的田园诗充满着对大自然的崇拜，并把自然视为圣灵体现的最高艺术体现。自然界的一切不仅富有灵性，而且与人生构成有机的和谐。《泉水》《绿雀》《致雏菊》《致蝴蝶》《紫杉树》《小支流》《小小燕子花》《"空气芬芳宁静"》《每当我看见天上的彩虹》《我像浮云孤独漫游》，这一篇篇小诗，似天然去雕饰的芙蓉，意趣盎然，含蓄蕴藉，美不胜收。如脍炙人口的《致布谷》

一诗，据说诗人是在一个初春的温暖的早晨写成的。诗人在樱桃园仰卧于芳草之上，追思遐想，不免想起了童年时听到布谷鸟抑扬有致的啼啭四处追寻的情景。这首诗展现的是个梦幻般的美丽诗境，短短八节 32 行就勾画了几种截然不同但又相互联系的情景：眼前的，以往的，现实的，虚幻的。它们被某种飘忽的精神贯穿着，不绝如缕，似断犹连。开首两节既描摹了布谷那独特的声音，又写出了这声音带给诗人的喜悦。接下来的两节，与其说是写布谷的啼叫唤起了作者的遐思，勿宁说是写鸟语给予诗人的特殊感受。在这里，作者似乎因了心灵的和天性的敏感，竟然将有形之物隐去，化为无形之声。第五、六节才真正描写天真无邪的童稚情景的自然显现：原来诗人对这"春之使者"一往情深，曾寻觅它至"千百去处"；但诗人并不以此为满足，而是更进一步，把那已经是无形了的鸟儿抽象，使其成为某种更为纯粹的圣灵和感情的象征。最末两节，诗人从幻想的天地重新回到了现实的世界，但并不彻底，诗人尚不时在超越时空的虚与实之间流连忘返，甚至透露出踏入更高的幻想境界的征兆。

这是一种似真如幻的美妙意境。在华兹华斯笔下，自然万物总表现出一种超越世界的力量，至少也是超越现实的象征。在这种无形的力量或象征的召唤下，心灵被唤醒，并且去追寻某个更神秘无形的世界，某种美好和永恒的事物，并进而向着无止境的广袤宇宙去追求探索。

《丁登寺旁》历来被看作 19 世纪浪漫主义文学的压轴之作，它成功显示了华兹华斯作为"大自然诗人"的独特风格和无穷魅力。丁登寺位于威尔斯的威河之畔，那里山明水秀、风景宜人。华兹华斯一生曾三度游历该地。全诗 159 行，属无韵诗体。这首诗是诗人多年来心灵的记录，描述了他在三个不同时期对于大自然的感受。诗人向来热爱大自然，不仅为大自然的壮丽气势所吸引，而且主要是从大自然的宁静、温柔、可爱的特性中悟出了一种博大无边的崇高思想，使精神上升到一个更纯洁、更高尚的境界。诗中写道：

> （自然）带来了高尚思想的欢乐，一种崇高的感觉，
> 它居于落日的余辉，
> 巨大的海洋和流动的空气，
> 蔚蓝的天空和人的心灵之中。
> 一种动力和一种精神，推动，
> 一切思想方面的事物，一切思维的对象
> 透过万物的内部而运行。

在诗人看来，大自然是有感觉、有思想的，是一切理想中的最高理想，是与人的精神息息相通的：

> 我乐于在大自然和良好的语言中，
> 去发现我纯净思想的支撑点，
> 去认识我心灵的保姆、向导和卫士
> 和我全部道德行为的主旨。

华兹华斯虔诚地相信自然具有神秘力量，不光对人起陶冶作用，而且还有教育作用，所以，爱自然导向爱人类。不了解诗人对自然的那份执着与痴情，就不好透彻地理解华兹华斯诗的精神。在华兹华斯看来，自然和人是血肉相连的，他曾说：在田园生活里，"人们的热情是与自然之美而永久的形式合而为一的"。[1]华兹华斯既以神圣的心灵感

---

1 ［英］华兹华斯：《抒情歌谣集·序言》，《十九世纪英国诗人论诗》，人民文学出版社，1984年，第29页。

触咏叹自然，也咏叹自然的人。在英国诗歌史上，有不少优秀的诗人精心绘制了大自然的图画，但大都偏重于自然外观美方面，而华兹华斯的目光却超越于一切湖光山色、花鸟草虫之上，直接摄取大自然所显示的基本精神，并将人的思想感情与它紧密地沟通起来。华兹华斯也是最早从僵化的古典主义诗风的束缚中冲出来的第一人。就拿《丁登寺旁》来说，这首抒情诗不但感情丰富、思想深沉、色调淡雅、笔法简洁，而且使用的文字也都不假雕饰，朴实自然，好像诗人在力避使用浓郁芬芳的漂亮词句，而喜欢以平易通畅而又富于韵味的语言来表现诗歌深刻隽永的意境。在诗歌的句法上，华兹华斯也不讲究诗行的整齐划一，而是顺着思想的流动自由地抒写，有时一句完整的意思常常要跨好几行才能表达清楚，最多的竟跨十几行以上，使人产生一种不断向前运动的感觉。这是诗人在诗歌体裁上的大胆革新，并给英国诗歌带来一股清新之风。

湖畔派的另一重要人物柯勒律治的诗作虽然不多，但却享有崇高声誉。他的诗具有惊人的音乐性和节奏感，掺和着浓郁的神秘主义色调和象征主义的梦幻，诡异奇语，万千变化，美不胜收。他从古代歌谣和民间小调的格律里提炼精华，对英诗格律从音步、诗行到诗节，均进行了大胆革新，大大增强了诗的灵活性和表现力，对同代和后世诗人的影响极为深远。柯勒律治主张诗是天才或诗才的特产；诗的目的不是提供真实而是提供快感；他特别注重"想象"在诗歌中的作用，他说想象是"所谓无限的'现在'所具有的永恒创造活动在有限的心灵中的再现"。[1]柯勒律治在文学批评上的成就也许更高，这方面显示出他是位极有深度的理论家。

---

1 《欧美古典作家论现实主义和浪漫主义》（二），中国社会科学出版社，1981年，第31页。

柯勒律治最著名的诗歌作品是用歌谣体写成的《古舟子咏》，其他还有理论著作《文学自传》等。

"湖畔派"三诗人中骚塞的成就最小，思想最消极，他拥护封建制度，攻击法国大革命和进步诗人，曾被国王封为"桂冠诗人"。他写过不少抒情诗，有的写封建的中古时代，有的写东方和南方的异域色彩。其最著名的作品是长诗《审判的幻影》，竟为刚去世不久的昏聩暴君乔治三世大唱赞歌，说他死后进了天堂。这种一味为王室贵族歌功颂德的堕落行为曾受到后来进步诗人的激烈抨击，如拜伦就讽刺骚塞就像画眉一样唱歌来娱乐国王。

拜伦、雪莱以及济慈是继"湖畔派"诗人之后英国的第二代浪漫主义诗人，但他们和"湖畔派"的思想倾向则是截然相反的，他们虽也主张抒情主义、理想主义，但他们所表现的不是消极颓废之情而是积极向前的、反抗暴力的革命之情。他们的理想不是返回自然，返回中世纪，而是要创造一个人人平等、没有暴政的新世界。他们也重想象，但不是神秘荒诞，想入非非。拜伦认为诗歌虽离不开想象，但想象一定要有现实基础，他说："诗人、画家，（艺术家们都知道），有时难免杀鸡用牛刀……但终不能让美女当妖怪的娘，鸟养毒蛇；老虎喂羔羊。"也就是说：夸张应有限度，不能让"树木上有鱼，海底下产野猪！"雪莱也在他的《伊斯兰的起义》的序言中说："我设法运用了音律和谐的语言，联翩飘逸的幻想，人类情操的种种急骤而微妙的变化，运用了构成一个诗篇的一切要素，借以宣扬宽宏博大的道德，并在读者心中燃起他们对自由和正义原则的道德热诚，对善的信念和希望；""它对于'光天化日之下人压迫人的一切现象'忍无可忍，它想要唤醒群众的希望，启发人类和促使人类进步的意愿的迅速效果。"[1] 到

1　[英] 雪莱：《伊斯兰的起义·原序》，上海译文出版社，1978年。

了《解放了的普罗米修斯》，雪莱的思想更是发展到空想社会主义的高度。

济慈是三人中最晚诞生却最先死去的天才。他是位杰出的抒情诗人，写了很多优美的十四行诗、颂诗和抒情叙事诗。他热爱古希腊文化，长诗《安狄米恩》《海披里昂》都取材于古希腊神话；其他一些诗作如《夜莺颂》《忧郁颂》《希腊古瓶颂》则具有深刻的志趣情怀，且具有唯美主义倾向，似乎暗示出感觉的生活和美的冥想本身就是自足的。另外，此时英国较有名望的诗人还有丁尼生和勃郎宁及其夫人，不过他们的思想较为保守，文风也较为稳健。

在此浪漫主义时代，英国小说的代表是司各特，他是欧洲浪漫历史小说的开拓者，同时也是一位出色的浪漫主义诗人。

与英国相比，法国因为历来是古典主义文学的发源地和根据地，所以浪漫主义的兴起是伴随着一系列激烈的文学斗争甚至政治斗争的，并因而带有鲜明的革新精神和政治色彩。

法国的浪漫主义文学是随着夏多布里昂出现的。夏多布里昂本身和他的作品都带有鲜明的时代烙印，他是法国大革命后忧郁的政治气氛和时代气氛的最典型的代表。他最主要的作品是小说《基督教真谛》，这部小说可说是法国浪漫主义消极倾向的宣言：它宣扬基督教，对启蒙主义大肆攻击；它宣传灵魂不灭，宣扬上帝万能。他的美学理论的基本原则是逃避现实，注重描写人的心灵活动，描写过去和异国风情。他狂热崇拜基督教，认为《圣经》远优于荷马史诗，认为宗教是唯一能使人世间一切香料所不能愈合的伤口合缝的伟大力量。不过，不能否认的是，因为他反映的是时代的普遍情绪，而且在艺术技巧方面自有特色，所以还是影响了一大批作家走上同样的浪漫主义道路。其中较有成就的是拉马丁和维尼。

拉马丁出身贵族，对诗歌有特殊的敏感，但直到1820年发表诗集《沉思集》后才一举成名。同一年，他娶了一位英国少女玛丽，并携带她前往意大利任外交职务，在那里，为了满足读者要求，他发表了《新沉思集》，随后又发表了《诗与宗教和谐集》。1833年，他被选为议员，一直到1848年，他一边尽职尽责履行议员的职责，一边认认真真写诗，先后发表史诗片段《若瑟兰》和《天使谪凡》，以及诗集《诗意的静思》。这些诗作主要抒发了作者的忧郁、苦闷的情绪，以及对逝去的美好时光的追忆与怅惘，同时还有对宗教的崇拜虔诚之情。

晚年的拉马丁自称为"文学的苦役犯"，为了生存，发表了好几部历史或文学研究著作。几部社会小说，一首回忆往日的长诗——《葡萄园和家》。诗人晚年十分愁苦。1869年他在巴黎去世时，公众几乎漠不关心。

拉马丁接触到各种各样的文学样式（戏剧、游记、历史、壁画、小说），而且还是一个出色的演说家，但他的声誉来自诗歌。他的诗歌激励了整整一代法国青年人，但不必否认的是，他诗歌中的抒情，除了罕见的例外，只不过是漂亮的语言游戏。拉马丁诗歌的抒情最初比较狭隘，后来逐渐扩展，力求包容和净化整个世界。从歌唱忧郁和哀伤的《沉思集》到1830年发表的《诗与宗教和谐集》，大自然的情感倾向开始逐渐与世纪病的忧郁相混合，但直到史诗片段《若瑟兰》的发表，拉马丁才真正达到他梦寐以求的人道主义诗歌：人的堕落，然后是赎罪，相信神的仁慈，幸福时代的回忆，爱情的迷人时刻……所有诗人的烦扰在说教意图的支持下重新出现。

拉马丁诗歌的题材是人的心灵，他的诗因此也被称为"心灵的圣诗"，一旦涉及政治和社会，他的诗就注定不会成功。他把诗歌首先看作是"一颗因自己的呜咽而得到安慰的心的松快"。而无限丰富多变的大自然却只成了他的一面镜子，诗人力图从中认出自己，"我呀，我像一片叶子"，[1]可惜的是，对拉马丁来说，大自然是一面悲剧性的镜子，他从中只看到一幅孤独的肖像，被深沉的悲愁所主宰，而且只有对死的恐惧和对意中人的怀念伴随着他。

拉马丁的技巧师承18世纪的诗人：充斥着婉转的词汇，模仿高贵文体的意象，同样材料的拼凑，结构是严密的，但对一个关心让自己的心灵说话的人来说是过于理智了。这一切反映出新古典主义持续的影响。

刚一开始，拉马丁受到所有年轻的浪漫派——从雨果到圣伯夫，中间还有"以神圣的呜咽长哭当歌"的缪塞——的过分赞扬。拉马丁很快看到他的星辰在文学的苍穹下暗淡了。司汤达在1830年致友人的一封信中就说："拉马丁找到了动人的音调，但他一离开表达爱情，就变得幼稚了。他缺乏哲学或观察人的高超思想。"[2]福楼拜则更尖刻，他称拉马丁及与他创作倾向相同的作家都是"笨蛋"，批评他们的作品过分使艺术女性化了，艺术于是变成了无法表达"崇高和高尚"的思想。他讽刺拉马丁说："据说拉马丁累垮了。……我不为他哭泣……那种患肺病的抒情的种种烦恼源出于他……这是一个无男子气的人……他尿出来的都是清水。"[3]

维尼是诗人、戏剧家和小说家，他的作品更深刻典型地反映出贵族的没落情绪。他出身于一个具有军人传统的贵族家庭，曾从过军，后受雨果影响，开始偷偷学写诗。1826年发表了一部历史小说《桑-

---

1　[法]皮埃尔·布吕奈尔等：《十九世纪法国文学史》，上海人民出版社，1997年，第74页。

2　[法]皮埃尔·布吕奈尔等：《十九世纪法国文学史》，上海人民出版社，1997年，第75页。

3　[法]皮埃尔·布吕奈尔等：《十九世纪法国文学史》，上海人民出版社，1997年，第76页。

马尔斯》，这是一部贵族史诗，作者站在贵族的立场，对当时的改革持反对态度；同年发表诗集《古今诗集》，表达了天才的孤独，爱情的力量，屈从于盲目而无情的神的人的苦难。此后他转入戏剧创作，主要有散文剧《昂克尔元帅夫人》、喜剧《查铁敦》。维尼的所有作品都用于歌颂一种"神圣的孤独"，他用文学为人们营造出一个没有幻想、没有怜悯的绝望世界，而要对抗这个世界，人就必须保持精神的强大，而思想，就是获得并保持这种强大的根源，所以，他力图使自己的作品具有思想的深度，甚至把诗也都写成了思想，写成了寓言，只用来解释、搬演或解决一个问题，而很少有情绪的激动。所以，他的诗实际上代表了一个美学上的真正悲剧：诗歌因它的崇高被窃取而死亡。维尼无疑是一个迷路的诗人，不过也是一个重要的诗人。

在19世纪前20多年里，夏多布里昂、拉马丁、维尼这些贵族诗人、小说家顽强地表现着自己，产生了不小的影响。但法国毕竟是一个有革命传统的国家，在文学上也一样，就在贵族作家此起彼伏表现自己的同时，另一种带有资产阶级自由主义倾向的浪漫主义潮流也百川汇海，蔚成大观。其中最早的代表是斯塔尔夫人。

斯塔尔夫人在政治上是一个温和派。她在理论著作《论文学》中提出文学受社会环境制约，社会造就文学的深刻观点。斯塔尔夫人把欧洲文学分为南方文学和北方文学，南方文学包括希腊、罗马、意大利、西班牙以及路易十四时代的法国文学，特点是崇尚古典，情调欢快，充满民族精神和时代精神；北方文学则包括英、德和北欧国家的文学，其特点是感情强烈，富于哲理，想象力丰富。实际上，在斯塔尔夫人眼里，南方文学和北方文学就是古典主义文学和浪漫主义文学的同义语。斯塔尔夫人明显地表现出对于北方文学的偏爱。后来她在另一部文学理论著作《论德国》中再次强调文学应向外国浪漫主义文学借鉴，而不应死抱着古典主义的清规戒律不放。

斯塔尔夫人的创作与她的理论观点是一致的。她的两部最重要的小说《黛尔芬》和《柯丽娜》都是充满浪漫主义精神的作品。其中《黛尔芬》主要描写了一个聪明、美丽、有个性的贵族女子的爱情悲剧，深受卢梭小说《新爱洛伊丝》情感描写风格的影响。《柯丽娜》则写了一个才华出众的新型女子因不为社会偏见所容，最后悲哀死去的故事。两部小说的女主人公的形象都反映出了斯塔尔夫人自己的性格和理想。

到了20年代中后期，由于反波旁王朝的斗争有了进展，加之受到许多国家解放斗争的影响，一批具有民主主义倾向的作家开始走上了文坛，并与根深蒂固的古典主义文学力量进行了针锋相对的斗争，他们以雨果为中心，齐心协力，众志成城，一举将古典主义文学的幽灵从神圣的文学殿堂清扫出去，从此开辟了法国文学的一个革命时代、一个浪漫主义的新时代。

最早举起这场革命旗帜的是雨果。1927年，他在自己的浪漫主义戏剧《克伦威尔》的"序言"中指出：浪漫主义文学的纲领，目的在粉碎古典主义的美学观与贵族的沙龙主义来适应社会发展的新阶段。它的主要论点是：人类是进化的，原始社会的文学形式是抒情诗，古代是叙事诗，近代是戏剧。所以古典主义的法规过时了，应该让位于新的形式，古典主义的"三一律"等古板法规应让位于莎士比亚的悲喜混合剧，才能反映人生的复杂性；作家应该依存于艺术的自然而不应该依存于现实的自然；诗歌的韵律应绝对自由，不受任何传统形式的限制；主人公不一定是出身高贵的英雄；语言应用平易的日常语言；人物性格可以有矛盾，因为光明与黑暗并存，善与恶同在，是正常现象。对古典主义来说，雨果的这些主张句句都是锐利无比的武器。1830年雨果的浪漫主义剧本《欧那尼》在巴黎上演，引起了新、旧两大阵营的大决战，最后浪漫派战胜了古典派，从此奠定了雨果的新文坛盟主的地位。法国的浪漫主义流派也沿着他开辟的这条道路健康向前，一大批作家围绕在他的身边，形成壮观的雨果作家群，主要有乔治·桑、梅里美、缪塞、大仲马。他们相继发表一系列旨在破坏古典主义戏剧规范的作品，巩固了浪漫主义的阵地，而且不断扩大自己的阵地，成为欧洲浪漫主义文学阵营中后来居上但却独领风骚，而且延续时间最长的一枝。30 年代以后，英国和德国的浪漫主义文学已经销声匿迹，而法国的浪漫主义文学却依然势头不减，继续发展，形成与现实主义并驾齐驱的局面，到三四十年代，雨果、乔治·桑、缪塞、大仲马等浪漫主义作家，以及和浪漫主义有联系的梅里美，都进入了自己创作的繁荣时期。

浪漫主义文学流派一经在欧洲主要国家形成后，很快就传播到整个欧洲乃至美洲，稍后，甚至影响到亚洲，进而形成了世界性的浪漫主义文学思潮或运动。19 世纪初期，处于欧洲东部的俄罗斯帝国无论在社会政治或是在文学方面都发生了巨大的变化。俄罗斯帝国本是沙皇专制和农奴制的封建帝国，贵族和地主具有绝对的权力，任意压迫和折磨农奴制。1789 年法国资产阶级革命以后，被视为"法兰西瘟疫"的资产阶级民主思想也逐渐传入俄国。迫于形势，沙皇亚历山大一世在 19 世纪初作出要改革的姿态，结果是昙花一现。1812 年，拿破仑入侵俄国大败。对拿破仑战争的胜利，促发了俄国民族意识的觉醒，也刺激了先进人士进行改革的决心。改革力量首先在一些进步贵族青年军官中间出现，他们成立了秘密组织，并最终在 1825 年举行了十二月党人起义。起义虽然被残酷镇压了，但却影响了整个 19 世纪俄国人民的解放运动。

19 世纪以前，俄国文学相对说来是贫弱的。至 19 世纪初期，这种情况发生了变化，出现了一些具有俄罗斯民族特色的诗人和作品。俄国第一个浪漫主义诗人是茹科夫斯基，他的思想比较保守，诗歌既表现了浪漫主义的感伤情调，也表现出回返自然、回返中世纪的特点，也宣扬了卫国战争的爱国主义热情，但总的倾向是颓废和神秘的，其代表作是故事诗《斯维特兰娜》。

使浪漫主义文学与民族解放运动真正结合起来，并且表现出进步倾向的作家是十二月党人诗人和普希金，他们把自己的激情化作浪漫主义诗歌或戏剧，以文学反映出重大社会主题。十二月党人中的文学代表是雷列耶夫，他的浪漫诗歌渗透着反专制暴政的革命激情和为祖国献身的牺牲精神。果戈理的早期作品如《狄康卡近乡夜话》，也是以描写乡村的诗情画意，彩虹一样的幻想生活而引人注目的。俄国的浪漫主义文学这一倾向一直为后来的作家们所发扬，甚至后来高尔基的初期作品，也都洋溢着热烈、鲜明的革命理想和浪漫主义激情。

这一时期俄罗斯文学的另一杰出成就是克雷洛夫寓言的出现，这些寓言充满智慧，或讽刺专制暴政、揭露贵族寄生虫，或赞颂人民的劳动和同情人民的痛苦命运。这些寓言富有民族风格，充满幽默与机智，广泛采用民间口语，为广大人民所热爱。

在波兰，浪漫主义流派的积极倾向的影响表现在"异族压迫下的时代诗人"密茨凯维奇的作品中。"他所鼓吹的是复仇，他所希求的是解放。"其代表作是长诗《塔杜施先生》。他在被压迫的环境下唱出一首首不屈的民族悲歌，促人感奋，促人积极向前。在匈牙利，这种浪漫主义倾向表现在伟大的爱国主义诗人裴多菲的革命诗歌里。他不但写了大量的热情洋溢的革命诗歌，如《使徒》，而且还是一位英勇顽强、为祖国献出生命的革命战士。这种倾向在欧洲还表现在葡萄牙作家卡米洛·卡斯特罗·布朗库的作品中，他以反封建的爱情小说《被毁灭的爱情》而蜚声文坛。其他还有意大利诗人白尔榭，其长诗《帕尔加的逃亡者》、组诗《谣曲集》和《幻想》等讴歌民族斗争，充满爱国主义精神；莱奥帕尔迪是位优秀的抒情诗人，其创作贯穿着民族复兴思想，也掺和着命运无常的意识，如《致意大利》《但丁纪念碑》《金雀花》，其他还有剧作家和小说家曼左尼，以及主要创作于19世纪后期的乔瓦尼约利。甚至在19世纪末、20世纪初，这种浪漫主义传统仍然为一些作家所继承，如瑞典的塞尔玛·拉格洛夫，她的浪漫传奇故事《骑鹅旅行记》至今仍闻名于世。

在大西洋彼岸，与欧洲文化一脉相通的年轻的美国虽然文学起步较晚，但也取得了浪漫主义文学的辉煌成就。时称"美国的哥德史密斯"的欧文最早把美国的浪漫主义文学传统重新带回美国，他结合美国的民间传说和自然风貌，创建了美国自己的浪漫主义文学，创作了大量妙趣横生的杂记和短篇小说。库柏和欧文同为美国文学的奠基人，他满怀同情描绘了印第安人的覆亡，讽刺地刻画了英美社会的政治制度。这一时期美国文学在诗歌方面的代表为朗费罗，他以美国印第安人历史为题材写的史诗《海华沙之歌》，充满民间神话的瑰丽色彩。30年代以后，以爱默生强调直觉作用的超验主义哲学为基础的后浪漫主义文学标志着美国文学的成熟，主要作家有爱伦·坡，他的诗歌和小说歌颂恐怖，赞美死亡，代表作是短篇小说集《述异集》；在长篇小说方面，霍桑的《红字》表现了浪漫主义的特异风格，小说对人物内心世界的细密描写和神秘主义倾向，使其成为浪漫主义文学的不朽杰作。但美国浪漫主义作家中影响最大的当数稍晚登上文坛的惠特曼，他那充满民主内容和新大陆精神的清新自然的诗歌，把一股像大地一样健康和纯净的美国之风吹向了全世界。

浪漫主义文学也影响到东方，只不过时间较晚。在日本，在明治维新的资产阶级改革和自由民权运动时，就有好些作家接受了西欧浪漫主义文学的创作方法。如国木田独步就特别欣赏英国华兹华斯的"唯情论"和回返自然的风格；森鸥外也喜爱西欧作家从中世纪和民间传说取材的方式；而德富芦花则以西欧浪漫主义文学特具的不满现实、追求理想的激情作为他所倡导的"新兴文艺"的中心主题。在中国，对欧洲浪漫主义文学的介绍始自清末民初，鲁迅在《摩罗诗力说》中就盛称拜伦、雪莱、密茨凯维奇和裴多菲等的革命浪漫主义诗歌对中国反帝、反封建革命的启迪作用；苏曼殊的感伤小说则鲜明地体现了时代情绪而一时轰动；至于后来的创造社和 30 年代的革命浪漫主义文学和 40 年代的浪漫历史剧的兴起，都证实只要存在浪漫主义文学诞生的社会背景，浪漫主义文学就随时、随地可以生根，发芽。

总之，概览浪漫主义文学发展的风风雨雨，我们完全可以说，19世纪因为有了浪漫主义文学的繁盛而当之无愧成为最伟大的世纪之一。在世界文学史上，浪漫主义文学以自己无拘无束的潇洒姿态为文坛和世界灌输进一股创造的激情和奔放的人格，因它的出现，文学变得更加丰富多彩。另外，需要说明的是，从史的角度概括浪漫主义文学的发展历程只是为了叙述的方便，实际上浪漫主义文学的发展是决不会服从于如此简单化的分期的，只要需要，浪漫主义文学随时都会出现，即使在现实主义和现代主义成为文学主流的过去和今天，浪漫主义文学仍在文学的大花园里，以自己独有的灿烂和芬芳，为日益枯竭的精神生活，输进一种带有蛮荒气息的原始精神和活力。

第二章　情感小说的奠基者——卢梭

第一节　浪漫时代的开拓者

让-雅克·卢梭是政治思想激进、文艺创作独树一帜的法国启蒙作家，18 世纪后半期法国主情文学的杰出代表。

卢梭原籍是瑞士日内瓦。他父亲是个钟表匠，母亲刚生下他没几天就去世了。从 6 岁起，卢梭开始和父亲一起醉心于读小说和《希腊罗马名人传》，书中的自由精神使他深受影响。10 岁时，父亲因同一法国军官发生纠纷，被迫逃离祖国，卢梭便寄居在舅父家中，在那儿同表兄弟一起到乡间受过两年教育。自 12 岁起，卢梭便自谋生计，先是给公证人打杂，后又当雕刻匠的学徒，受尽主人的凌辱，最后因不堪虐待，16 岁便逃往法国、意大利等国过流浪生活。他进过宗教收容所，当过仆人、店员等，时常露宿街头，忍饥受冻。

卢梭流浪到受法国保护的撒丁王国时，曾受到华伦夫人的关怀，并于 1732 年至 1740 年间，在她的乡宅寄居，二人感情日笃，便同居了。在为华伦夫人代管家务之余，他自学音乐、数学、哲学、植物和解剖学等，又受伏尔泰《哲学通讯》的影响，努力练习写作。1740 年他还在里昂当过家庭教师。

1742 年，他带着一种新的音乐记谱法来到巴黎，但并未引起法兰西学院的重视，他只得以抄写乐谱、教授音乐或给贵夫人当秘书为生，这时他结识了狄德罗等"百科全书派"作家，并为《百科全书》撰写音乐和政治方面的条目。1749 年，他受狄德罗的鼓励，为狄戎科学院的设奖征文撰稿《论科学与艺术》，得奖。这篇文章指出"人生来是善良和幸福的，是文明腐蚀了他，毁坏了他最初的幸福"，要想改变这一切，必须回到接近原始人类的"自然状态"。他的这种反社会文明的偏见导致他同重视科学文化的"百科全书派"产生了严重分歧。但应看到，他攻击的"社会"是封建社会，他否定的"文明"主要是地主资产阶级文明。1755 年，他又为狄戎科学院撰写了《论人类不平等的起源和基础》，以辩证的方法论证了人类不平等起源于私有观念的产生和私有制的出现，他指出"文明社会"之所以不幸，在于人类从此陷入等级压迫和不自由状态；而所以如此，又是因为私有观念、私有财产的出现。从此便产生了"穷人和富人"，以及他们之间的不平等；随着贫富矛盾和富人内部的矛盾日趋尖锐，少数人为自身利益，设立了官员和机关，国家出现了，这便产生了"强者和弱者"，以及他们之间的不平等；以后又产生出世袭的专制制度，社会有了"主人和奴隶"，人类不平等和社会罪恶便达到了顶点。卢梭把他的辩证法引向暴力革命的结论："以绞杀或废除暴君为结局的起义行动，与暴君前一日任意处理臣民生命财产的行为同样合法。暴力支持他，暴力推翻他。"论文结尾处，卢梭对狄戎科学院的命题给予了断然否定，在君主专制的社会里，"一个孩子命令着老年人，一个傻子指导着聪明人，一小撮人拥有许多剩余的东西，而大量的饥民则缺乏生活的必需品，这显然是违反自然法的"。这两篇著作都因其观点激烈和文辞优美而轰动社会。他从此成为名闻全欧的作家。

卢梭是勇猛的反封建斗士。早在 1752 年，他的歌剧《乡村巫师》

在巴黎上演成功，国王路易十五、王后、权贵和贵妇们到场观戏，作为作者，卢梭也应邀前来观看，但他却同往常一样穿着，假发蓬乱，甚至连胡须也没刮，实际上他是在与朝廷抗礼。演出结束后，国王的近臣告诉卢梭：国王第二天准备接见他，并准备赐予他年金。但他却提前走掉了。卢梭坚持认为，他拒绝年金是为了保留个人的自由、独立和为真理说话的权利，他在《忏悔录》里写道："有了年金，真理完蛋了，勇气也完蛋了。……一接受这笔年金，我只得阿谀奉迎，或者噤若寒蝉了。"

卢梭声望日高，但他耻于与贵族为伍，厌恶巴黎的繁华，渴望"返回自然"。从 1756 至 1762 年间，他隐居于巴黎近郊，专心写作，完成了自己的几部主要作品：小说《新爱洛伊丝》《爱弥尔》和政论《社会契约论》。

《社会契约论》是卢梭政治理论著作中最重要的一部。开卷即是两句优美的名言："人是生而自由的，但却无往不在枷锁之中。自以为是其他一切的主人的人，反而比其他一切更是奴隶。"卢梭以往的著作回答了造成这种奴役状况的原因，现在他探索建立怎样的国家，方能确保人类的自由与幸福。

在建立自己的国家理论时，卢梭批判了以往的一切"君权神授"和"强力可以产生权利"的种种法权观念，认为"任何人对于自己的同类都没有任何天然权威"，同样，"强力不能产生任何权利"。他宣称："只有约定才可以成为人间一切合法权威的基础。"这就是要求把法制摆在国家生活的首位。

这种关于国家形成于共同约定的"社会契约"思想，在以往的资产阶级思想家格劳秀斯、霍布斯和洛克等人的著作中早已存在。但卢梭却给这种思想以最严整最充分的论证，构建出最为激进的国家理论，即建立主权在民的民主共和国。其核心是：自由的人们以社会契约方式组成共同体或国家，其主权完全属于人民，既不可分割，亦不可转让，主权者人民形成的"公意"是国家活动的最高指导；政府只是主权的受托者，而不是主权的体现者，人民随时可以委任或撤换官吏。在这部著作中，卢梭并不否定私有制，不过主张公民私有财产的多少不应过于悬殊："就财富而言，则没有一个公民富得足以购买别人，也没有一个公民穷得不得不出卖自身。"这说明卢梭是带有平均主义色彩的小资产阶级思想家。

卢梭这些"主权在民"的政治思想闪耀着革命的火花，它为资产阶级民主革命指明了方向，为推翻封建专制、建立资产阶级共和国奠定了理论基础，在世界思想史中占有重要地位。当然，尽管卢梭的思想，"只能表现为资产阶级的民主共和国"（恩格斯），但他却是处处以全民的名义说话的。同时，他的理论在强调人民"公意"是最高权威的时候，却在对保证公民人身权利方面，没有制定如人民内部分权等具体措施，在客观实践中易于形成以人民"公意"或大多数人的名义实行个人独裁或恐怖政治，所以恩格斯批评说"卢梭的社会契约在恐怖时代获得了实现"。

《爱弥儿》是一部教育小说，作者设想出自己教育一个名叫爱弥儿的学生的全过程，在叙述描写这一过程的同时，杂以有关教育、心理、哲学、政治、婚姻和宗教等等的长篇论述，因而这部小说还有个副标题——"论教育"。

卢梭的教育思想从他的哲学观"崇拜自然"出发，他一开始就说"出自造物主之手的东西，都是好的；而一到人的手里，就全变坏了"。所以他的教育宗旨就是按照"自然法则"进行教育，使受教育者成为"社会的自然人"。他提供的教育环境是远离城市，接近自然。教育方法是"顺乎自然"，让学生个性充分解放，全面发展。他让学生在大自然的怀抱里跑、跳、活动，反对娇生惯养。他不同意给学生灌输他们没有亲身感受的抽象概念，强调根据学生的亲身经验传播知识。他让学生在领略大自然的奥秘、伟大中获得对自然神论的信仰；让学生游历许多国家，考察各种社会制度，从而树立作一个人民共和国公民的信念。数年之后，就让他在真正爱情的基础上跟同他受过类似教育的苏菲姑娘结婚。最后爱弥儿被培养成体魄健全，没有沾染"文明社会"的有毒偏见，具有独立的意志、明辨是非的理性，热爱自由、平等和正义的崭新的人。

所以，《爱弥儿》的全部教育思想都在于反对贵族和资产阶级上层社会对儿童的恶劣影响，批判封建社会旧的教育制度和教育思想，为的是培养资产阶级社会所需要的"新人"。其中虽有种种阶级局限和否定"文明"的偏见，尤其在女子教育方面仍然维护男子中心主义，但在当时却具有巨大的反封建意义。值得特别提出的是，卢梭还把爱弥儿培养成为一个会干农活和木工的能手，他主张给学生劳动教育；他强调他的学生应是贵族子弟，因为贵族环境最违反自然，最需要改造；他在强调贵族子弟必须学会劳动本领时，勇敢地发表了革命即将来临，社会即将根本变革的伟大预言：

"大人物要变成小人物，富人要变成穷人，贵族要变成贫民；你以为你能避免命运的打击吗，危机和革命的时代已经来临。"

卢梭独立不羁和反抗社会的著作早就引起统治阶级的仇恨，《爱弥儿》出版更增添了他们的仇恨，巴黎高等法院、巴黎大主教分别宣布该书为禁书，下令逮捕作者。从此他被迫开始了多年流亡生活，辗转于瑞士、普鲁士和英国。在英国曾患被迫害妄想症，可以说全欧洲的反动势力都一齐出动，来疯狂迫害作者了。

1770 年，卢梭写出《忏悔录》，这是一部伟大而前无古人后无来者的不朽巨著，既是卢梭的自传，同时也是一部别具一格，至今具有广泛影响的文学名著。全书分为两部，共十二章，从作者出生起，一直写到 1765 年流亡到圣皮埃尔岛止。它名为"忏悔",实为对社会的控诉,同时也是以卢梭式的严峻、坦率态度,自我批判和自我赞颂的散文诗篇。

自传一开始便从人性论出发,自谓生而性善,多情,纯洁,但是由于罪恶社会的污染而变异;他说过谎,偷过东西,诬枉过好人,等等。尽管如此,他还是坚信自己比周围社会好:

万能的上帝啊!我的内心完全暴露出来了,和你亲自看到的完全一样,请你把那无数众生叫到我跟前来!让他们听听我的忏悔,让他们为我的种种堕落而叹息,让他们为我的种种罪恶而羞愧。然后,让他们每一个在您的宝座前面,同样真诚地披露自己的心灵,看看有谁敢于对您说:"我比这个人好!"

作者通过自身的遭遇对社会进行了无情的控诉。都灵宗教收容所伪善丑恶,里昂城外"残忍税吏"凶狠强暴,巴黎上层社会腐化堕落,文人无行,以及法国、瑞士和普鲁士诸国统治阶级和教会对他的迫害等等,都被他那饱和着鄙视与愤怒感情的笔,真实而生动地描绘出来了。

在控诉社会的同时,作者骄傲地赞颂了自己个性的形成和发展。童年时期,有益的阅读和父亲的教诲培育了他"爱自由爱共和的思想"与"倔强高傲以及不肯受束缚和奴役的性格";学徒和流浪生活,使他体会到了下层人民的善良和不幸,种下了对他们的同情和对压迫者永恒的仇恨的根苗;后来接触上层社会,发现那里男男女女的良心"完全窒息""只受利益和虚荣心的支配",他便常常思考,这个社会的风尚、礼教和褒贬,实无一顾的价值。于是他憎恶城市和上层社会,酷爱乡村和大自然,也厌恶社交界,宁愿过孤独的生活。作为作家,他热烈肯定自己为真理执笔的写作态度。他认为任何伟大的作品"都不能从一支唯利是图的笔下产生出来"；"为了能够和敢于说出伟大的真理，就绝对不能屈从对成功的追求。我把我写的书送到公众面前，确信是为公众利益说了话，而其他的一切都在所不计"。所以金钱、地位不能收买他，咒骂、迫害不能动摇他。

卢梭同以狄德罗为首的"百科全书派"的关系在作品中占有一定地位。他先是以抒情笔调谱写了他同狄德罗等的诚挚友谊，生动地记述了包括他在内的"百科全书派"为反封建和向社会启蒙而进行的团结斗争。但是随着时势的发展，怨恨之情产生，并且越来越严重。其中缘由当然主要是思想观点以及人生态度的分歧。作品从这方面给予读者丰富的感性材料。但卢梭更多着眼于对他们个人品德的抨击，他越来越认为这个"哲学家小集团"为迫害他布下了"天罗地网式"的阴谋，必欲把他赶出人类而后快。这种激烈的态度当然与卢梭此时病态的敏感和因受迫害而产生的迫害妄想症有关，但也由此显现出他此时已把崇尚自我、崇尚自由的思想推向了极端的个人中心主义和孤傲的个人英雄主义。这一点在作品最后愈见分明了。这部分写到他把完稿的《忏悔录》读给一些人听之后，突然宣布："我说的都是真话，如果有人知道有些和我刚才所叙述的相反，哪怕那些事情经过了一千次证明，他所知道的也只是谎言和欺骗。"他声明：将来任何人只要考查一下他的天性和性格，"如果还相信我是个坏人，那么他自己就是一个理应掐死的坏人"。无怪罗曼·罗兰在赞颂卢梭的同时也称这时的卢梭这段话"纯粹是疯狂"了。

《一个孤独漫步者的遐想》也是卢梭自传性的作品，可视为是《忏悔录》的补篇，全书共 10 篇，分别记述他晚年在巴黎郊区散步时的遐想。它哀伤、深沉、凝重，"像一只衰老的、悲鸣着的夜莺在寂寥的林中发出低低的鸣奏"。

作品开头就说："如今，我在世上落得孤零零一个人了。除了我自己，再没有兄弟、邻人、朋友、社会。一个最好友谊，最重感情的人，已被同心协力地驱除出人类。"他在路上抚爱一个天真的孩子，却被孩子的父亲粗暴地夺走；他亲近为国立过功的老兵，得到的回报却是憎恶和仇恨的眼神。这是敌人诬蔑、迫害的结果，"所有统治国家的人，所有操纵公众舆论的人，所有居于高位的人"，"为了配合共同的阴谋，统统携起手来了"。这不也是对反动势力的无情控诉么？

奋斗一生的作者表示他是认命屈从了，"我徒劳地作过长期抗争"，终于认识到自己的全部努力"纯属枉然"，于是决定"不再和必然作无谓的抗争"。但这是强者的认命屈从。他已把社会的毁誉、个人的荣辱和生死置之度外，而"只留下对命运的深深的冷漠"。在这逆境的余年中，他要享受自己的善良与高尚，并献身于对自我的研究。这是高傲的、哲人式的人生态度，他没有向敌人低下他高傲的头："即使是处于这种可悲的境地，我也不会拿我自身的命运去和他们中的最幸运者交换。"

在研究自我时，他回顾自己心灵成长的过程，申述对真诚的执着和撒谎的厌恶，重温投身于圣皮埃尔岛和巴黎郊外"大自然母亲"怀抱中的幸福，探讨了自尊、自重和自爱等人格和道德问题，而热爱自由独立的调子依然响彻全篇："只要我自由行动，我总是善良的，我会尽做好事；可是，我一感到强我所愿，不管是来自必要性和人为的，我马上就会起来反抗。"

《遐想》的末篇写于1778年的"圣枝节"，这正是50年前他与华伦夫人初识的日子。卢梭满怀温情地回忆了二人共同度过的幸福时光，他把自己后来一切的美德和成就归之于"她的教诲和以她为楷模"，他从那时打定主意，为报答她的恩情而进行个人奋斗："使自己有朝一日能够向这位最杰出的女性归还我曾受之于她的所有爱助。"当时上层社会，甚至"百科全书派"的某些人都攻击卢梭的私生活，但我们却在这里更看到他心灵的纯朴高尚。

1778 年 7 月 2 日，卢梭病逝于巴黎附近。大革命时期，革命人民推崇他为"人类教师"，将其遗体运回巴黎先贤祠，葬于伏尔泰墓旁。

卢梭的文艺创作极富特色而且其影响广泛而深远。歌德曾说："伏尔泰结束了一个时代，而卢梭则开创了一个时代。"卢梭的文艺创作不只给贵族的古典主义文学以致命的打击，就是在同时代的启蒙文学中，他也是独树一帜，另辟了蹊径。他不反对理性在作品中的指导作用，但更强调主体感情的抒发，所以他的作品无不充满了炽烈的感情，即使理论著作，不只文辞优美，而且充满了激昂的雄辩，尤其充溢着炽烈的感情。《新爱洛伊丝》中男女主人公感情的倾吐，如他所说，使读者的眼泪流成山洪了。卢梭的作品开创了文学中自我中心、自我崇拜的倾向，特别在《忏悔录》中，他赞美自己优良的天性，痛哭自己的不幸遭遇，低声絮语倾诉自己的爱情，以惊人的坦率承认自己的恶行和谬误，无比骄傲地抒发对社会的反抗等等，使这部作品成为奇特的散文诗篇。卢梭还把大自然的绮丽景色情景交融地大量写进作品中，特别是对阿尔卑斯山、日内瓦湖等地的描写，具有浓郁的诗情画意，使 18 世纪的读者耳目一新。卢梭作品的这些特点同他关于"自然"与"文明"对立的观点，以及他的"回到大自然"中去的口号，不只引出法国新一代许多主情文学作家，而且直接影响了德国的"狂飙突进"运动，继而影响了 19 世纪欧洲浪漫主义诸家，他们把卢梭开创的新倾向发展为汹涌澎湃的浪漫主义文学运动。

第二节　情感小说的第一缕春光

《新爱洛伊丝》是卢梭最优秀的作品之一，其原名为《尤丽，或新爱洛伊丝——阿尔卑斯山麓一个小城中两居民所写的情书》，该小说的情节借鉴了 12 世纪法国哲学家阿贝拉尔同其女学生爱洛伊丝的恋爱悲剧故事。但作者在前面冠上"新"字，就把这个古老的题材变成了 18 世纪一对青年人的反封建的爱情悲剧。题名是颇有深意的。

小说的全部情节是以书信往还的方式叙述的。

故事发生在瑞士日内瓦湖畔一个秀丽的村子。村中望族德·埃唐什男爵有一个女儿，名叫朱丽。这位姑娘碧眼金发，温柔孝顺，父母爱如掌上明珠。男爵夫人为了使她读书上进，就给她聘了一位名叫圣·普乐的青年当家庭教师，随着双方相互了解日益加深，少年男女免不了互生爱慕之情，彼此山盟海誓，相约白头偕老。这事渐渐宣扬开去，好事者便飞短流长。朱丽家有一位世交，英国爵士爱德华乘隙向圣·普乐寻衅。朱丽闻讯后，自己出面给爱德华写信，说明原委，措辞委婉感人，使一向颐指气使、刚愎自用的爱德华爵士深感内疚，向圣·普乐负荆请罪，两人终成莫逆之交。爱德华素性仗义，便自告奋勇，去说服朱丽的父亲，但德·埃唐什怒不可遏。后来朱丽亲自向父亲说明情况，父亲暴跳如雷，狠狠地打了朱丽，埃唐什又深感内疚，多次向朱丽道歉，但门第观念始终没变，不准朱丽与圣·普乐接触。朱丽自幼孝顺，难拂父命，又怕此事张扬出去，有损圣·普乐的名声，就让表妹通知圣·普乐出国远游，圣·普乐满腹委屈，和爱德华一起到法国贝桑松城小住。

爱德华爵士见两位热恋的情人天各一方，心犹未安，就写信邀请朱丽到他在约克公国的一处美丽的庄园小住，同时约圣·普乐前来会面，让他们重叙旧情。爱德华为使有情人终成眷属的侠义心肠，使朱丽感激不尽，但她终怕玷污家族的荣誉而婉言谢绝。朱丽和圣·普乐虽被迫分离，不能见面，但书信往返十分频繁。一天，朱丽的母亲发现了圣·普乐给朱丽的情书，深感左右为难。男爵知道后，掀起了一场轩然大波。他运用一切手段和权威，迫使朱丽写信和圣·普乐决裂。朱丽奉父命草书一封断交情，但又私下写信给圣·普乐，将事情的真实经过告诉他。自此，朱丽即郁郁寡欢，终于患病卧床。圣·普乐闻讯后赶到，在奥尔勃夫妇精心安排下，潜入朱丽闺房，得见朱丽一面。朱丽正在熟睡，圣·普乐欲言又止，其凄凄惨惨戚戚之情，令在场的奥尔勃夫人滴下了同情的眼泪。不久朱丽病愈，生活也峰回路转，遵父命与乡绅沃尔玛结婚。沃尔玛出身望族，广有田产，他对朱丽关怀备至，体贴入微，夫妻生活十分美满。朱丽既是贤妻又是良母，最后她把自己初恋的经过告诉了沃尔玛，他立即写信给圣·普乐，欢迎他到自己家里来做客，并保证给圣·普乐以热烈、殷勤的款待。圣·普乐倦游归来，此时朱丽已经是两个孩子的母亲了。沃尔玛对圣·普乐印象很好。宾主之间互相敬重，沃尔玛对圣·普乐招待极其周到，他甚至精心安排这一对昔日的情人到初恋时定情幽会的树林里作了一番感人至深的漫步。沃尔玛对他们说，他这样做是为了弥补他这方面所造成的过失，他和朱丽年龄相差太大，而且他和朱丽结合，无异夺走了圣·普乐的心上人。沃尔玛襟怀坦白的叙述使两人无地自容。不久，沃尔玛去德·埃唐什家小住。男主人走后，圣·普乐更加约束自己。但命运的播弄，险些使他做出抱憾终生的越轨行动。幸而朱丽善于自持，结果化险为夷。不久，圣·普乐别了沃尔玛一家去意大利米兰。朱丽母亲去世，她在精神上受到巨大打击。一次，朱丽全家去日内瓦湖畔散步，她的一个儿子不慎失足落水，她奋身跃入湖中救出爱子，但自己却因此感受风寒，一病不起。临终，她写信给圣·普乐，祈其全力教育她留在世上的两个孩子。

小说中流淌着的是一道潺潺的情感之流，而这道感情溪流并没能顺利流到自己的归宿，而遇到了重重阻碍，中途夭折了。小说的两个主人公的感情汇成了这道小溪，却又不得不在这条小溪中埋葬自己的

179

爱情，其中的痛苦，在他们所处的那个封建礼教森严的社会，是一种普遍的社会情绪，而像圣·普乐这样有才华的年轻人，在感情方面若追求自由，也往往只能得到这样的结局。

圣·普乐知识渊博、敏感俊美，但身份却是平民知识分子。为贵族小姐作家庭教师对他来说是不会在感情上出什么麻烦的，因为等级的差别使他不会想到感情上的问题，但感情本身并无阶级地位的差别，温柔美丽、贤淑体贴的朱丽很快就使他不由自主地陷入恋爱的苦恼之中。平民的身份不准许他向贵族小姐求婚，他只能通过书信表达自己热烈的爱情。他认为自己的这种感情是神圣的："对有价值的事物的敏感，爱人们所尊敬的长处，有何罪呢？""我那样赞扬你不是由于你容颜的魅力，而是感情的魅力。你对他人不幸的温和的同情，你的正直的心和纯朴的趣味，这些精神魅力正是我所爱的。然而，由于身份的差异，使我不得不打消对幸福的希望。"与其在可望不可得的幸福面前痛苦，还不如离开，于是他请求离开男爵家。没有想到，朱丽也在爱着他。接到圣·普乐的信，爱情使她不顾少女的羞涩给圣·普乐写回信，倾诉了自己的爱情："我也只得说出我的隐衷了。我竭力要拒绝你，但是我哪有这能力？一切的事物都像在扩大我对你的爱情；连大自然也像协助你；我几番的努力，终属枉然。现在我已顾不了自己，我只崇拜你。"他们的相爱是自然之爱，是在相互理解和同情的基础上的爱。这种爱的萌芽是善良的天性和真诚的自然浇灌的结果，但一露土就遭到了暴风雨的袭击，以朱丽的父亲为代表的社会舆论和法律千方百计要扼杀他们惊世骇俗的爱情，这样，朱丽和圣·普乐之间的符合自然道德的优美的纯洁的爱情，与封建的社会道德之间，就构成了尖锐冲突。作者通过他们感情上的痛苦揭露了封建等级制度的残酷无情。朱丽在给圣·普乐的信中就愤怒地喊出："自然，甜蜜的自然，我蔑视毁灭你的权力的一切野蛮道德！"

卢梭对社会不平等带给一对恋人的痛苦，倾注了满腔的同情，并借主人公之口控诉了整个贵族阶级："贵族，这在一个国家里，只不过是有害而无用的特权，你们如此夸耀的贵族头衔有什么可令人尊敬的？你们贵族阶级对祖国的光荣、人类的幸福有什么贡献！你们是法律和自由的死敌，凡是在贵族阶级显赫不可一世的国家，除了专制的暴力和对人民的压迫以外，还有什么？"这种对贵族阶级的彻底否定，反映了法国人民在大革命前夕反封建和争取自由解放的强烈愿望。

朱丽在爱情上同样是主动的，他虽然深受宗教和家庭道德的影响，但尚未失去美好的心灵。她一旦发现自己爱上了圣·普乐，就大胆地去表白，并承受因此导致的一切痛苦和压力。但她毕竟也是个软弱、温顺的姑娘，强大的社会压力和纯洁的爱情（她让圣·普乐离开自己的原因就是怕他丧失社会名誉和地位）使她遵从了世俗道德，选择了符合封建传统但没有爱情的婚姻，但自然法则是不可战胜的，她死前在给圣·普乐的遗嘱中说："现在我依然对你怀着爱情，过去的事，虽然坦白了，但不感到耻辱……。在地上把我们分离开，但道德会在天国里让我们结合，我在愉快的期待中死去。"朱丽死后，圣·普乐愤怒地给她父亲写了一封信，指责他说"残酷的父亲，请想一想，您哪里配得上这个美丽的名字，请您想想看，您干了多么可怕的杀害自己儿女的罪行"，您"为了自己的偏见而牺牲了她的幸福"。

但圣·普乐自身的软弱性也是造成这种符合自然的爱情成为悲剧的主要原因之一。他虽然充满理想激情，但并无应对压力的实际行动，实际上在当时他的任何抗争也都无济于事。在爱情上他爱得真挚，热烈，但一遇到阻力马上就愁眉苦脸，一筹莫展，如朱丽父亲一出面干涉，他马上表示"放弃对朱丽的一切希望"，独自远游，一人去咀嚼爱情的痛苦了。

这部小说是歌颂纯真而热烈的爱情的杰作，是情感小说的卓越代表。它着重抒发男女主人公爱情的纯洁、高尚、欢乐，尤其是痛苦，用青年男女爱情悲剧控诉封建等级制度、门第偏见对人的自然感情的摧残。作者站在平民阶级一边，维护人的爱情自由、感情解放的权利，对压抑这种权利的贵族阶级提出了愤怒的抗议。卢梭认为人的感情是自然的赐予，他把爱情看作人类的一种优美感情进行热烈的赞扬。可惜，在当时的社会现实下，他只能把这种合乎自然的感情写成悲剧的结局，但他通过这部小说肯定了感情在文学中的地位，从而开创了小说直接抒写爱情的先河，开辟了浪漫主义文学的崭新天地。

更难得的是，作者将主人公的自然感情的描写与对大自然的描写融合在一起了。当主人公处于爱情的萌芽期时，周围的一切是温馨而神秘，清新而欢快的，当他们的爱情遇到阻力时，他们的爱情就像秋天的霜叶，虽然厚实但却感伤，周围的一切则也带上一层淡淡的愁意，这使小说笼罩上一种感伤主义情调。小说中写道：当圣·普乐旅游归来后，朱丽已作人妇，但两人的感情却依然越来越浓厚，可此时双方的身份使他们只能拼命压抑住自己的感情。一次，圣·普乐单独和朱丽一起出游，这时天气出奇地安静和温和，他们漫步在昔日曾留下爱的脚印的小路，感情的涟漪逐渐翻滚起来，后来他们又一起坐船到一个小岛上，圣·普乐爱上朱丽后，曾多次在这个小岛渴望过，感伤过，当他们走上小岛后，眼前看到的一切让朱丽的感情难以自抑：只见小岛上的树上、石头上，到处刻着朱丽的名字。此景此情，让她再也难以控制自己的爱情，他们情不自禁地拥抱在一起。小说中类似的例子举不胜举，这种情景交融的描写，给小说灌入一股挥之不去的感情急流，或潜或伏，催人动情。

小说的抒情描写和一种崇尚自我的感伤主义情调，使这部小说当之无愧地成为法国浪漫主义文学的先驱，也成为欧洲浪漫主义文学的第一部较成熟的浪漫主义文学作品。

第三章　在"狂飙突进"中咀嚼感伤
——歌德

第一节　天才与庸人

约翰·沃尔夫冈·歌德是德国伟大的诗人、戏剧家、小说家和思想家。他一生经历了欧洲文学史上启蒙主义和浪漫主义的两个时期，是时代文学的鲜明见证、杰出的代表。

歌德出生于法兰克福市一个富裕市民家庭，父亲是法学博士，市参议员，母亲是市长的女儿。1765 年，他按照父亲的意愿入莱比锡大学攻读法律专业，中途因病辍学。1770 年改入斯特拉斯堡大学，其间正值"狂飙突进"运动开始高涨，他结识了这一派的许多青年作家，其中以文艺理论家赫尔德尔对他影响最大，赫尔德尔引导他搜集民歌，读莎士比亚、荷马等人的作品，使他逐步摆脱了宫廷文学和古典主义的影响，学会直接从自然和生活中吸取创作题材和灵感。1771年大学毕业后他回到故乡，先后创作了许多著名作品，如历史剧《葛兹·封·伯利欣根》，诗剧《普罗米修斯》（片断），长篇小说《少年维特的烦恼》和许多抒情短诗等，这些作品具有鲜明的"狂飙突进"文学的特点，轰动了整个德国文坛，歌德也因此一举成名。

"狂飙突进运动"是德国的思想启蒙运动，它以 1776 年德国剧作家克林格尔的剧本《狂飙突进》上演而得名，这是德国民族文学运动的一个重要阶段，作家们反对文学受古典主义陈规的约束，强调天才，强烈地要求个人解放；他们还接受了卢梭"返回自然"思想的影响，歌颂理想化的人民和大自然的神奇。

《葛兹·封·伯利欣根》是歌德有意识地学习莎士比亚，破除古典主义法规而创作的一部散文历史悲剧。它取材于 16 世纪初德国宗教改革和农民战争，在对封建上层统治者、暴动骑士和起义农民三方关系作忠实描写的同时，赋予了暴动骑士领袖伯利欣根以 18 世纪"狂飙突进"的叛逆精神。葛兹是一个骑士，他领导农民反抗大封建主和大主教，拥护皇帝，希望建立一个独立自主的德国，后事败被捕，临死前还在高呼："天国里的空气呀！——自由！自由！"这种声音在德国当时还沉闷的空气里犹如一声惊雷，轰动了整个德国，起到振聋发聩，鼓动人们奋起抗争的作用。恩格斯因此称赞歌德通过这个剧本"向一个叛逆者表示哀悼和尊敬"。

1775 年，歌德脱离了"狂飙突进"运动，接受魏玛公爵的邀请，来到魏玛公国，先后担任枢密顾问官、大臣等要职。在此最初的十年间，他很少创作，而是忙于整顿财政，裁减军队，修筑公路，开垦矿山，兴建学校和剧场，幻想通过改良主义的实践实现启蒙主义理想。可是这些改革根本不能改变魏玛公国的封建本质，而且越来越遭受公爵的反对，歌德非常矛盾、痛苦，他的创作也失去了"狂飙突进"的叛逆精神。

1786 年 9 月，歌德突然改名换姓逃离魏玛，独自一人到意大利游历。他在那里研究古希腊罗马艺术，接受了德国文化史家温克尔曼用以概括古希腊艺术特点的"高贵的单纯和伟大的宁静"的观点，以古希腊艺术作典范，以实现人道主义理想为目的，逐渐形成了他的古典现实主义的文艺主张。

第三章　在"狂飙突进"中咀嚼感伤——歌德

1788年，歌德回到魏玛，他摆脱了行政事务，把主要精力用于文艺创作、自然科学研究，并指导魏玛宫廷剧院。法国大革命爆发后，他一方面认识到这次革命是"世界历史上的一个新时代的开始"，但革命的暴力也使他恐惧、害怕，因而也写过一些蔑视群众、嘲笑革命、美化德国小市民平庸安定生活的作品。

这一时期，歌德的主要作品有散文剧《伊菲格尼亚在陶里斯》，历史剧《埃格蒙特》《托夸多·塔索》等。

1794年后的十年，歌德同席勒合作，各自完成了最重要的作品，德国民族文学由此空前提高，被称为德国文学的"古典时期"。歌德这一时期的主要作品有《威廉·迈斯特的学习时代》《赫尔曼与窦绿苔》等。

歌德晚年仍不懈地创作，最重要的成就，除自传《诗与真》之外，还有抒情诗集《西方与东方的合集》，长篇小说《威廉·麦斯特的漫游时代》和诗剧《浮士德》等。

歌德于1832年逝世于魏玛，同席勒一样，被葬于魏玛宫墓中。

歌德的一生充满着无法避免的矛盾。一方面，他是时代进步的积极体现者和反映者。在当时那个风云变幻的时代，伟大的诗人以自己的敏感和宽阔的心胸对这一切进行了真实的反映。他自己说过："我出生的时代对我是个极大的便利。当时发生了一系列震撼世界的大事，我活得很长，看到这类大事一直在接二连三地发生。对于七年战争、美国脱离英国独立、法国革命、整个拿破仑时代、拿破仑的覆灭以及后来的一些事件，我都是一个活着的见证人。因此，我所得到的经验教训和看法，是凡是现在出生的人，都不可能学到的。"[1]

1　1824年2月25日与爱克曼的谈话，朱光潜译：《歌德谈话录》，人民文学出版社，1978年，第30页。

歌德在思想上具有朴素唯物主义的一面，这使他积极关注现实，努力学习新的知识，并想通过具体行动来改变现实。这种生活态度帮助歌德在艺术上采取现实主义方法。席勒在其美学著作《论素朴的诗与感伤的诗》中，就把歌德主要划入"尽可能完美地模仿现实"的"素朴诗人"，亦即现实主义作家的行列。歌德也认为有的作家是"从一般中寻取特殊"，即从抽象观念出发进行创作；有的作家则是"在特殊中望见一般"，即从具体可感的现实生活出发进行创作；而他认为自己属于后者。当然歌德的现实主义不同于19世纪的批判现实主义，他的现实主义有热烈的理想，有澎湃的感情，有海阔天空的幻想和浓郁的诗情画意，就是说，又具有强烈的浪漫主义精神。

第二节 时代的感伤者

在歌德丰富浩满的文艺作品中，长篇小说《少年维特的烦恼》是他在"狂飙突进"时期的代表作，也是德国文学中第一部具有国际影响的作品。它的主要情节是写青年维特爱上了司法官的女儿夏绿蒂，但对方已与阿尔伯特订婚，后来又结了婚，维特痛苦不堪，最后走上了自杀的道路。小说主要通过主人公的观察、感受、体验来刻画人物，反映生活，全书主要采取信札体形式，末尾有关维特自杀的部分，则用"编者致告读者"的方式叙述出来。

《少年维特的烦恼》的主要情节都有所本，既是他所处的时代社会的产儿，也是他青年时代生活的结晶。在自传《诗与真》中，歌德说自己的作品"仅仅是一篇巨大的自白的一个个片段"，他善于把使他心动的事情，把自己的喜欢和烦恼转化为诗，使自己的内心得到平静。《维特》无疑是他的这些烦恼中最富深义的一个，它直接反映了歌德的生活经历，字里行间处处打上了他的思想和感情的烙印。

第三章　在"狂飙突进"中咀嚼感伤——歌德

歌德是一个热情浪漫的诗人，他对爱情是从来也不会拒绝的，他也从来不惮于追求爱情，他的一生是由一系列伟大的事件和作品连缀而成，也是由一系列或悲或喜的恋爱事件交织而成：1772年，他在一次乡村舞会上认识了天真美丽的少女夏绿蒂·布甫，并产生了炽热的爱情，但后者已与人订婚，歌德为此大为痛苦，甚至有自杀的念头；1774年，他爱上了有夫之妇玛克西米琳娜，但受到粗俗丈夫的恶意攻击；26岁时，他又爱上了法兰克福的有钱小姐伊丽莎白·薛涅曼，并与之订婚，但不久又解除了婚约；同年，他到魏玛参政，很快又爱上了一位很有教养的贵妇夏洛蒂·封·斯坦因夫人，与她维持了十多年的柏拉图式的爱情；39岁时，他又爱上了一位制花女工克里斯蒂阿涅·乌尔皮乌斯，后来娶她为妻，直到65岁时他还在恋爱。诗人一旦与爱情绝缘，他也就与诗无缘了，歌德自己就毫不犹豫地声明："我们所歌唱的主题，最要紧的乃是爱情。"《维特》与其说是一部小说，毋宁说是一首哀伤的爱情诗，是作者初尝爱情就一口苦涩的回味，那种绵远久长的余味使一个纯真的人像啼血的夜莺一样不停地啼着，他想啼的是苦，可啼出的却是一缕缕的血。这是真正属于歌德自己的东西，是用他自己的心血哺育出来的，其中有大量出他心胸中的东西。这部小说是他为了摆脱自己青年时期所感到的压迫和痛苦而写的，这种痛苦也是时代的痛苦，他借写自己的痛苦写出了整个时代的青年人的精神状况。

作者显然不是把它当作社会小说而是当作个人情感小说来写的，小说内容也不复杂：初春之际，具有清新气息且怀有自然情感的青年维特，离开了喧嚣的城市来到了一个美丽的乡镇瓦尔海姆，与自然的接近使他忘记了城市带给他的一切忧愁。但不久在参加一次乡村舞会时结识了法官之女夏绿蒂，从此开始了烦恼生活，因为夏绿蒂已经有了未婚夫，只是此时去了外地而已。两人开始了交往，对维特来说，绿蒂的每一个微笑，每一个眼神，每一句话，每一声叹息，都使他陶醉，但他的每一次幸福的感觉都伴随着一丝不安，就像一个只能在阳光下生存的生灵对天上飘过的每一片云都感到不安一样。当绿蒂的未婚夫阿尔伯特旅行归来后，维特立即感到原先自己心里的那片云变成了笼罩了整个天空的厚重的黑幕，太阳看不见了，连太阳的光也见不到了，此时正好是寒秋。

维特走了，他想重新找到阳光，一片没有绿蒂的阳光。于是他到了远离绿蒂的一座公使馆做了秘书，结果他发现这里庸俗的生活与自己根本不协调，或者说他根本不适应这种生活。这段生活给他的最大收获是他发现除了绿蒂谁也无法给他所需要的阳光，于是在第二年的春天他又回来了，像一只受伤的鸟儿匍匐在绿蒂的脚下，希望那只温柔的手儿的抚慰能够愈合自己的伤口。可当他哀鸣着落下时，他发现那只手已经被另一只男人的手紧紧握住了：在维特离去的日子里，阿尔伯特和绿蒂已经结婚了，事先也没有通知他。"对了，就是这样，在我内心周遭已造成秋天。"他在 1772 年 9 月 4 日的日记中这样写道。12 月 21 日，他违背了不与绿蒂见面的约定，趁阿尔伯特外出，最后一次来到绿蒂的身边，两人终于第一次紧紧拥抱，两颗同样火热的心终于瞬间得到融合。两天后，他以外出旅行为由，向阿尔伯特借来手枪于子夜自杀，临死前又感受到爱情的幸福，因为这把他要杀死自己的手枪是经绿蒂的手送过来的。

小说最出色的部分当然是对维特"烦恼"的描写，尤其是对他在追求烦恼过程中的心态的刻画，充分表现出一个游离于时代主流之外的优秀的青年人面对社会和自己心理的压力时所表现出的绝望的挣扎而又无能为力的微妙过程。维特的烦恼当然不是先天就有的，他本是一个快乐的孩子，可他只把爱情看作快乐的唯一源泉，之所以这样是因为他不能见容于社会，社会也不愿接受他。刚开始维特是为了逃避一个姑娘的爱情而来到一个乡村，在这儿他感到"一种奇妙的欢愉"充溢着他的整个灵魂，他完全沉浸在对宁静生活的感受中，周围的一切都那么谐和，人们都那么地纯朴，他终于发现"那些能像小孩儿似的懵懵懂懂过日子的人"，才是最幸福的人；发现"只有自然，才是无穷丰富；只有自然，才能造就大艺术家"。他的心也就像他所看到的这一切，纯净如水，没有一丝污染，也不愿有任何污染。爱上绿蒂，也就是因为她正与他心目中的美的标准吻合。当他第一次见到绿蒂时，绿蒂正在给6个孩子分面包：绿蒂穿着雅致的白裙，袖口和胸前绣系着红色蝴蝶结。她手里拿着一个黑面包，按6个弟妹年龄的不同依次切给他们大小不等的一块，而小家伙们则规规矩矩地接过，说声谢谢，然后一起津津有味地吃起来。这幅图景就是维特自来到这儿以后经常想画出来可一直没有画成的心中最美的图画，他一下子被这幅画中的少女吸引住了：宁静的心被打破了，烦恼也随之而至。从此他没有了自己，绿蒂就是他自己，他的阳光，他的时刻表，他的中心。他的日记中充满了一个真心的恋人所能有的一切的情感：

　　不，我不是自己欺骗自己！我在她那乌黑的眼睛里，的的确确看到了对我和我的命运的同情。是的，这是我心中的感觉；然而，在这一点上，我可以相信我的心不会错……我感觉：她……呵，我可以，我能够用这句话来表达自己的无上幸福么？——这句话就是：她爱我！她爱我！——而我对于自己也变得多么可贵了呵，我是多么——这话我可以告诉你，因为你能够理解它——多么崇拜自己了呵，自从她爱我！

　　每当我的指尖无意间触着她的手指，每当我俩的脚在桌子底下相互碰着，呵，我的血液立刻加快！我避之唯恐不及，就像碰着了火似的，可是一种神秘的力量又在吸引我过去……我真是心醉神迷了！”

可她却那么天真无邪，心怀坦荡，全感觉不到这些亲密的小动作带给我多少的痛苦！尤其当她在谈心时把自己的手抚在我的手上，谈高兴了更把头靠近我，使我的嘴唇感觉到了从她口里送来的天香，此刻，我真像是让闪电给击中了，身子直往下沉，脚下轻飘飘地完全失去了依托！

她是圣洁的。一切欲念在她面前都会沉默无言。

今天我不能去看绿蒂，有一个免不掉的聚会拖住了我。怎么办？我派了我的用人去，仅仅为了在自己身边有一个今天接近过她的人。我急不可耐地等着用人回来，一见到他就有说不出的高兴！要不是害臊，真恨不得捧住他的脑袋亲一亲！

“我将要见到她啦！”清晨我醒来，望着东升的旭日，兴高采烈地喊到，“我将要见到她啦！”除此我别无希求；一切的一切，全融汇在这个期待中了。

阿尔伯特已经回来，而我就要走了。尽管他是一位十分善良、十分高尚的人，尽管我在任何方面都准备对他甘拜下风，可眼睁睁看着他占有那么多完美的珍宝，我仍然受不了！——占有！——一句话，威廉，未婚夫回来啦！倒是个令你不能不产生好感的能干而和蔼的男子。

显然，在世界上，只有爱才能使一个人变得不可缺少。

第三章　在"狂飙突进"中咀嚼感伤——歌德

对于生机勃勃的自然界，我心中曾有过强烈而炽热的感受，是它，曾使我欢欣雀跃，把我周围的世界变成了一个天国；可而今，它却残忍地折磨着我，成了一个四处追逐着我的暴虐的鬼魅。

清晨，我从睡梦中醒来，伸出双臂去拥抱她，结果抱了一个空。夜里，我做了一场梦。梦见我与她肩并肩坐在草地上，握着手，千百次地亲吻；可这幸福而无邪的梦却欺骗了我，我在床上找她不着。唉，我在半醒半睡的迷糊状态中伸出手去四处摸索，摸着摸着终于完全清醒了。两股热泪就从紧迫的心中迸出，我面对着黑暗的未来，绝望地痛哭。

多不幸啊，威廉，我浑身充满活力，却偏偏无所事事，闲得心烦，既不能什么不干，又什么都不能干。

……

为了医治自己的"病"，维特离开绿蒂，去社会上去，做了公使的秘书，但世态的炎凉，等级的歧视，上流社会的矫揉造作都让他受不了，他总爱表达自己的意见，结果当然是他最后只好离开自己的工作。这番经历对维特来说至关重要，如果说以前他陷在对绿蒂的无望爱情中时有时还相信自己能够摆脱眼前的苦恼，重新寻找到生活的支点的话，自此之后他就连这点希望都没有了。他清楚地知道，在这个世界上，除了对绿蒂的爱，自己什么都没有了。他明白了自己只不过是个漂泊者，一个来去匆匆的过客，只有绿蒂是自己的归宿。他回来了，但一看见阿尔伯特当着自己的面搂着绿蒂的纤腰他就会不寒而栗，为什么？因为他觉得后者不是能满足她心中所有愿望的人，他甚至想到阿尔伯特死后自己会取而代之。他陷入了一个感情的误区，那就是他

191

无法理解："怎么还有另一个人能够爱她，可以爱她，要知道我爱她爱得如此专一，如此深沉，如此毫无保留，除了她以外，我就什么也不知道，什么也不了解。什么也没有了呵！"他感觉到空虚，一种可怕的空虚，一种只有把绿蒂抱在怀里才能填满的空虚。不知有多少次他几乎就要拥抱她了，可理智告诉他她属于另外一个人，而且这个人同样爱她，并且品德高尚。愤懑与忧郁在他的心中越来越深地扎下了根，两者紧紧缠绕在一起，久而久之就控制了他的整个存在。他精神的和谐完全被摧毁了，内心烦躁得如烈火焚烧，把他各种天赋的力量统统搅乱，最后落得个心力交瘁。为了摆脱自己目前的苦境，他拼命挣扎，结果越挣扎陷得越深。他开始嫉妒、仇恨，他在实际生活中遭遇的种种不快，在公使馆里的难堪，以及一切的失败，一切的屈辱，这时都统统在他心里上上下下翻滚起来，这一切都使他觉得自己的无所作为就是应该。他发现自己毫无出路，连赖以平平庸庸活下去的本领都没有，于是他就一任自己的感情、思想、欲望毫无希望地倾吐着，毫无目的、毫无希望地耗费着自己的精力，既破坏了人家的安宁，又苦了自己，一天一天地向着可悲的结局靠近。

对于维特的现状，最担心的当然是绿蒂。这个天真无邪的姑娘对维特一直是那么地爱，可她并不知道自己心中真实的感情。做了阿尔伯特的妻子以后，她就努力要做一个好妻子。对她来说，阿尔伯特显然是一个无可挑剔的丈夫：亲切、和蔼、温柔、忠诚、富有同情心、有事业心，也就是因此，当她意识到维特的存在使自己丈夫不快时，她就下决心要想尽一切办法打发维特离开，她劝维特忘掉自己，去找一个值得他爱，也能够爱的姑娘。但在她内心又清清楚楚地感到自己要和维特分手是多么困难，而维特如果被迫离开了她，又会如何痛苦。这个生活中本来只有阳光的姑娘不禁集中心思考虑自己目前的处境来。她明白自己与丈夫一辈子都会在一起，因为她了解丈夫对自己的忠诚和爱，而他的稳重仿佛天生就是为一位贤淑的女子创造幸福的生活的，她感到他对于自己和自己的弟妹都是一个永远不可缺少的靠山。可另一方面，维特之于她又是如此珍贵，从见面的第一天起她就感到两个人意气相投，她已习惯与他分享自己的一切快乐和忧伤，若他走了，自己的一生必将出现一个永远无法弥补的空虚。她真希望能马上把他变成自己的哥哥，也真希望能把自己的一个女友许配给他，这样她就可以永远和他在一起而又不会影响与自己丈夫的感情，但她在心里把自己的女友挨个想了一遍，发现她们没有一个配得上维特，这时她才深深地意识到，自己内心只是想把维特留给自己，虽然她自己不愿意承认。一旦意识到这一点，她那纯洁、美丽，总是那么轻松、无忧无虑的心也变得忧伤而沉重起来，眼睛也让乌云遮盖了。就在这时，她听到了维特的脚步，而在这之前她明确告诉维特等到圣诞节再来。看见维特，她不知道自己说了什么、做了什么，她害怕自己单独与维特在一起，就糊里糊涂地叫女仆请她的几个女友来，但内心里又不愿意她们来。当维特念完自己译的几首莪相的抒情诗时，他们再也控制不住自己的感情，两颗一直在一起跳动的心终于偎合在一起："这几句诗的魔力，一下子攫住了不幸的青年。他完全绝望了，一头扑在绿蒂的脚下，抓住她的双手，按在自己的额头上。绿蒂呢，心里也一下子闪过维特会做出什么可怕的事情来的预感，神志顿时混乱起来，抓住他的双手，把它们捺在自己的胸口上，激动而伤感地弯下身子，两人灼热的脸颊便偎在一起了。世界对于他们已不复存在。他用胳臂搂住她的身子，把她紧紧抱在怀里，同时狂吻起她颤抖、嗫嚅的嘴唇来。"维特狂喜地发现，绿蒂爱自己，他不无自豪地宣称："阿尔伯特是你丈夫，这又怎么样呢？哼，丈夫！难道我爱你，想把你从他的怀抱里夺到我的怀抱里来，对于这个世界就是罪孽么？罪孽！好，为此我甘愿受罚；但我已尝到了这个罪孽的全部甘美滋味，已把生命的琼浆和力量吸进了我心里。从这一刻起你就是我的了！我的了，呵，绿蒂！我要先去啦，去见我的天父！我将向他诉说我的不幸，他定会安慰我，直到你到来；那时，我将奔向你，拥抱你，将当着无所不在的上帝的面，永远永远和你拥抱在一起。"

维特的自杀显然是一种自觉的行为，并不是出于绝望，而是一种信念。他知道，在他、绿蒂、阿尔伯特之间必须有一个人离开，而最合适的人选就是自己。在这样的情况下，他为了还给自己所爱的人以安宁，就毫无畏惧地选择了死亡。只要是为绿蒂而死，他就是幸福的："我愿勇敢地死，高高兴兴地死，只要我的死能给你的生活重新带来宁静，带来快乐。"这死，弥补了他生活中的一切不幸，满足了他生活中的一切梦想，对他来说，这是一杯美酒，是像大自然一样安静的睡眠；"周围万籁无声，我心里也同样宁静。我感谢你，上帝，感谢你赐给我最后的时刻以如此多的温暖和力量"。深夜的那一声枪响，送走了一个按照社会价值标准本应成为一个有为青年的维特，却永远留住了一个灵魂完整、不与社会同流合污的自由的维特。

这部小说在描写维特的爱情悲剧时显然是当作当时的一个普遍现象来写的，作者为此特意安排了另外两个事件作为维特悲剧的背景和补充。一个是长工恋自己的女主人的故事，女主人一发现这种感情，就辞了他，另外雇了一个长工，结果出于嫉妒，第一个长工就把第二个杀了。维特根据自己的经历觉得这个人太不幸了，相信他即使成为罪人也仍然是无辜的，他向法官求情，当然被拒绝。为救这个不幸者所作的无望的努力，也是维特最后为生所作的努力，是一股行将熄灭的火苗的最后一次闪动，从此他就更深地沉入痛苦与无为中，直到自杀。另外的一个是绿蒂父亲的秘书因暗恋绿蒂而发疯的事，这是一个普普通通的单相思事件，但同样"辗转反侧"而求所不得的维特却很羡慕他的疯，他称这位疯子为兄弟，是个幸福的不幸者。他这时真愿意疯，却偏偏时时能体会到自己的痛苦。他质问上帝："难道你注定人的命运就是如此：他只有在具有理智以前，或者重新丧失理智以后，才能是幸福的吗？——可怜的人！但我又是多么羡慕你的精神失常。"这些故事显然是以歌德本人和他听到的真实事件为基础的。他有一个莱比锡大学的同学，叫耶路撒冷，他因恋慕同事的妻子被拒斥，在工作中常受上司的挑剔，在社交场所又常被贵族男女所侮辱，最后自杀。这些维特们都是在最美好的年华告别人世的，为的只是保留自己的自尊，而当时社会的冷酷、虚伪，对维特这样个性强烈、不为世俗所拘的青年人来说显然是一种压抑力量，在这样的社会中，只有阿尔伯特这种从来不失去理智的人才是时代的弄潮儿，才是为社会机器所需要的螺丝钉，才能获得名誉、地位和尊敬。一个不需要想象和激情的时代，注定会对维特这样敢于热情、迷醉、疯狂的人冷嘲热讽，在社会看来，在阿尔伯特这样明智的人看来，维特这样"热情从来都离疯狂不远"的人完全是酒徒、疯子。就像维特在和阿尔伯特争论自杀问题时所讽刺的那样："甚至在日常生活中也一样，只要谁的言行自由一些，清高一些，超乎一般人的想象，你就会听见人家在他背后叫：'这家伙喝多了！这家伙是个傻瓜！'——真叫人受不了。真可耻，你们这些清醒的人！真可耻，你们这些智者！"在这样的环境里，维特这样把自由和爱看得高于一切的人注定要么永远成为时代的多余人，要么采取极端的方式表示自己的绝不妥协。

作为狂飙突进运动最丰硕的果实，《维特》自然代表了这个充满激情的时代的精神。这种精神要求冲决一切封建等级制度，要求推翻贵族特权，恢复人权。"个性解放"和"感情自由"成为他们要求全面自由发展自己的最高理想。但当他们受着这种理想的激励而奋勇向硬似铁的封建思想堡垒冲杀时，他们很快发现原来理想和现实并不是一回事，觉醒者中有很多人就此滑入愤懑伤感的情绪而不能自拔，在欧洲的大地上到处游荡着维特似的多愁善感者。《维特》的思想基础和感情基础就是这样的社会现实，它的价值也就在于表现了一个时代的烦恼、苦闷和希望。但作者在表现这种时代病时又超越了这样的现实：他让主人公因理想破灭而自杀，宁为玉碎不为瓦全，从而使众多的青年人从中受到鼓舞，他们从中看到了自己的影子。小说一问世，就很快风靡德国和欧洲，形成了一股"维特热"，许多青年人不但模仿维特的衣着打扮，甚至模仿他自杀，以至歌德在 1775 年该书再版时特意在第二编之前加上一节序诗：劝青年"做个堂堂男子而不步维特后尘"。这种"洛阳纸贵"的情况就如歌德自己在一首名为《威尼斯警句》的诗中不无得意所说的："德国人模仿我，法国人读我入迷：/ 英国啊，你殷勤地接待我这个憔悴的客人；/ 可我是何等的欢欣鼓舞啊，/ 中国人也用颤抖的手，把维特和绿蒂画上了花瓶。"这部小说之所以会如此轰动，就在于它表达了整个时代的要求，这一点还是歌德自己在《诗与真》中说得最明白："这本小册子影响很大，甚至可以说轰动一时，主要就因为它出版得正是时候。就像只需一点引线就能使一个大地雷爆炸似的，当时这本小册子在读者中间引起的爆炸也十分猛烈，因为青年一代身上自己埋藏着不满的炸药。"

这部小说是以第一人称的书信体写成的，主人公直接面对读者袒露自己内心的情感世界，让读者直接感受到他的喜怒哀乐。即使写景，也始终充沛着主人公的情感流动。这是小说非常突出的特点。通过这样的描写，我们不但能感受到主人公情绪的变化，而且能时时体会到变化的原因，那就是与自然相对的世俗社会，是它破坏了人的自然感情的平衡，把一个纯洁的青年推向绝望的境地。景色描写成了主人公情感的催动者、烘托者，他忧它忧，他喜它喜。维特刚到瓦尔海姆时心情愉快，他接触到的都是一尘不染的自然，是五月的甜蜜的清晨，他时时"躺卧在飞泉侧畔的茂草里，紧贴地面观察那千百种小草，感觉到叶茎间有个扰攘的小小世界"：他感觉到"周围的世界和整个天空都像我爱人的形象似的安息在我心中"。这里淳朴的村民、流着鼻涕的小孩、空气、阳光、打水的少女，一切都透着一股脱离凡俗的清新。而当他开始烦恼时，这些曾经把他周围的世界变成了一个天国的自然美景却成了到处追逐他的魔影，他把自己对世俗世界的恨意都移到了美好自然里，景因情生，"广大的世界"于是变成了"一座张开着大口的墓穴"，而当他决定结束自己的生命时已是雨雪交加的冬季。自然的变化与主人公情感的变化完全吻合在一起，具有了一种诗歌的意境。特别是最后维特翻译的荷马和莪相的诗，前者明朗宁静，后者阴郁感伤，也同样起到了渲染气氛的作用。当维特在绿蒂面前念道："春风呵，你为何将我唤醒？你轻轻摩着我的身儿回答：'我要滋润你以天上的甘霖！'可是啊，我的衰时近了，风暴即将袭来，吹打我枝叶飘零！明天，有位旅人将要到来，他见过我的美好青春；他的眼儿将在旷野里四处寻觅，却不见我的踪影……"莪相的这几句诗，由即将离开尘世的维特念出，自然衬托出他那凄惨的命运和悲凉的心境。可以说，小说中处处都把主人公的情感描写当作中心，一切都为此服务，使整部小说笼罩着一层浓郁的诗意。

维特是以自然情感作为与周围庸俗的道德对抗的唯一武器的，自然，成为他检验一切的标准，他最大的理想，就是能皈依自然。这是自卢梭以来就在欧洲响起的一种反叛的声音，是经受了长期压抑要求使人重新变成人的大呼。维特赞美一切自然的东西，反对一切规则和束缚；他主张让天才自由发挥，反对一切所谓的教养对人性的桎梏；他赞美先民的朴素生活，讽刺矫揉造作的贵族和庸俗的市民；他重视自然纯洁的感情，重"心"而轻"礼"，为此他甚至为杀死所爱的女人的长工说情，否认他的罪行；在爱情上，若得不到自己的所爱，他宁愿选择自杀也不愿苟活于世，他对绿蒂的爱，也就是在绿蒂身上体现了他的这种自然观。他的一切都是出于自然的，而他的毁灭也自然是对那个不允许自然的社会的批判。《维特》把一向被人轻视的德国文学提高到也能与其他欧洲国家的文学并驾齐驱的地位，也是德国有史以来第一部直接反映德国日常生活的作品，而作品中充沛的情感，也表明一向被人看作古板的德国也是有真情实感的。

在中国，《维特》最早出现在 1922 年，郭沫若译。此时正值"五四"运动，在中国的这场狂飙突进运动中，维特找到了自己的中国知音。

第四章 浪漫诗派"宗主"——拜伦

第一节 孤独的漫游者

乔治·戈登·拜伦是 19 世纪初叶英国诗坛上最伟大的诗人，鲁迅在《摩罗诗力说》中称其为"立意在反抗，指归在动作"的浪漫诗派的"宗主"。他不但以激动人心的壮丽诗篇讴歌自由，抨击暴政，同时还身体力行，亲自以剑、以炮、以生命献身于被压迫民族争取解放的战斗。他就像一颗耀目的明星，在人类文明史上永远熠熠辉煌。

拜伦出生于伦敦一个没落的贵族家庭，父系是英格兰世家，母系是苏格兰豪门。但拜伦的父亲是一个浪子，他曾与某公爵夫人私奔，生女奥古斯塔，不久夫人被厌弃致死；后续娶颇有财产的凯瑟琳小姐，生子拜伦，但将妻子的财产挥霍殆尽后，他就抛弃了母子，只身浪迹欧陆，落魄潦倒死在法国。诗人的童年是随母亲在苏格兰的阿伯丁城度过的。10 岁时，他从伯祖继承了贵族爵位和大宗产业，遂移居伦敦。1801 年至 1808 年间先后就读于哈罗公学和剑桥大学，酷爱历史、哲学与文学。取得硕士学位后，在贵族院世袭上议员位。

1807 年，拜伦出版处女诗集《懒散的时刻》，主要是爱情诗，结果却受到《爱丁堡评论》杂志的粗暴批评，拜伦针锋相对，于 1809 年发表一部极富战斗性的长诗《英格兰诗人和苏格兰评论家》，以对所遭恶评致以反击，长诗初步显示出诗人强烈的批判及讽刺锋芒。

1809年，拜伦成年，就任贵族院席位，但因他天禀聪颖，又生来微跛，加上喜读18世纪启蒙思想家伏尔泰和卢梭的作品，所以从小就养成了自尊、敏感、孤独、傲岸和反叛的性格。所以，在上议院，他与周围的环境是格格不入的。

1809年至1811年间，拜伦游历了葡萄牙、西班牙、马耳他、希腊、土耳其等一些南欧和西亚国家，回国后写出抒情叙事诗《恰尔德·哈洛尔德游记》的第一、二两章。《游记》一经发表就轰动了文坛，四周之内印了七版。诗人声誉鹊起，不仅名噪英伦，而且风闻欧陆；他在日记里不无得意地写道：一觉醒来，发现自己已成大名。

就在《游记》发表的前两天，拜伦在议会发表自己具有强烈民主色彩的处女演说《反对通过以死刑惩处机器破坏者的法令的辩论演说》，但该法案最后还是通过了，为此，诗人愤怒写下讽刺诗《法案制定者颂》和后来的《勒德分子之歌》，对英国政府的镇压政策进行批判。同时表现了他政治家的远见卓识，透露出无产者的意识和深厚的人道主义。要是他一直沿着这种思想发展，在当时英国迫切需要领导的时代，他可能已成了一位伟大的民族领袖。

拜伦此时被上流社会的名媛贵妇所包围，他也身不由己卷入很多风流韵事，但政治上却越来越孤独，他渴望投身政治，也有旺盛的激情，但他的反叛性格也使他无法被政治所接纳，一种"荷戟独彷徨"的英雄孤独感时时涌上心头，在这种心绪下，他陆续于1813年至1816年间创作出一组以东方为背景的浪漫主义组诗"东方故事诗"，包括《异教徒》《阿比道斯的新娘》《海盗》《莱拉》《柯林斯之围》《巴黎西纳》六部。它们题材新颖，充满浪漫情调。这些诗歌的主人公或者是流放者、流浪汉，或者是犯上者、叛逆者，但他们无不具有愤世嫉俗的思想、叱咤风云的勇气和经历各种狂热而又浪漫的冒险。这是些单枪匹马的复仇者，有崇高的道德观和侠义心肠，爱好自由，矢忠爱情，最后却成为社会的牺牲品。这些形象发展了哈洛尔德所体现的拜伦主义——失望忧郁的情绪和纯粹个人式反抗，而成为典型的"拜伦式英雄"，他们都有杰出的才华，也有做一番事业的豪情，但却英雄无用武之地，他们为自己的无所作为而痛苦，但又决不愿向庸俗的社会屈服，于是一变而成为高傲而倔强、忧郁而孤独、神秘而痛苦的叛逆者——在他们身上，烫烙着拜伦思想个性气质的深刻印记。

"东方叙事诗"使拜伦声名日盛，但他也越来越为上流社会所不容。1815年，拜伦与一轻佻的贵族女子结婚，但很快发现这是一个错误，于是分居。早就寻隙迫害诗人的反动阵营像闻到臭味的苍蝇一样，就此事大肆造谣中伤，甚至污蔑他与同父异母姐姐奥古斯塔乱伦。诗人悲愤不已，于1816年3月被迫永远离开了英国："要么我不配留在英伦，要么英伦不值得我再留下去。"这些日子里，拜伦写了两首战斗诗篇：《普罗米修斯》和《路德派之歌》，表示要像普罗米修斯那样与一切邪恶势力进行不屈不挠的抵抗，即使"天上人间的一切暴风雨"也都不能把自己摧毁。

出国后，他首先侨居瑞士，在此结识了差不多因同样缘故而被迫诀离故土的另一大诗人雪莱，并且与之成为知音，在思想上，他接受了雪莱无神论革命思想的影响。

流亡生涯加重了诗人的孤独与空虚感，以至思想濒临危机。忧郁、悲观乃至绝望的情绪笼罩于这时期的作品中。例如自传体的长诗《梦》，苍凉寂寥之感令人压抑；《黑暗》描写太阳熄灭、沦入黑暗大地的人类逐渐死亡的景象。但诗人并未因此放弃和减弱他为自由引吭高歌的理想风骨，他对人类命运的思考一刻也没有停止过，这一时期所写的长诗《锡隆的囚徒》和诗剧《曼弗雷德》便是写照。前者写一位为捍卫瑞士独立而英勇战斗的民族英雄，讴歌为自由而殉身的历史英雄精神，风格悲壮而激愤；后者被称为哲理剧，悲观与反叛意识的表现都达到了顶点。主人公是位曾受过启蒙思想教育的知识分子，但法国大革命后的社会现实使他失望，他说，"我也曾有过那些世俗的幻想与高尚的抱负，想把别人的智慧变成自己的，成为人类的启蒙者"，但是"这已经过去了，我的想法是错误的"。于是他悲观了，厌世了，就隐居于阿尔卑斯山，既不愿与统治者同流合污，"我不愿跟群兽为伍，即使去做他们的领袖——去做豺狼的领袖"；又不愿真正投身于人民的运动，"狮子总是孤独的，我说是这样"；他想在知识中寻找安慰，但却发现知识只给自己带来痛苦，"知识之树不是生命之树"，知之愈多，感觉越苦。最后他只求忘却，但他又至死不向代表奴役和旧制度的复仇女神屈服，也拒绝了宗教的诱惑。这是一个以忧伤的竖琴弹奏着"世界悲哀"之曲的怀疑主义者，他孤独却有力量，这实际上也是"东方叙事诗"中拜伦式英雄生命轨迹的延续，也是拜伦本人哲学和美学思想的发展。

但拜伦毕竟是拜伦，反抗毕竟是他性格的核心，以该剧为分水岭，当这位漂泊的阿波罗同意大利革命运动发生联系后，他的竖琴便弹出了与《曼弗雷德》剧完全不同的调子。

1816年10月拜伦离开瑞士来到意大利，随后参加了烧炭党人反对奥地利统治的秘密活动。在意大利精神生活和民族解放斗争激情的激荡下，诗人逐渐摆脱了个人忧患而投身于火热的斗争生活，他的诗也扔掉了忧郁的灰衣而奏出明朗的曲子。这是诗人一生中最诗情恣肆的时期，也是他最光辉灿烂的时期，各种体裁的充满睿智和战斗精神的作品相继问世。例如，最后完成《哈洛尔德游记》的末两章；长诗《塔索的悲哀》《威尼斯颂》《但丁的预言》旨在号召身处异族压迫下的意大利人民奋起抗争；其他还有故事诗《别波》讽刺了清教徒式的虚伪道德，赞扬了生活的愉快和人生应有的享乐；还有历史悲剧《马里诺·法利哀诺》《两个弗斯卡利》等，反映了拜伦对意大利烧炭党运动的实际感受，表达了强烈的爱国主义精神。

最能代表拜伦这一时期的反抗精神的是1821年创作的诗剧《该隐》，该剧取材于《圣经》，但拜伦却做了翻案文章。在《圣经》中，该隐是亚当和夏娃的长子，他怀疑上帝，不敬上帝，并且杀死了敬奉上帝的弟弟亚伯，结果为人神所共弃。按照基督教的观点，该隐是人类第一个杀人犯，但拜伦却一反原意，将该隐写成反抗专制神权和专制统治的战士、一个敢于追求真理的英雄。他怀疑上帝的"至善"，认识到自己之所以能吃到面包并不是出于上帝的恩惠，而是自己辛苦劳动所得，因此他拒绝服从神作出的任何横暴的安排，勇敢地捍卫着自己的思想自由。该隐的弟弟亚伯对上帝恭顺谄媚，实际上并不是出于对上帝的爱，而是因为怯懦和恐惧，他总是杀死牛羊祭神，乞求得到神的庇佑，但该隐却只在祭坛上放一点水果。亚伯歌颂上帝的光荣，该隐却说自己决不谄媚祈福，不去"寻求任何用跪拜才能获得的东西"，上帝听到这些侮辱性的话，就用一阵风吹倒了该隐的祭坛，亚伯赶忙要求该隐再去向上帝祈祷，求得上帝的欢心，但该隐却激愤地驳斥道：

> 他的欢心？
> 用什么获得他的欢心？
> 是用烧焦的肉味，冒气的血，
> 因舍不得已死的孩子而哀鸣的母亲的痛苦，
> 或者是在你虔信的刀下的，
> 悲惨无辜的牺牲者的伤痛么？

让开些，在光天化日之下，

不容有这血腥的记录，使"创造"蒙上羞辱！

于是他一怒之下打翻了祭坛，并杀死了亚伯这祭坛的保卫者，与妻子一起骄傲地接受永远漂泊的命运。

1822 年发表的讽刺诗《审判的幻景》继续了《该隐》的反叛精神，对国王和御用文人进行了针砭入骨的讽刺，发出封建的反动势力即将崩溃的预言；随后发表的政治讽刺长诗《青铜世纪》则对英国以及神圣同盟各国的统治者进行辛辣的戏谑嘲讽；而 1823 年代表诗人创作高峰的长篇巨作《唐·璜》的出现，则为其非凡的创作生涯挥洒了最辉煌的一笔。

1821 年后烧炭党人起义失败，拜伦心情十分沉痛。这位自由的使者最后决定去战火纷飞的希腊，与那里的爱国志士们一起进行反对土耳其统治的民族解放斗争。1823 年秋，诗人变卖自己的家产，出资招募了一支武装军队，乘战舰远航巴尔干，受到希腊人的热烈欢迎。1824 年 1 月 22 日，作最后一首诗《这一天我满三十六岁》，随后被推任为希腊独立军一个方面军的总司令统帅。他立刻陷入劳心劳力的军务之中，整饬队伍，协调各部关系，亲自训练军队，表现出一个政治家和军事家的卓越才能与坚韧顽强。可叹壮志未酬，诗人骑马出巡遇雨受寒，于 1824 年 4 月 19 日不治殒逝，临死前他喃喃自语："不幸的人们！不幸的希腊！为了她，我付出了我的时间，我的财产，我的健康；现在，又加上了我的生命。此外，我还能做什么呢？"他在昏迷中呓语："前进——前进——要勇敢！"

希腊独立政府宣布拜伦之死为国葬，全国哀悼三天。整个欧洲大陆闻之也为之哀伤。

拜伦体现了 19 世纪的激情，代表了它的才智、狂暴和力量；他那普罗米修斯式的孤独的反抗意志，改变了整个欧洲的"社会结构、价值判断标准及文化面貌"。但拜伦又是矛盾的，他同时也是个放浪形骸的公子、虚荣傲慢的爵爷和孤高悒郁的自我主义者。他崇尚伟大的精神，向往壮丽的事业，却往往被黑暗的时代所窒息。他的心是伤感的，他的叹息充满了反抗，对贵族资产阶级及其观念模式的反叛。毋庸置疑，这反抗包含着巨大的社会进步性，代表了备受阻遏的历史潮流的激进。

《恰尔德·哈洛尔德游记》是拜伦根据自己的两次游历见闻和感受写成的，其中前两章孕育于 1809 年至 1811 年的西欧和西亚之行，后两章完成于诗人去国流亡时期，是诗人在滑铁卢战役之后的比利时、瑞士、意大利等地的见闻与感想。这是一部典型的浪漫主义抒情诗。诗人打破了传统叙事诗的规范，在以第三人称叙述的同时，不断又以第一人称的身份出现，或对眼前的所见所闻直接发表议论，或歌咏美丽的大自然，或追忆眼前沦落的国土昔日的荣耀，或直接抒发对哲学、政治和艺术的思考。因此，长诗中实际上就有了两个主人公：一个是哈洛尔德，一个是抒情主人公，实际上就是诗人自己。

哈洛尔德是一个贵族青年，他深爱自己的祖国，但又厌恶周围污浊的社会现实；他高傲的性格，使他不为庸俗虚伪的上流社会所容，而他的贵族习气，又使他不与人民交往。他想在放纵的生活中求得解脱，"整个儿沉湎于花天酒地，不顾罪恶"，他毫无顾忌地寻欢作乐，但却从来没有感到过精神和灵魂的满足，于是他很快又对这种放荡生活感到厌倦，不，而是对整个当时英国上流社会感到厌倦，他只觉得心灵空虚得厉害：

没有人真心爱他，尽管从远近各地，

招来了满屋子吃喝玩乐的人物；

他明知都是些酒肉朋友，会拍马屁，

贪图一时的欢乐而来，心肝全无。

唉！有谁真心爱他——即使那些情妇；

但豪华和权势本是妇人们所向往，

轻薄的爱神也到这类地方找伴侣……

（第1章第9节）

他同时又是那么地忧郁：

像传说中希伯来漂泊者的忧郁，

那是注定的命运，无法脱离；

他不愿窥探黑暗的地狱，

又不能希望在死以前得到安息。

（第1章《致伊涅兹》）

于是他决定旅行，到海外去寻求解脱，甚至是"但求变换情调，落入地狱也不妨"。从此开始了孤独而忧郁的漂泊生活。

长诗第一章主要是描写在拿破仑的铁蹄下西班牙人民的苦难，以及他们的反抗和对自由解放的渴望。他痛斥拿破仑把正义的卫国战争变成侵略战争的暴行，讽刺他是"暴君""侵略者"，使英勇的西班牙人民一批批死亡。诗人同情西班牙人民反对拿破仑侵略的民族、民主斗争，赞扬了西班牙游击队的勇敢顽强，并塑造了一位名叫奥古斯西娜的西班牙女游击队员的光辉形象。但由于当时在军事力量上西班牙人民远远不及侵略者，诗人虽然歌颂西班牙，但难免为它的未来担忧，而且诗人又感到西班牙人民反对侵略者的斗争，归根到底只不过对本国的君主制度有益，所以又流露出悲观的情绪：

劫数难逃！要反抗命运也是徒然，

如果毁灭之神已把灭亡的种子埋下；

否则伊利昂和太尔城就不会沉陷，

而且美德会战胜一切，屠杀的惨剧也会演完。

（第1章第45节）

在世界的祸星面前，西班牙只得屈服。

西班牙！你的刑期到来时好不凄凉，

啊！高卢之鹰张开翅膀当头飞舞，

你只好眼睁睁看一群群儿女被送下地府。

（第1章第52节）

第二章，哈洛尔德来到希腊，希腊人民正遭受土耳其的奴役而尚未起来斗争。诗人站在被土耳其奴役的希腊土地，眼望着灿烂而凄凉的历史遗迹，回忆着希腊伟大光荣的过去，不仅哀叹着近代希腊的懦弱：

美丽的希腊！使人伤心的光荣残迹，

逝去了，但是不朽；伟大，虽已沉陷！

有谁来领导你一盘散沙似的后裔，

起来挣脱那久已习惯了的羁绊？

在过去，你的儿子却并不是这般，

他们是视死如归的勇敢的军人，

把守德摩比利，不怕尸体堆积如山。

啊！有谁能够恢复那英勇的精神，

在幼发拉底河畔崛起，把你从坟墓里唤醒！

（第 2 章第 73 节）

诗人激励希腊人民起来斗争，追回失去的自由，既不要对英法等资产阶级大国，也不要对沙俄这个封建大国，抱不切实际的幻想：

世世代代做奴隶的人们！你们知否，

谁要获得解放，就必须自己起来抗争，

胜利的取得，必须依靠自己的手？

高卢人或莫斯科人岂会拯救你们？

不，他们也许会打败你们的暴君，

但你们仍然不会获得那神圣的自由。

（第 2 章第 76 节）

第三章，诗人一开始先抒发了自己被上流社会放逐的悲愤以及对女儿的思念，随即写到自己在比利时和瑞士的旅行。当时封建的俄、奥、普和资产阶级的英国联军打败了拿破仑，欧洲大陆的封建势力复辟，诗人在游历到滑铁卢战场时，就此发表感想，认为"神圣同盟"的胜利是复活了奴隶制度，现在是"打败了狮子，又向豺狼朝礼"。他热烈召唤人们进行反复辟的斗争，决不应"奴才地向皇朝屈膝，低声下气！"这一章的基调同样是忧郁的，但诗人却更多地沉湎于大自然庄严宏伟的怀抱里，使受伤的心稍微得到平复，对于失败了的革命也流露出一线的希望。他在启蒙学者卢梭的故乡瑞士的日内瓦流连忘返，认为卢梭的"预言"把"整个世界投入熊熊的火焰，直到所有的王国化为灰烬"，将"旧观念，开天辟地以来的成规，尽皆摧毁"。他称颂另一位启蒙学者伏尔泰"有巨人的心灵，那凌云之志，与泰坦们相似，要在大胆怀疑之上，堆放思想的火山"。此时欧洲反动势力正疯狂地攻击导致了法国大革命的启蒙思想，而诗人却热烈地赞扬他们。

这一章再一次表现出诗人对拿破仑的矛盾态度。一方面，诗人认为拿破仑是暴君、野心家，但同时却又把他与封建专制皇帝相比，觉得他还是体现了自由、民主的思想的，于是就把拿破仑的失败写成了一个失败了的、拜伦式的英雄的失败，并且流露出一种深深的惋惜之情。给人以"惺惺惜惺惺"之感。在第三章第三十六至四十五节，诗人称拿破仑是一个"最伟大而不是最坏的人物"，他的缺陷只是太过激，"要是你能稍加约束，你就能保住或者永不会登上宝座"。他认为拿破仑威风八面，"你的威名，正在空前地震撼着人们的心窝"，但他另一个缺点则是太虚荣，而他失败的原因也仅仅是因为他"约束不住"自己最"卑微的情感"。在诗人眼里，拿破仑的最后失败具有一种悲剧美感，他虽然战败了，但依然"眼光镇静、忍耐、坚决／当幸运之神遗弃了你，她的宠孩／厄运像巨石般压在你背上，而你的勇气并不稍馁"；而且拿破仑对人们的嘲笑持蔑视的态度也是很公道的。诗人懂得拿破仑是"靠了人民的意志"才登上皇座的。他还分析了拿破仑的心理："那活跃的心胸最害怕的是安闲，而这正是埋藏在你一生中的祸根。"在诗人看来，拿破仑的致命伤就是"嗜好冒险"，其心灵深处有一种狂热，而表示极端卑鄙的个人野心。因此，他同情拿破仑，并以"诗坛拿破仑"的身份为拿指挥刀的拿破仑写下一首悼歌：

> 谁要是胜过人类或者征服了人间，
> 那他必然会藐视下界的愤慨，
> 虽然他头上荣誉的太阳闪发光采，
> 俯伏在他脚下的是大地和海洋，

但是他周遭却是些冰冻的石块，

怒吼着的狂风吹在他赤裸的头上；

尽了力气爬上山顶，收获呀，却不过是这样。

（第 3 章第 45 节）

看，这时的拿破仑和"东方叙事诗"中的"叛逆英雄"是多么相像！我们甚至可以这样说：只要有合适的土壤和气候，"东方叙事诗"中的拜伦式英雄都会成为大大小小的拿破仑的！

第四章是诗人流亡到意大利后写成的。当时意大利正在"神圣同盟"和奥地利的统治下，被分裂成许多小城邦。诗人通过对意大利的历史和大自然的抒情议论，猛烈批判了"神圣同盟"，号召人民为自由解放而继续斗争。他慷慨激昂地歌颂了自由的旗帜，吹响了嘹亮的自由颂歌：

但自由啊，你的旗帜虽破而仍飘扬天空。

招展着，就像雷雨似的迎接狂风；

你的号角虽已中断，余音渐渐低沉，

依然是暴风雨后最嘹亮的声音。

你的花朵凋谢了，树干遍体鳞伤，

受了斧钺的摧残，似乎没有多大希望，

但树浆保存着，而且种子已深深入土，

甚至已传播到那北国的土地上，

一个较好的春天会带来不那么苦的瓜果。

（第 4 章第 98 节）

当然，诗人的矛盾在这一章中同样是明显的，在希望的同时总是有失望的影子，在悲叹之时又慷慨悲歌，在出世的歌吟中又有入世的向往，在渴望肉欲的爱时又为柏拉图式的精神恋爱大唱赞歌。

《恰尔德·哈洛尔德游记》有"抒情史诗"之称。长诗除了抒写异域绮丽的自然风光，叙述各地风土人情之外，尤其反映了希腊等地中海国家被奴役民族渴求自由解放的愿望，并塑造了19世纪欧洲文学中较早出现的时代"多余人"形象：一个孤独、忧郁、悲观的"拜伦式英雄"——哈洛尔德。这是个厌倦了纸醉金迷生活的青年漂泊者，不愿与丑恶为伍，希图从较少受文明腐朽气侵蚀的民族中寻求纯真的情感。谁知事与愿违，随着游迹渐广，对欧洲现实的认识日益深刻，他对人生虚伪、世态炎凉的认识也越来越深刻，结果到头来"旅人的心是漠然的"，悒郁伤感终未遣散。

哈洛尔德形象体现着深刻的社会历史内涵，概括了当时（即拿破仑战争时期及"神圣同盟"初期）西方许多资产阶级知识分子的典型特征。他们不满现实但找不到出路，不愿与上流社会同流合污却也不能和人民群众一起斗争，由是陷入悲观绝望之中。与其相反，诗中还有一个贯穿始终的抒情主人公形象——"我"，他积极入世，热情洋溢，是位目光犀利的观察家，思想深邃的批评家，热爱生活、追求自由、敢于揭露、冷嘲热讽又善于斗争的民主战士。这两个性质完全不同的形象都带有明显的自传成分，既表现了拜伦世界观的矛盾，又体现了他思想感情的整体。

第二节 新"登徒子好色赋"

《唐·璜》是拜伦最优秀的作品，它以深厚的思想容量和无与伦比的独特风格代表了浪漫主义时代欧洲诗歌创作的最高成就。与《恰尔德·哈洛尔德游记》一样，这也是一部游记体的抒情叙事长诗。但与后者不同的是,《唐·璜》还是一部著名的讽刺长诗,而且现实主义的描写占重要地位。作品内容可分两部分:叙事部分和抒情部分,每一部分各有一个主人公。叙事部分的主人公是唐·璜,围绕他展开了一个个有趣的故事。唐·璜在西班牙传说中本是个专门玩弄妇女的登徒子、恶棍,屡见于西方文学。但拜伦作了全新的处理:首先将时间往后拖了大约400年,把14世纪的老传说放在18世纪末叶;其次是改造了这个人物,将其写成一个天真、热情、善良的贵族青年。

长诗从唐·璜受贵妇朱丽亚勾引、结果被后者的丈夫察觉搜查朱丽亚的卧室、唐·璜被发现不得不出国远行开场,这是一个何等幽默风趣而又天真清新的开场!随后就是延续这个轻戏剧性的开场展开一系列的爱情冒险故事:海行遇险,流落到一个荒岛,与自然之女海黛产生一段田园牧歌似的神仙之爱,但接着是被海黛父亲发现,被送到土耳其市场上当奴隶出卖,海黛则郁郁而死;随后被土耳其苏丹王后看中,男扮女装,在后宫与宫女演出一番夫妻情;王后觉察到之后,大怒,要处死他和那位宫女;再往后他参加了俄国军队的伊斯迈战役,在战场中救出一个小女孩,战争胜利后回俄国向女皇汇报军情,结果为女皇所爱,成为宠臣,后被作为使节派往英国,又经历了种种冒险和奇遇。按照作者本来的安排。准备最后叫他再到德国,最后到法国参加法国大革命,但因为作者早死,没有完成。

长诗以唐·璜的冒险、流浪为线索,真实地揭露、讽刺了18世纪末西班牙的贵族资产阶级社会、土耳其的苏丹王宫、俄国卡萨琳娜女皇的朝廷以及英国地主资产阶级的上层社会的腐朽透顶和极端虚伪。

抒情部分,也即抒情议论部分在长诗中同样重要,这部分内容诗人称之为"插话"或"题外话",这部分的主人公是诗人自己。与唐·璜的天真、善良相比,这个主人公要愤世嫉俗、成熟冷静得多,他像一个看透了一切的旁观者,对社会、政治、历史进行冷言冷语的嘲讽，他看到的世界到处是流血、战争、兼并，到处是欺诈、出卖、抢劫。残暴的君主专制，猖獗的商业资本，把人作为物出卖的奴隶交易等等，气焰嚣张，横行无忌。诗人剥下那些女皇、君主、政客、将军的画皮，原来不过是荡妇、恶棍、无赖、刽子手之流，锋利的诗句像无情的长鞭，抽得他们体无完肤。如他谴责当时正声势赫赫的惠灵顿：

> 你"杰出的刽子手呵!"——但别吃惊，
>
> 这是莎翁的话，用得恰如其分，
>
> 战争本来就是砍头和割气管，
>
> 除非它的事业有正义来批准。
>
> 假如你确曾演过仁慈的角色，
>
> 世人而非世人的主子将会评定；
>
> 我倒很想知道谁能从滑铁卢
>
> 得到好处，除了你和你的恩主？

（第9章第4节）

这里诗人不只是在骂惠灵顿，实际上是借题发挥，骂"神圣同盟"和欧洲反动派。在别处他还直接宣布要同"暴君和谄媚奉承的人"作战，尽管无法预见到谁会胜利，但这"也无碍于我对每个国家中每种专制政治所抱的这个明白、坚决、彻底的敌意"。

诗人最熟悉、讽刺也最有力的是贵族上流社会的虚伪道德，他毫不留情地揭去了资产阶级的伪善道德的漂亮面具：

> 上流社会好似棋盘，上面也有
>
> 什么国王，王后，主教，骗子、小卒，

它本来是一场戏，不过那傀儡

是自己牵线，全是自愿去充数。

我的缪斯呵，你怎么像只蝴蝶

有翅而无刺，尽在半空中飞舞

而不着边际？——假如你是只黄蜂，

恐怕就有不少的罪恶要喊痛。

（第 12 章第 89 节）

诗人还以鄙夷的口吻揭露社会的普遍堕落，"结婚了，离婚了，又结婚了"；"有的女继承人咬上了骗子的钩子；有的少女做了妻子，有的只做了母亲"。婚姻要么成为筹码，要么成为掩饰私情与堕落的遮羞布，结果导致上流社会夫妇之间的互相欺骗：唐·璜父母的不和，苏丹王卧榻上的同床异梦和沙俄女皇的沉醉嬖宠，尤其是亨利爵士"明媒正娶"的模式化家庭以及某公爵夫妇虚假的"神圣"关系等都是这一现实的最好注脚。贵族男女心灵空虚，沉溺声色犬马，其冠冕堂皇的外表，不过遮掩着无耻淫乱而已；纨绔子弟早已把青春"挪用"，他们的全部生活就是"喝酒、赌钱、嫖妓"，"漂亮可是消衰，富有却没有一文钱；他们的精力在一千个怀抱中用尽了……"而淑女们，或则品论流行的时尚，或则彬彬有礼地打情骂俏，"把十二张信笺塞进一只小信封……"

当然，长诗并不仅仅是揭露、批判和讽刺，其中还贯穿着诗人一贯的思想立场：那就是对正义的爱，对自由的爱，对失去自由的人的同情。基于此，他才对被关押在像"修道院那样冰冷"的后宫里的宫女们哀哀长叹："那里一千个胸膛为爱情而跳动，像笼中的鸟儿渴望着天空。"也正基于此，他坚决主张革命，"如果可能，我要教会顽石，起来反抗人世的暴君"；这火一般豪迈的诗句，表现出何等高贵的革命思想和叛逆精神呀!

诗人号召人民起来斗争,改变这个不道德的人压迫人的不合理的社会。像第三章中那首著名的《哀希腊》,诗人缅怀希腊英雄多次击败异族侵略、捍卫祖国独立自由的光荣业绩,哀叹希腊今日被土耳其统治,所有希腊人沦为亡国奴的屈辱境地,进而召唤希腊人民振祖先之遗烈,奋起抗敌,光复国土,夺回自由。长诗中描写到的土耳其与俄国的战争发生在 1788—1892 年间,是俄国发动的侵略战争,目的就是掠夺土地,诗人愤怒地谴责侵略者比野兽们还要狰狞凶恶,热情地赞扬了土耳其人民的英勇抵抗:

> 城是取得了,但不是双手奉上的。
> 不!没有一个回教徒交出刀剑;
> 血尽可以流淌,像多瑙河似的
> 沿城倾泻,但没有行为或语言
> 在死亡或敌人面前表示畏缩。
> 一路挺进的莫斯科人也枉然
> 欢呼胜利——哪怕剩下一个敌人,
> 也得叫对方陪着他一起呻吟。

(第 8 章第 87 节)

诗人预言,一个人民当家作主的自由世界即将来临:

> 我仿佛听见鸟的歌说,待不太久
> 人民就会强大……

(第 8 章第 50 节)

唐·璜是拜伦笔下的一个完全崭新的性格，他既没有哈洛尔德的忧郁孤独，也无曼弗雷德的愤世嫉俗，更没有该隐那种叱咤风云的叛逆反抗。他一切都顺从天性，无视清规戒律，绝少虚伪做作；对恋人也总能倾心相与。他不怯懦，关键时刻还能表现出英雄气概。当海上遇险，饥饿使人生吃同类时，他宁死不干这野蛮行为；在苏丹王妃求欢的咄咄进逼下亦能神态自若地回答："关在笼子里的雄鹰，不愿配对"；他作战勇敢，别人退却他则前进；但他的优点同时也带来缺点，他缺乏坚定信念，又意志薄弱，经不住诱惑，故易于随波逐流，随遇而安，无法掌握自己的命运，结果难免做出一些越轨行为和愚蠢事情，在爱情上也涉嫌玩弄女色、玩世不恭。但诗人认为，正因如此，他才是一个真正的普通人。

长诗可以说是当时社会各色人物的画廊：贵族、海盗、苏丹、女王、阉臣、妃嫔、宫女、将军、议员、政客、学者，一个个活生生的人物或依次或同时在诗人的笔下或搔首弄姿，或道貌岸然，或骄横跋扈……既有诗人的虚构，也有历史上的真人。其中描写得最出色的是妇女形象：伊内兹的装模作样，朱丽亚的热烈温柔，苏丹王后的蛾眉任性，俄罗斯女皇的骄奢淫逸……都各具特色，神采飞扬。其中又以天真纯朴的希腊少女海黛最美，她天真无邪，是一个只播撒爱的天使！"洋溢着绝无仅有的纯洁与诗意"，"美丽如一个活的恋神"。她与唐·璜的相恋是充满诗意的自然儿女之爱，诗人用光洁的笔调歌颂她的纯真，哀叹她的夭亡，对她的爱情悲剧一再咏叹，遗憾无穷。

拜伦一向"有着极强的沉思的倾向"，所以他的诗作一向富有哲理，《唐·璜》也不例外。诗人"沉思人世的变化无常"，推究"生与死"的奥秘，但面对"永恒的岁月之流滚滚而去"，由于缺乏远大的理想和明确的目标，就难免陷入迷惘，不但怀疑生，而且怀疑死，甚至怀疑"是否怀疑本身也是怀疑"。这就往往导致虚无主义，视"人生是场游戏"，而滑向另一个极端享乐主义。但这类消极的情调在长诗中并不占主要地位，诗人更多思考的是爱情，婚姻、家庭等等人生问题，并据此而窥到了人生之海的纵深处，"拥抱了全部人类生活"。

长诗的成功还得力于两个技巧因素。一是诗人对英语口语的绝对掌握，诗人以干净、机智的口语入诗，自有一种清新自然的风骨。另一个因素是诗人创造性地借鉴了意大利滑稽史诗所用的"八行三韵体"，即每行五步，前六行隔行互韵，最后两行变韵对押。拜伦驾驭这种诗体到了得心应手的境界，嬉笑怒骂，皆成诗章，而且常常警句迭出，妙语连珠。为了加强讽刺效果，或忽庄忽谐，或欲擒故纵，一切都像成竹在胸，挥洒自如：挖苦、奚落、反语、调侃等俯拾即是，不绝犹信口开河；而机智、幽默、诙谐都仿佛是随手拈来，无有穷尽。这是拜伦的骄傲，也是英国诗坛的骄傲，诗人被誉为"潇洒风格的大师"！绝非浪得虚名。

第五章 "天才的预言家"——雪莱

第一节 西风的礼赞者

在英国文学史上，珀西·比西·雪莱是与拜伦齐名的浪漫主义大诗人。他出身于一个古老的世袭贵族家庭，祖父是男爵，父亲当过国会议员。雪莱少年早颖，8 岁能诗。少年时代，他被送进伊顿贵族学校读书，以博览群书、狷介孤傲和英俊潇洒而为众人所注目。在踏进青年时代的前夕，他就立下了这样的誓言："我发誓，必将尽我一切可能，做到理智、公正、自由。我发誓，决不与自私自利、有权有势辈同流合污，甚至也决不以沉默来与他们变相地同流合污。我发誓，要把我的一生献给美……"[1]

1810 年，雪莱进入牛津大学学习，对哲学和自然科学发生了浓厚兴趣。他把家庭供给他的一切费用都拿来买书和仪器，他还精心阅读了洛克、卢梭、斯宾诺莎、狄德罗、伏尔泰、霍尔巴哈的著作，以及英国小说家和哲学家葛德文的《政治正义论》，深受影响，慢慢变成了一个无神论者。次年，他撰写并私自印刷了题名为《无神论的必要

---

1 ［法］莫洛亚：《雪莱传》，上海文艺出版社，1981 年，第 7 页。

性》的小册子，用逻辑推理证明上帝是不存在的，宣传无神论思想，并将它寄给英国的每一个主教和每一个学监，目的是报复那些"不容异说"者。他在给好友的信中说道："我发誓，永不饶恕'不容异说'。我认为，对于'不容异说'进行报复是合法的。我将把我全部空闲的时间都献给这一使命。'不容异说'损害社会，助长偏见，而偏见则摧毁人世间最亲密、最温柔的关系。呵！我真想当一名复仇者！但愿我能成为一个粉碎魔鬼的人，做一个把魔鬼打入地狱并使他永世不得翻身的人！但愿我能用毕生精力成为一个宽容世界的创始者，在那世界里，人人都有信仰的自由。"[1] 然而。他的报复却换来了"不容异说"者们的报复。结果是，他被开除出校，也见怒于父亲，甚至被迫与未婚妻（他的表妹）解除了婚约。

1811年，雪莱为了履行自己的平等思想，同一个16岁的平民姑娘哈丽艾特私订终身，并私奔到苏格兰，1812年2月访问了爱尔兰，并写了《告爱尔兰人民》一书，表达了对英国政府的愤怒和对爱尔兰人民的同情。在这本小书中，作者写道："可悲的是：下层人民所以牺牲自己的生命和自由，不过为了使压迫者更凶残地压迫他们而已。可悲的是，穷人必须把那使他们全家免于饥寒的财物当作税款交出来。"但诗人给爱尔兰人民指出的道路却是："节制、冷静、仁慈和自持能给你们带来美德，阅读、会谈和思索能给你们带来智慧，等你们有了这些，你们就可以反抗暴君了。"这实际上是不切实际的空想社会主义思想，而这一思想的来源，则是诗人崇拜的偶像：空想社会主义者葛德文。诗人之书的内容不过是后者著作的翻版而已。

这样过了一个月，雪莱终于发现自己狂热的宣传活动只得到爱尔兰人民的普遍冷淡。他心灰意冷，在给葛德文的信中写道："我不想再

1 ［法］莫洛亚：《雪莱传》，上海文艺出版社，1981年，第24页。

对文盲宣讲了。我将期待着我不可能参与的事件的发生，使自己成为果中之因，而那个果将在我变成灰尘的许多世代以后出现……"

这次失望成了一道分水岭，在这之前的雪莱主要想实现他的政治主张，可是现在，他开始感到，行动的时机在英国还没有成熟，于是他只好以笔作工具，来为较好的一日扫清道路。从此以后，他便把主要精力转向诗歌创作。

于是他结束了在爱尔兰的短期逗留，回到伦敦，但这时他发现自己当初出于理想结婚实在是个错误，婚后的哈丽艾特越来越暴露出轻佻粗俗的习性，甚至对雪莱不贞，雪莱苦闷异常，同葛德文家的交往也越来越频繁，在这期间他同葛德文的长女玛丽·葛德文相互倾慕和爱恋。1814 年 7 月，雪莱与哈丽艾特彻底决裂，并与玛丽私奔到瑞士，同年 9 月又因经济原因返回英国。

第二年春天，由于祖父去世，雪莱得到了一笔遗产，这才结束了颠沛困顿的生活。1816 年，雪莱和玛丽再度旅居瑞士，与拜伦结识，两人成为挚友，并互相鼓励，努力使自己成为一股源泉，让对方从自己身上汲取力量和美。不久，由于玛丽思乡心切，两位诗人才依依相别。同年 12 月，雪莱与玛丽正式结婚。

1817 年 2 月，雪莱与济慈初次相见。但随后发生的两件事却大大刺激了雪莱：一是妻妹范妮自杀，二是前妻哈丽艾特投河自杀。前妻的死使雪莱陷入法律诉讼的烦琐程序，并使他受到社会舆论的普遍攻击，法庭剥夺了他抚养前妻所生子女的权利，对此，雪莱愤恨异常，却又无可奈何，遂于 1818 年移居意大利。在意大利，雪莱进入了诗歌创作的繁荣期，创作了自己一生中的大部分作品。

1822 年 7 月 8 日，雪莱在海上航行时遇到暴风雨，覆舟身亡，年仅 29 岁。拜伦为他举行了火葬。

雪莱是一曲未完的歌，他的夭折就像一朵盛开的鲜花突然受到暴风雨的袭击一样，凋谢得那样出人意料，如果他的生命能更长久一些，一定会留下更多的艺术珍品。

雪莱进行创作的年代，欧洲正经历着法国资产阶级大革命和神圣同盟的反动复辟，这是欧洲政治上的一个黑暗年代。在"神圣同盟"的高压统治下。民主和民族革命处于低潮，人民在呻吟，民族在呻吟。处在此种情势下，雪莱在自己短促的一生中，以资产阶级民主主义和空想社会主义思想为武器，表现了对资产阶级革命理想的执着追求和对光明必将战胜黑暗的人类前途的坚信不疑。雪莱是时代潮流的先进代表，是诗坛上的普罗米修斯。正因如此，马克思称雪莱是"真正的革命家"，[1]恩格斯称他为"天才的预言家"。[2]

雪莱的作品是在1813年至1822年间写成的，主要有长诗《麦布女王》《伊斯兰的起义》，抒情诗《给英国人民的歌》《西风颂》《自由颂》《云》和《云雀》等，诗剧《解放了的普罗米修斯》《钦契》，论文《为诗辩护》等。

雪莱对政治一直抱着充沛的热情，他不但早年积极从事政治宣传活动，而且在诗歌中也始终将政治作为基本主题，他认为诗人应当是社会改革的"最可靠的先驱、伙伴和追随者"，是"世间未经公认的立法者"。[3]他密切关注着英国和整个欧洲的政治局势，并且常常以诗歌为媒介表达自己对一些政治事件和政治人物的看法。

1819年8月16日，英国曼彻斯特8万群众在圣彼得广场举行集会，要求改革议会制度和取消谷物法，英国政府出动军队进行镇压，打死打伤400多人，史称"彼得卢大屠杀"，诗人时在意大利，听到

---

1 《马克思恩格斯论浪漫主义》，人民文学出版社，1959年，第36页。

2 《马克思恩格斯全集》第2卷，人民出版社，2012年，第526页。

3 ［英］雪莱：《为诗辩护》，《古典文艺理论译丛》第1辑，人民文学出版社，1961年，第110页。

这个消息后无比愤慨,写下《"虐政"的假面游行》《给英国人民的歌》等政治诗多首,抗议英国政府的野蛮行径。在《"虐政"的假面游行》中,诗人以惯用的寓言形式,描绘了一次化装游行:"谋杀""欺骗""伪善"和一些"恶魔"护拥着"虐政","走过了英国的土地,把一群膜拜的人民都践踏成一滩血泥"。那"谋杀",看起来"像是卡色瑞(英国首相)","欺骗"看起来"像是艾尔顿(英国首席检察官)","伪善"则"像是西德马斯(英国内政大臣)",而那些"恶魔"则"像是主教、律师、贵族或密探"。正当这群丑类横行无忌,居民们惊慌失措之际,一个名叫"希望"的狂女飘然而至,唤醒了英国人民,"有如花,被五月的脚踏醒,有如夜发摇出的星,有如急风唤起的波浪,它的脚过处,思想便滋生"。诗人最后号召英国人民为争取自由而奋起斗争:

> 起来吧,像睡醒的狮子,
>
> 你们多得无法制服:
>
> 赶快摇落你们的锁链,
>
> 像摇落睡时沾身的露——
>
> 你们人多,他们是少数。

在《给英国人民的歌》一诗中,诗人告诉英国人民:你们辛勤劳动,耕种织布,但财富却被一群寄生虫占有;你们锻造武器,却被恶人用来屠杀你们自己,他呼吁人民:决不能再容忍这种情况了:

> 播种吧——但别让暴君搜刮;
>
> 寻找财富吧——别让骗子起家;
>
> 纺织吧——可别为懒人织棉衣;

第五章 "天才的预言家"——雪莱

铸武器吧——保卫你们自己。

1820 年，西班牙爆发了资产阶级革命，在"神圣同盟"在欧洲的重重黑幕中首先打开了一个缺口，透出一道炫目的光芒，诗人闻讯后激动不已，接连写下了《自由颂》《自由》两首诗。在《自由颂》中，诗人回顾了欧洲资产阶级革命的历史，满腔热情地讴歌了资产阶级革命。诗人说，自从黄金亵渎了罗马的神殿，自由就轻轻地飞走了，这之后，人类已在坟墓里被禁锢了一千多年，只是 17 世纪的英国革命才"把自由望见"，而法国大革命"有如日辉在午夜划破了西方海上的幽暗"，使人们看到了自由的闪电。今天：

　　　　一个光荣的民族又击起了

　　　　闪过万邦的电；在西班牙

　　　　自由在天空投出了火苗

　　　　从心灵到心灵，从楼塔到楼塔，她在闪耀……

在《自由》一诗中，诗人称赞西班牙革命预示了：

　　　　一个新的革命高潮时期的到来：

　　　　只要有一块云闪出电光，

　　　　千万个岛屿都被它照明；

　　　　地震虽只把一座城火葬，

　　　　一百座城市都为之战颤，

　　　　地下传过了一片吼声。

反抗暴政是雪莱一生坚持不懈的目标，但他提出的革命方式有时

223

却显得软弱无力。雪莱总是一方面鞭挞贵族的荒淫暴虐和教皇的虚伪毒辣，肯定了使用暴力手段反对暴力的合理性，但另一方面却又鼓吹"仁爱、宽恕"待人，认为不应该"冤冤相报，以牙还牙"，提倡"用和平与爱把损害者从卑劣的情操中改变过来"。

这种改良主义思想到了诗剧《解放了的普罗米修斯》中有所改变。这部诗剧是诗人带着"改良世界的欲望"创作的，是为了"使一般爱诗的读者们细致的头脑里，记住一些高尚美丽的理想"。

诗剧写众神之主朱庇特（宙斯）在巨神普罗米修斯帮助下登上王位，但却违背了"给人类自由"的诺言，并以怨报德，他把普罗米修斯绑在悬崖上，施以种种酷刑折磨。普罗米修斯坚贞不屈。就在朱庇特得意之时，他的儿子冥王以迅猛之势，将他从天上的王座打入地狱深渊。普罗米修斯也被从悬崖上释放下来，他派出精灵向人间宣布解放的消息，整个宇宙沐浴着一片"爱"的光辉。这部披着浪漫主义神话外衣的诗剧，实际上植根于19世纪初期的英国现实。剧中的朱庇特是一个控制着"整个仙界和人类的暴君"，作者通过这个神话抨击了英国专制统治的罪恶；普罗米修斯是与暴君坚决斗争的勇士，是"人类的救星和卫士"。他热爱人类，同情人类疾苦，为人类幸福英勇献身。他为拯救人类免于苦难，反对朱庇特的专制统治，因而被绑在悬崖上3000年，风吹日晒，雨淋雷劈，秃鹰啄噬，恶鬼折磨，受尽了难以忍受的痛苦。但他既不为神仙们的声色娱乐所诱惑，也不被恶鬼们的残酷刑罚吓倒，而是坚贞不屈，大义凛然，同暴君斗争到底。诗人笔下的普罗米修斯是"道德和智慧十全十美的典型"，他"非但勇敢、庄严、对于万能的威力作坚忍的抵抗，而且毫无虚荣、妒忌、怨恨，也不想争权夺利……动机既纯正，目的又伟大"。普罗米修斯和朱庇特的斗争，实际上是压迫者和被压迫者的斗争，是人民群众与专制统治的斗争。诗剧中的冥王比朱庇特更强大，更有力量，代表着"永恒的必然性"。当他遵从自然的规律现在朱庇特面前，喝令朱庇特退位的时候，朱庇特"困兽犹斗"，"竭力挣扎"。于是，"经过了一场恶斗"，太阳失色，星辰战栗，冥王使用旋风、闪电、冰雹给朱庇特以无情的打击，最后把朱庇特埋葬入地狱的深渊。雪莱一贯主张社会改良，鼓吹以理智和道德作武器，革除社会弊病，实现社会正义。反对革命暴力，但在这部诗剧里，雪莱却在一定程度上肯定了革命暴力的合理性和必要性，它真实客观地揭示出专制统治决不会自动退出历史舞台，只有通过暴力手段才能推翻暴君，实现人民的自由解放。诗人以欢快的旋律描绘了暴君被推翻、普罗米修斯被解放之后地上人间的欢乐、幸福景象：

> 只见许许多多的皇座上都没有了皇帝，
>
> 大家一同走路，简直像神仙一样，
>
> 他们不再互相谄媚，也不再互相残害；
>
> 人们的脸上不再显示着仇恨、轻蔑、恐惧……
>
> 人类从此不再有皇权统治，无拘无束，自由自在，
>
> 人类从此一律平等，没有阶级、民族和国家的区别，
>
> 也不再需要畏怕，崇拜，分别高低；
>
> 每个人都是管理他自己的皇帝；
>
> 每个人都是公平、温柔和聪明。

这个没有阶级，没有国家，没有皇帝，没有压迫奴役的国家；这个人与人一律平等，相亲相爱，自由自在的人间乐园，同暴君统治下的黑暗王国，同当时丑恶的资本主义社会形成鲜明的对比，反映了诗

人对充满着压迫、剥削、欺骗、仇恨、痛苦、灾难的现实世界的不满，对美好未来的幻想，对光明前途的信心。

雪莱不但是个优秀的政治抒情诗人，同时也是一个热情的大自然的歌者，他创作了许多格调清新、意境优美的自然诗，歌唱自然，歌唱爱情，歌唱生活，歌唱理想，洋溢着浓烈的乐观主义情绪，至今仍在激励着人们奋发向上。

《云》中的"云"是一个活泼的精灵，它"给干渴的花朵从海河带来新鲜的阵雨"，它抖动羽毛，"摇落的露珠唤醒了百花的蓓蕾"，它"把雪筛落到一片山岭，老松都被压得呻吟"，它"用冰雹打谷禾的枷，又把绿野染成白色"，它"以火带绕太阳"，又"给月亮系上珠链"。有时，它"坐着闪电"，"在雷声中笑着走过"；有时，它"卷翅歇在空中，静得像伏巢的白鸽"；有时，它"像座桥在汹涌的海上支起"；有时，"又像是不透阳光的屋顶"。"云"被描写成富有创造性的仙子，它在天空、大地和海洋之间造就着无穷无尽的瑰丽景象。"云"被描写成欢乐的使者，它不停地创造着、变幻着，永远是生生不息，欣欣向荣。"云"还被写成人类的象征，革命者的象征。

《云雀》是一首歌颂欢乐的诗，诗一开始便给我们描绘了一个明净高远的意境，只见"欢快的精灵"云雀：

> 从大地一跃而起，
> 往上飞翔又飞翔，
> 犹如一团火云，在蓝天
> 平展着你的翅膀，
> 你不歇地边唱边飞，边飞边唱。

这只在蓝天、夕阳中展翅飞翔、放声歌唱的云雀鄙弃尘世的污浊，厌恶空洞浮华的腔调，它只以清新纯洁的感情、自然无华的歌声，诉说内心的忧愁、哀伤、快乐和幸福，诉说对自由的向往和憧憬，并不停地向人间撒播着同情、爱和希望。最后，它溶合于淡紫色的黄昏，像一颗明星沉没了，但欢乐之音仍依稀可闻。这声音，像晨星闪烁，像月华流溢，像彩虹滴雨，像诗人的歌，像少女的琴，像萤火闪光，像玫瑰散香，比对爱情和美酒的赞誉还要动人，比凯旋的歌声和婚礼的合唱还要热烈。云雀是雪莱形象的自我写照，从中我们可以感受到诗人对生活的无限热爱，对美好事物的执着的追求，以及对自由社会的无限渴望。

《西风颂》是雪莱抒情诗中最脍炙人口、流传也最广的一首。诗人在诗中以豪迈奔放的激情歌颂狂暴有力的西风：

> 哦，狂暴的西风，秋之生命的呼吸
> 你无形，但枯死的落叶被你横扫，
> 有如鬼魅碰上了巫师，纷纷逃避：
> 黄的，黑的，灰的，红得像患肺痨，
> 呵，重染疾疠的一群：西风呵，是你
> 以车驾把有翼的种子催送到
> 黑暗的冬床上，它们就躺在那里，
> 像是墓中的死尸，冰冷，深藏，低贱，
> 直等到春天，你碧空的姊妹吹起
> 她的喇叭，在沉睡的大地上响遍，
> （唤出嫩芽，像羊群一样，觅食空中）
> 将色和香充满了山峰和平原；
> 不羁的精灵呵，你无处不运行；
> 破坏者兼保并者：听吧，你且聆听！

诗人赞美西风以磅礴之势驱散空中的流云，召来冰雹、大雨和雷电，为黑暗的世界唱出葬歌；他赞美西风把沉睡的大海唤醒，掀起汹涌的波浪，震撼海底的花草树木。诗人笔下的西风具有明显的象征意义，它是革命力量的象征。诗人借西风扫落叶来象征革命力量消灭反动势力；借西风吹送种子来隐喻革命力量的积蓄和传播。西风不仅无情地破坏黑暗的旧世界，而且又催生出新生活的萌芽。全诗共五节，前三节分别抒写西风在大地上横扫落叶、在天空中席卷流云和在海洋里翻腾海水的威武气势；后两节诗人直接入诗，表达了诗人献身革命的强烈愿望。诗人表示自己要作革命的号角、预言的喇叭，向人们传播革命的思想，预言美好的未来：

> 就把我的话语，像灰烬和火星
> 从还未熄灭的炉火向人间播撒！
> 让预言的喇叭通过我的嘴唇
> 把昏睡的大地唤醒吧！要是冬天
> 已经来了，西风呵，春日怎能遥远？

诗人总是与爱联系在一起的，雪莱也不例外，他也写了许多爱情诗。但雪莱是个"不解世事的天使"，尽管有很多名媛贵妇、天真少女倾慕于他，但他总是局限于精神之恋，他写的爱情诗，大都是写他对精神美的追求，理想的品质多于感情的品质，高尚的感情多于情欲的渴望。看下面两节诗：

> 我奉献的不能叫爱情，
> 它只算得是崇拜；

第五章 "天才的预言家"——雪莱

连上天对它都肯垂青，

想你该不致见外？

——《给——》

我怕你的风度、举止、声音，

你却无须害怕我的；

这颗心以真诚对你的心，

它只纯洁地膜拜你。

——《给——》

还看着我吧——别把眼睛移开，

就让它飨宴于我眼中的爱情，

确实，这爱情不过是你的美

在我的精神上反射出的光明。

——《给——》

在这些诗中，人们看不到热辣辣的爱情表白，只感觉到一种淡淡如水的柔情，像春天新绽的花那样纯洁，像冬天新降的雪那样透明。从这些诗中我们可以看到，诗人所理解的爱情乃是在精神上对于美的纯洁无私的崇拜。这些诗，无疑会对读者的心灵起着陶冶和净化作用。

实际上，雪莱一直认为，诗的目的就是用来陶冶人的心灵。他说："诗增强了人类德性的机能，正如锻炼能增强我们的肢体。"[1] 他所有的诗，可以说都是在这个基本的文学思想的指导下创作出来的。

---

1 ［英］雪莱：《为诗辩护》，《古典文艺理论译丛》第 1 辑，人民文学出版社，1961 年，第 85 页。

第二节　黄金城的革命

《伊斯兰的起义》是一首集中体现了雪莱的思想矛盾的浪漫主义长诗，其副标题为"黄金城的革命"，写成于 1817 年 9 月间，初版于 1818 年。

长诗开头是一个寓言故事：法兰西革命被扑灭后，诗人走上海岬顶峰，看见一只鹰（代表恶）和一条蛇（代表善）相斗。经过一天激战，黄昏时分，蛇坠入海中，鹰则飞升上天。诗人从高处走下来，到达海岸，看见一位美女坐在沙土上，旁边泊着一条小船。这女子看见受伤的蛇在海水中游动，就用歌声把它吸引过来，敞开自己的胸怀，让蛇爬进去养伤。那女子邀请诗人、蛇一同出海航行。她说开天辟地以来，就有善与恶的斗争，劝他不要因为一时的挫折而失望。小船向前驶去。到一所庙宇前停住，这女子走进庙宇就消失了。

诗人慨叹祖国遭到暴政蹂躏，人民被奴役，宗教迷信横行。他要唤起民众，推翻压迫者。他的名字叫莱昂，那女子的名字叫西丝娜，是与莱昂父母住在一起的孤儿。莱昂说他作诗是为了解脱人类所受的束缚，他歌颂西丝娜是天才和力量的结合，后者表示愿意组织娘子军参加战斗。

当莱昂和西丝娜熟睡之际，一群武装士兵把他们包围起来。莱昂趁他们不备，抽刀杀死了三个士兵，但最后被人击倒，押送到一个山洞里监禁起来。莱昂备受饥渴之苦，但被一位老人搭救。他和老人一道向群众宣传真理；群众纷纷起来响应。这时西丝娜也和妇女们一同到来。西丝娜一席话，说得奴隶兵屈膝投降，倒戈起义。但暴君的卫队继续顽抗。众人包围了他们，以人类爱的名义劝说他们放下了武器。西丝娜在革命胜利后声称反对对暴君实行恐怖政策，认为这只是另外一种"怯懦和堕落"的表现。

反动的雇佣部队乘人民军不加戒备，又卷土重来；人民起来反击，但遭到诗人的反对。他主张放了暴君，"使人性获得新生"。这时莱昂唱起了自由、平等、博爱的赞歌，提倡素食主义，说要让科学和诗歌的光明普照大地，并大摆自由的欢宴，不但一切人类，连飞禽走兽也可以参加。

暴君起来反扑，人民惊慌失措，诗人率领群众后撤；两军激战。莱昂等身陷重围，几乎全军覆没。西丝娜挣脱身上捆绑的绳索，夺马抢刀，只身来救，也被奴隶军掳获。暴君奸污了西丝娜，使她生下一个婴儿。不久，西丝娜逐渐恢复了信心和力量，表现出乐观主义和坚定精神。这时，突然发生了一阵地震，西丝娜感到自己又有了自由，登上一只开来的小艇逃走了。

西丝娜攻击宗教，痛斥强权，继续向人民宣传仁爱、正义、真理和忍让，提出了人人平等的口号；在她的教育下，奴隶们发誓要争取自由。

西丝娜等到达了黄金城，她向人民揭露暴君阴谋用黄金、宗教、习俗等势力来重振政权，揭露遗老们的反动说教，认为在善恶的斗争中，善将必然取得胜利。

这时，路易十六怂恿欧洲各国君主对革命的法国实行武装干涉，雅各宾专政时期英国、奥地利、普鲁士、西班牙和意大利的军队结成同盟入侵法国，带来了大屠杀，瘟疫和饥荒，物价飞涨，人民被迫卖儿鬻女。诗人揭露反动统治者假上帝之名屠杀人民，国王下令悬赏捕杀莱昂夫妇。

诗人寄希望于未来。在敌人面前，他自称愿为他们解除痛苦和恐惧。他力图用光荣、自由去说服君主们放弃对人民的压迫。青年们表示拥护他，但立刻遭到暴君的屠杀。这时，一位自称为莱昂之友的人建议搞一次政治交易：反动派把西丝挪送到美国去，他把莱昂送回来作为代替。国王同意了；这人把面纱一揭，原来他就是莱昂本人。国王把莱昂逮捕了。

西丝娜的女儿向国王恳求，免莱昂一死，国王不许。这时，西丝娜突然出现在大家面前。教士力主把她和莱昂一起杀了，但奴隶军不肯动手。西丝娜说服奴隶们把她绑上火刑柱，带着微笑死去了。最后莱昂夫妇和西丝娜的女儿一同坐着小船，航行了三个昼夜，驶进了一个有精灵庙宇的小岛港口栖身。

诗人自己在"序言"中谈到为什么写这首诗时说："现在我奉献于世人的这个诗篇，仅仅是一种尝试，我简直不敢指望获得什么成功；即使是一个成名的作家，做不好这个尝试，亦不足引为羞辱。这篇诗是对于公众思想气质的一种实验——实验那些开明而有教养的人渴望改善社会道德和政治风气的心情，究竟能在何种程度上胜过那曾摇撼我们时代的风暴。我设法运用了音律和谐的语言，联翩的飘逸幻想，人类情操的种种急骤而微妙的变化，运用了构成一个诗篇的一切要素，借以宣扬宽宏博大的道德，并在读者心目中燃起他们对自由和正义原则的道德热诚，对善的信念和希望；这些绝不是暴力、曲解或偏见所能使其绝迹于人间的。"又说，他要在这首诗中展示"热衷于美德并致力于人类爱的那样一颗心灵的成长和进展过程；它怎样促使想象、颖悟、感觉等方面极其莽撞而异乎寻常的冲动获得陶冶和净化；它对于光天化日下人压迫人的一切现象的忍无可忍；它想要唤醒群众的希望，启发人类和促使人类进步的意愿；……一个庞大的民族怎样从奴役和屈辱中觉醒过来，并真正理解了道德和尊严和自由；以不流血的方式推翻压迫者"。[1]

1　[英] 雪莱：《伊斯兰的起义·原序》，上海译文出版社，1978 年，第 1—2 页。

《伊斯兰的起义》这首诗原以诗中男女主角的名字题为《莱昂和西丝娜》，副标题是《黄金城的革命》，但出版后因诗中攻击暴君和宗教的地方过于激烈，出版商要求雪莱修改，雪莱迫不得已，改为《伊斯兰的起义》。莱昂（Laon）在希腊文中的意思是"人民"，莱昂管他的爱人叫莱昂妮，意谓"女人民"。所谓"伊斯兰的起义"，就是男女老百姓起而反抗暴君的意思。

尽管诗人声称《伊斯兰的起义》是一首叙事诗，实际上叙事的成分很少，故事情节也很简单，更多的是诗人的哲学沉思。其中贯穿始终的哲学思想是：善必将战胜恶。

在"第一歌"中，诗人慨叹"被践踏的法兰西已丧尽最后的希望，像一场了无痕迹的繁华春梦"，诗人摆脱了失望的幻象，爬上海岬的顶峰，看到了一场惊天动地的蛇鹰之斗，这也是一场善恶之斗的序幕。鹰和蛇一场恶斗的结果，蛇战败了，落入水里——蛇的失败象征着善的暂时失败，也即法国革命的暂时失败。接着就出现了一个"明媚犹如晨光的少女"——自然和爱的精灵，救起了那条蛇，带着诗人出海远航。精灵劝诗人不要失望，并对他说：善和恶两种力量，从"太古混沌"起就"势均力敌"地统治着这个世界，并不断彼消我长：

> 这斗争正是这样——一旦人类
>
> 奋起和压迫者进行浴血的恶斗，
>
> 一旦自由思想如闪电般辉映，
>
> 正义和真理在人民大众的心头
>
> 并肩发动一场无声的战斗，
>
> 去反对习俗的九头蛇，而教士和君王
>
> 以嬉笑怒骂来掩饰内心的隐忧，
>
> 一旦纯洁的心灵里积起了希望，

鹰和蛇就上场——世界的基础发生震荡！

（第1歌第33节）

当他们到达一座光彩夺目、绚丽无比的庙宇时，诗人在那里看到了"伟大的思想谱成的诗篇"，看到了善和恶这一对"孪生的精灵振翅起舞时的表演"，看到了那个伟大的神（也就是泛神论者所谓的"世界的精灵"或"宇宙的主宰"），他告诉诗人："那两个伟大的精灵已经归来……这显示了人类的力量，别失望——要善于理解！"

这种象征贯穿全诗，所以，虽然全诗充满浪漫幻想，也有充沛的激情，但因诗人是用象征性的语言和手法来谱写革命的浪漫幻想的，它的现实意义也都是影影绰绰地掩映在丰富多彩的自然风光里，所以我们很难理解这种激情后面诗人到底蕴涵着什么样的哲理，因此可以说这是一首十分不好懂的诗。按照雪莱一般象征符号的意义来说，庙宇象征美与崇高的理想世界，船是用以逃避丑恶的现实世界、驶往理想世界的工具，其他如"帷幕"，则象征暂时遮蔽了真理与光明的黑暗势力。但统读全诗，我们还是基本可以理解诗歌的主题的：法国大革命以后，诗人从失望的心情中挣脱出来，驾起理想的帆船，寻找美好的世界。得出的结论是：人类有力量击败罪恶，不必失望！

当然，诗歌所表达的理想、希望和抱负主要是通过两个主人公来体现的。莱昂既是神的人格化，也是诗人自己理想的人格化。他很早就受过希腊民主思想的影响，又受过18世纪启蒙思想的影响，当他看到欣欣向荣的世界变成了被蹂躏的同胞的地牢之后，他以"天赋人权"的思想出发，认为人人都是大地母亲的儿女，都应该享受幸福和平静的生活，于是他发誓要改变这种黑暗的现状，于是他振臂高呼，号召他的人民：

决不允许维持这样的局面！

你们这些光荣祖先的后裔，

在黑暗和毁灭中被禁锢了太长的时间！

希望是那么坚强，而正义和真理

也找到了它们的羽翼丰满的孩子。

醒来，起来，让事业的洪亮的声音

如风卷残云，把压迫者的王座击碎！

让大地收拾尽最后的祭坛上的微尘，

那偶像早就辜负了你们不应有的信任！

（第 2 歌第 13 节）

非这样不可——我一定要把群众唤醒，

叫他们像一座蕴藏着硫矿的大山

突然从积雪下挣脱了百年的昏沉，

轰然爆炸，迸出净化的火焰，

溅遍整个的人间，谁能遮拦！

（第 2 歌第 14 节）

西丝娜与莱昂具有同样的见解、抱负，她从莱昂身上汲取到一种力量，也要和莱昂一同去搞革命，去唤醒妇女投身于伟大的解放事业：

我要踏碎傲慢所盘踞的金殿；

来到贫苦人居住的无顶小屋

和肮脏的地窖；我一定要去走遍

妇女受暴君欺负的每一个处所，

用你那回肠荡气的隽美的乐曲，

把俘虏们唤醒，然后从你精神的源泉，

从你那个伟大的理智的宝库，

舀出水晶的清泉泼向失望者身上，

让他们获得力量，重新产生出希望。

（第 2 歌第 41 节）

　　但西丝娜的革命手段和莱昂是一样的，即用理智和爱来改变不合理的一切。这里明显看出葛德文的"理智万能说"对雪莱的影响，即认为"伟大的光明唯有诞生于高尚的思想"，所以只主张用说服的办法唤醒群众，教育敌人，不主张用暴力进行革命。当经过黄金城一战，群众旗开得胜，暴君成了阶下囚，激怒的群众要宰了他时，莱昂却走上前大呼住手，因为在他看来，革命尽管革命，但却不能弑君，而只主张用"爱"的力量感化暴君，让他获得"人性的新生"，因为"爱和欢乐会把最卑劣的心田建筑成鲜花盛开、和平常在的乐园"，这与葛德文的思想又同出一辙。但雪莱毕竟高出葛德文许多，他没有回避写被救的暴君背信弃义，纠集各国君主向革命进行反扑。正当胜利的人民刚刚筑起联邦圣坛、高唱自由之歌之时，暴君倾巢来犯，人民被迫拿起武器来自卫。诗人爱憎分明地揭露了暴君的杀人如毛和人民的誓死抵抗。这说明，诗人的感情已由开头的阻止处死暴君转而同情人民以暴力手段进行自卫了。

　　莱昂的形象是完全根据雪莱理想中的诗人的思想高度而塑造的。他能言善辩，把美德和正义的哲学传布给群众，揭露宗教迷信，挞伐专制暴政；他不是一个歌唱英雄的诗人，而是诗人所歌唱的英雄，是战斗者。奠定他信仰的哲学基础是善必战胜恶的"真理"或"必然性"；正因为如此，他具有"把他人的苦乐看做自己的苦乐"的伟大胸襟，相信人类的未来，看到了在冰厚霜繁的冬季后面接踵而来的春天。也正因此，他和西丝娜都视死如归。他们当然不愿意白白等死。莱昂被关进塔牢的 7 年中，是"正待去夺取胜利"的时候，他坚决批判了自己一死以"逃避"责任的错误想法；当西丝娜被囚在岩洞里的苦难年月里，每逢产生死的念头，她就想到莱昂还在战斗，"灾难的尸衣""依旧笼罩着人世"，于是拿地牢里"高尚而果敢的好汉"和拷刑台上"受辱妇女的伟大人品"来勉励自己。可是等到非死不可的时候，他们却毫不畏惧，勇敢地双双携手走上行刑台，并且引吭高歌：

> 这正是世界的冬季；就在这里，
> 我们死亡，一如阵阵秋风
> 在大雾弥漫的、严寒的天空里咽气；
> 瞧，春天来了！我们的生命虽告终，
> 但春天的诞生早在我们意料中——
> 犹若山间的阴影烘托出朝阳，
> 我们的死亡会促进人类的前程；

（第 9 歌第 25 节）

　　对雪莱来说，"美"象征着人类美好的未来；"爱"则意味着在未来美好的社会里，人人"和睦相处、互敬互爱"，为了实现这个目的，莱昂夫妇可以以身殉"爱"——牺牲自己的生命来促进人类的进程，这就具有了深厚的现实主义和浪漫主义精神，使人感动，促人奋发。

　　当然，雪莱的革命浪漫主义决不同于今天的革命浪漫主义。由于诗人把社会发展只看作人性的发展，把阶级斗争狭隘地、抽象地看作善与恶、正义与非正义的斗争，往往以自然现象来解释社会现象，以建立"美"和"爱"的理性王国为依据，因此，诗人在整个诗篇中所提出的改革社会的方案就未能越出资产阶级和人道主义思想的范畴，一味歌颂和平，礼赞仁爱；莱昂和西丝娜本身的命运就说明了：革命者的唇枪舌剑是摧不毁宗教，赶不走暴君的，恰恰相反，是暴君与宗教骗子狼狈为奸，把革命者的唇枪舌剑和革命者的肉体一起消灭了。这说明，当时的雪莱只知道对美好的未来寄予朦胧的信念，但并未了解如何使这个幻想变成现实。这种改良主义思想到后来发生了变化，在《解放了的普罗米修斯》和《希腊》中，诗人已开始直接歌颂暴力革命，号召人民起来推翻暴政了。

第六章 发动一场革命的文人英雄
——雨果

第一节 在革命和人道主义之间彷徨

在法国文学史上，维克多·雨果是发动了一场文学战争的小说家、诗人、戏剧家、文学评论家，是 19 世纪法国，乃至整个欧洲浪漫主义运动的精神领袖，也是整个法国文学史上最有才华的作家之一。他的文学生涯达 60 年之久，从他的一生，可以找到 19 世纪法国重大历史进程和文学发展脉络的痕迹。

雨果出生于法国东部的贝尚松省，父亲本来是个木匠，法国大革命期间参加了革命军，因作战勇敢，后被拿破仑提升为将军，因受益于革命，所以雨果的父亲对革命充满了感激之情，是个坚定的共和主义者，曾在西班牙任过职。雨果小时候跟着自己的父亲到过意大利和西班牙，并在异域接受了自己启蒙教育：先是在西班牙受小学教育，后在马德里贵族学校读书，直到 10 岁时才和两个哥哥与母亲一起回国；雨果的母亲与丈夫可谓是同床异梦，她笃信天主教，拥护波旁王朝，激烈反对拿破仑，在雨果的印象里，父母常因主义不同而争吵不休。

受母亲的影响，童年的雨果表现出明显的保皇主义倾向。这一时期他已开始创作，并且目标明确："要么做个夏多布里昂，要么什么也不做。"1817年，法兰西学士院出诗题进行征文比赛，15岁的雨果以诗歌《读书乐》获奖，受到40位院士的称誉。1822年，雨果又把少年时代的诗收在一起，取名《颂歌与杂诗》出版，这些诗歌颂封建复辟王朝，指责革命，国王路易十八看了十分高兴，赏赐给他每年一千法郎年金。靠着这笔钱，雨果同一位青梅竹马的姑娘结了婚。

然而，雨果的保皇主义思想并不是十分坚定的，就在他如此受到皇室的宠爱时，他的思想中已绽露了觉醒的萌芽，当然这是由一系列他耳闻目睹的具体事件促发的。20年代中期，在法国人民反复辟王朝的斗争中，在世界范围内的人民解放运动中，青年雨果慢慢转向了资产阶级自由主义立场。他欢迎1830年7月革命，但又同7月王朝妥协，因此，他于1841年被选入法兰西学士院，1845年还被封为伯爵。但他的思想始终处于矛盾之中。1848年6月工人起义爆发后，他对工人的革命并不理解，他认为人民的起义是"自己反对自己"，但他又觉得人民的行动是争取自己权利的"神圣的愤怒"，并且在工人起义失败后还千方百计救助工人。当大多数资产阶级代表人物站在反革命一边，阴谋要毁灭共和时，雨果却越来越坚定地站在了革命的一边，从自由主义转向共和主义立场上来。1851年12月，共和国总统路易·波拿巴发动政变，雨果参加了反政变的共和党人的起义，波拿巴恨得咬牙切齿，下令通缉，从此他被迫流亡国外达19年之久。但就在流亡期间，他仍一直坚持反对拿破仑三世的斗争，他发表了小册子《小拿破仑》，并写出揭露政变始末的文章《一桩罪恶的始末》。1853年，他又发表了政治讽刺诗集《惩罚集》，也是揭露拿破仑三世的。他愤怒地谴责这个独裁的暴君肆无忌惮地镇压人民，说他"把清白的人都关进监狱、囚牢"，给人民制造了一条锁链，他拘禁，他放逐，他贬谪坚定而热爱自由的思想家；"他压制热情、希望、回忆，他压制自由、法律、未来、进步"。

雨果一贯反对侵略，支持被侵略人民的正义斗争。1860 年英法联军侵入北京，火烧圆明园。听到这个消息，此时还在流亡的雨果非常愤怒。1861 年 1 月 25 日，他发表公开信，一方面极力称赞圆明园是"神奇的人民""整整两代人创造出来的宏伟建筑"，另一方面则愤怒谴责"维多利亚女皇和拿破仑皇帝的联合舰队"所进行的侵华战争以及对圆明园的疯狂掠夺和摧毁，他称他们为强盗，说"这些强盗中的一个装满自己的口袋，另一个装满了自己的箱子……这就是关于两个强盗的故事"。他预言侵略者必将受到历史的审判，到时候，"一个强盗就会被人叫作法兰西，另一个被人叫作英吉利"。

1870 年普法战争爆发，拿破仑三世失败被俘，第二帝国崩溃，流亡了 19 年之久的雨果回到了自己的祖国。一回国他就满怀爱国之心，以各种形式到处奔走呼吁，号召人民起来保卫自己的国家，并以自己的稿费所得买了两门大炮，送往前线，其中一门就命名为"雨果"。

但思想上的矛盾始终困扰着他，当巴黎公社起义爆发后，他一方面佩服工人战士不惜牺牲捍卫自由的精神，但同时又谴责公社的恐怖政策，谴责他们在此国难当头的紧要时刻发动起义等于葬送自己的国家。但当起义失败，凡尔赛分子疯狂镇压公社社员时，他又千方百计为蒙受迫害的社员辩护，呼吁将他们全部赦免，并在报纸上发表声明，把他在比利时首都的私人住宅作为流亡在外的社员的避难所，为此他在巴黎的住宅受到袭击，他自己也险些送命，但他初衷不改，始终坚持为公社社员辩护，坚持将他们全部赦免。

1885 年 5 月 22 日，雨果在巴黎逝世，消息传出，整个法国和欧洲都受到了震动。巴黎公社的参加者发表宣言，号召社员参加葬礼。法国人民为自己伟大的诗人举行了国葬。他的灵柩在凯旋门下停了一昼夜，群众仍不散。上百万人高唱《马赛曲》护送着雨果的遗体到法国伟人墓地——先贤祠安葬。

雨果的创作生涯长达 60 余年，经历了浪漫主义和现实主义两个阶段，他后期创作的现实主义因素大大增强，但总体说来他仍是位典型的浪漫主义作家。

雨果没有系统的理论主张，他的美学观点主要散见于一些短论或序跋中，如《论司各特》《论拜伦》《莎士比亚论》《〈欧那尼〉序》《〈克伦威尔〉序》，特别是后者，被公认为浪漫主义的宣言，具有划时代的意义。

这篇序言矛头直指当时霸据文坛但已腐朽堕落的古典主义，勇敢地吹响了宣战的号角，充满了战斗的激情。文章认为，社会是发展变化的，每个时期都有与自己相适应的文学，既然支配世界的并不永远是同一种社会形式，当然也就没有永恒不变的艺术，因此，盲目模仿古代是非常荒谬的。在新时代，必须打破古典主义的桎梏。他宣称文艺创作只应遵守"翱翔于整个艺术之上的普遍的自然法则"，"诗人只应从自然和真实以及既自然又真实的灵感中得到指点"。但雨果所谓的真实不是客观的真实，而是浪漫主义者心中的真实，是经过诗人主观想象过的真实。他认为这种真实，即艺术的真实高于自然的真实。就如他在说明"戏剧是一面反映自然的镜子"时所强调的：这不是"一面普通的镜子，一块刻板的平面镜"，而是"一面聚集景物的镜子，非但不减弱原来的颜色和光彩，而且把它们集中起来，凝聚起来，把微光变成光彩，把光彩变成光明"，[1] 这实际上就是浪漫主义的夸张、想象和理想化。

1　[法] 雨果：《克伦威尔·序》，《雨果论文学》，上海译文出版社，1980 年，第62 页。

《〈克伦威尔〉序言》发表后，雨果成了当时正在法国蓬勃发展的浪漫主义运动的精神领袖。在这面旗帜的指引下，当时法国著名的或已崭露头角的作家如圣伯甫、梅里美、司汤达、缪塞、大仲马、巴尔扎克等人，紧密团结在他的周围，并围绕着雨果于1830年创作的剧本《欧那尼》的上演，与古典主义者进行了面对面的斗争，从而彻底摧毁了古典主义的阵线，取得了浪漫主义在法国乃至整个欧洲文坛的最终胜利。

雨果以诗人、小说家著称，但戏剧创作同样也不容忽视，其他剧作还有揭露宫廷荒淫无耻的《国王取乐》，揭露女王与宫廷大臣之间钩心斗角的《玛利·都铎》，以及描写贵族争权夺利的《吕伊·布拉斯》。

雨果是以诗人的身份登上文坛的。其中最有代表性的诗集有《东方集》，表达作者对20年代希腊人民反抗土耳其统治，争取独立自由斗争的同情，富有东方情调；《惩罚集》，揭露拿破仑的窃国罪行；《秋叶集》，思考人的命运，歌颂人民，鞭挞暴君；《静观集》，其中既有优美的田园诗，也有描写人民疾苦的社会诗，也有歌咏爱情的情诗和探索人生奥秘的哲理诗；《凶年集》，反映作者在普法战争和巴黎公社起义期间的矛盾、痛苦心情；《历代传说》，被称为法国乃至世界诗歌史上最完美的抒情诗之一。

雨果最大的文学成就体现在小说创作方面。《穷汉克罗德》探讨了工人贫困及由此造成的犯罪问题。主人公克罗德失业后为了妻儿偷了一块面包，被捕入狱。由于他诚实、豪爽，赢得了周围人的尊敬，但监狱里的工厂厂长却想方设法刁难他，迫害他，最后他忍无可忍，杀死了厂长，自己被判死刑；《海上劳工》，描写了人与大自然进行的惊心动魄的搏斗，以及为了他人的幸福而自我牺牲的精神；《笑面人》，描写17、18世纪之交英国宫廷的斗争，揭露了英国统治阶级的残暴和人民群众的苦难。在雨果的小说中，除《巴黎圣母院》外，最有代表性的是《悲惨世界》和他最后一部小说《九三年》。

《悲惨世界》从 40 年代开始创作，直到 1862 年才发表，前后达 20 年之久，所以小说的覆盖面也非常广。小说从主人公冉·阿让出狱的 1815 年写起，向上可以追溯到他入狱的 1795 年，向下展示了 1832 年巴黎街垒战，其经历包括拿破仑当政、波旁王朝复辟与七月王朝三个时期。冉·阿让一生的悲惨历史是小说的主线。他本是一个普通工人，他的姐姐有七个孩子，全靠他来供养，但尽管他终年劳动，没有休息，没有恋爱，但所得仍不够养家糊口。1795 年他失业了，境况更糟糕，为了七个嗷嗷待哺的孩子，他有一次忍不住偷了一块面包，结果被捕入狱，先判 5 年，他几次越狱不成，刑期倒加到 19 年，刑满释放后他又因抢一枚铜币而被警察沙威追捕；后来受米里哀主教的感化，他一变而成为一个乐善好施的人，化名马德兰，搞革新发了财并被推举为市长；但不久又因暴露了过去的身份而被捕，逃出后他从坏蛋德纳第手中救出妓女芳汀的女儿珂赛特，逃往巴黎；因此又不断受到警察的追捕；后来他在街垒战中救出身负重伤的马吕斯，成全了珂赛特和马吕斯的爱情；后来又遭马吕斯的误解而主动离开这对夫妇；最后马吕斯从德纳第口中知道自己的救命恩人就是冉·阿让时，羞愧难当，连忙和珂赛特一起赶到冉·阿让的住处，这时冉·阿让已经奄奄一息。在这对小夫妻的怀抱里，老人终于走完了自己的悲惨一生。

在小说的"序"中，雨果这样写道："只要因法律和习俗所造成的社会压迫还存在一天……只要本世纪的三个问题——贫穷使男子潦倒，饥饿使妇女堕落，黑暗使儿童羸弱——还得不到解决……只要这世界上还有愚昧和困苦，那么，和本书同一性质的作品都不会是无用的。"就拿芳汀来说，她本是一个善良纯洁的姑娘，被人诱骗后沦落到社会的底层，她被社会剥夺了一切生存的权利，最后被逼去卖淫，受尽了一切凌辱，但当她稍微反抗一下一个无缘无故戏弄她的过路绅士时，警察竟然逮捕了她，理由是那位绅士有钱有权。她原先受骗生了一个私生女，后来把女儿交给一个叫德纳第的人抚养，结果等于把母女俩送进了虎口。德纳第不断写信给芳汀，对她进行敲骨吸髓的勒索，逼得她卖头发，卖牙齿，最后卖淫。雨果对这个罪恶的社会深恶痛绝，他在书中写道："据说，奴隶制从欧洲文明中消失了，这是错误的想法，它迄今还存在着，不过现在它的重荷落到了女人身上，它的名字便叫卖淫。"

这个世界是悲惨的，但如何改变它？在这个问题上，雨果有自己独特的观点，他认为要解决这一问题，必须从道德入手。在他看来，世界上存在着两种法律，一种是高级法律，即道德法律，以米里哀主教为代表，一种是低级法律，即世俗法律，只知道犯法就惩处，以警察沙威为代表。在米里哀看来，罪恶不能靠惩罚解决，而是应该饶恕，这样，人就会从灵魂上认识到自己的罪恶，才能从根本上解决社会犯罪问题，这种法律才最完善。而现行的法律单靠惩罚来解决社会犯罪问题，不但不能消灭犯罪，反而只能使犯罪加深。就以冉·阿让为例：长年的监禁生活把他从一个老实人变成一个罪犯，可当米里哀主教以仁慈之心感化了他时，他就成了一个真正的人，一个充满了博爱精神的人，他的转化足以说明米里哀主教所遵奉的道德法律的伟大。被感化的冉·阿让又用这种精神感化了自己的死敌警察沙威。沙威是现实法律的忠实代表，为此他冷酷无情，铁石心肠，不断迫害那些贫穷、饥饿、无家可归的人，一切对"社会秩序"构成危害的人。他残酷迫害冉·阿让多年，像影子一样追逐着冉·阿让，并直接造成了芳汀的死亡。后来在街垒战中，他被起义战士捉住，但冉·阿让在对他执行枪决时却放他走了，这时他才发现，原来自己一直迫害的人竟是个道德高尚的人，他的人性复苏了，他所执行的法律原则和他现在感受到的道德法律之间产生了不可调解的冲突，他最后只有以自杀来解决这种矛盾。这同样也是善对恶的胜利。是绝对的人道主义对世俗法律的胜利。这也是雨果一生所坚持的理想。

雨果思想上最突出的特点是具有极为典型的资产阶级人道主义，把超阶级的"爱"看作是救世的灵丹妙药。在长篇小说《九三年》中雨果说，"革命是低级真理，人道主义是高级真理"，还说，"在绝对正确的革命之上，还有一个绝对正确的人道主义"。

《九三年》写的是 1793 年共和国军队镇压旺岱反革命叛乱的故事，主要写了三个人物：共和国军队司令郭文，政委西穆尔登和叛军头领朗德纳克。他们虽是敌人，但私人关系却很复杂。朗德纳克是郭文的叔祖父，西穆尔登则是郭文的老师。战争一开始，郭文指挥军队将叛军打得节节败退，最后将敌人包围在一座古堡里；朗德纳克本已从暗道逃走，但为了救三个孩子却又跑回来甘愿被捕。郭文却将他从监狱中放走了，因为他认为朗德纳克的行为使他成了高尚的人。但他自己的行为却触犯了革命法律，西穆尔登判处他死刑，当郭文走上断头台时，他也开枪自杀，因为他认为自己处死郭文虽执行了革命法律，但违背了道德法律。这部小说处处流露出作者的矛盾心情：一方面他同情革命，认为革命是正义的事业，一方面又从人道主义出发，怀疑革命，认为革命毁灭了善良仁慈等道德原则。

雨果在临死前总结自己的创作说：我在我的小说、剧本、散文和诗歌中向权贵和铁石心肠的人呼吁，替小人物和不幸的人鸣不平，恢复了小丑、听差、苦役犯和妓女的作人权利。

总之，雨果是一个热忱的民主主义者、真诚的人道主义者。他幻想以人道主义的方式，以仁慈、博爱来解决社会问题，显然是幼稚的，行不通的。虽然如此，他毕竟对当时的黑暗、不平等的社会的伪善、冷酷进行了无情的揭露和讽刺，对下层人民的不幸表示了真诚的同情，并为他们得到平等的权利而进行了自己力所能及的斗争，这正是他最伟大的历史功绩。关于他，高尔基说过这样一句话："作为一个讲坛和诗人，他像暴风雨一样轰响在世界上，唤醒人心灵中一切美好的事物……他教导一切人爱生活、美、真理和法兰西。"[1]

第二节　"《欧那尼》之战"

《欧那尼》是一部五幕诗剧，是雨果戏剧方面的代表作，也是雨果完全按照《〈克伦威尔〉序》的理论主张写成的。围绕着这部戏的上演，守旧派和革命派展开了一场激烈的战斗，这就是法国文学史上划时代的重大事件，即所谓"《欧那尼》之战"。一方面是古典主义保守派纠集遗老遗少，在剧院捣乱，几乎对演员的每一句台词都要发嘘和哄笑，还做出种种丑恶动作，使演员难以正常演出；在剧院外，他们对剧本和演出造谣中伤，利用报纸进行歪曲报道，妄图在社会上造成《欧那尼》彻底失败的假象；但另一方面，以雨果的追随者为中心的革新派也毫不示弱，他们团结起来，决心构成一道铁幕，来捍卫他们心中的英雄。他们在剧院外书写"雨果万岁"的标语，在剧院内为保卫剧本每一个字的顺利演出，进行坚决的斗争。于是这部剧本演出过程中就出现了让人奇怪的情况：每当幕布拉开，剧场就会响起一阵暴风雨般的声音，其中既有"嘘嘘"的倒彩声，也有热忱的青年们热烈的喝彩声，就是在这样紧张的战斗气氛中，《欧那尼》一连演出了45场，持续了100多天。终于有一天，在演出过程中，这些声音慢慢小下去、小下去，终于静寂无声，连演员都觉得有点奇怪。直到最后演出结束，演员谢幕，观众才像大梦初醒一般，后悔不迭：守旧派后悔自己竟为剧情所吸引，结果忘了喝

1　［前苏联］高尔基：《高尔基论文学》，人民文学出版社，1979年，第50页。

倒彩；雨果的支持者后悔自己一心看戏，忘了叫好。这表明，《欧那尼》的演出宣告了古典主义的彻底失败，浪漫主义取得了决定性胜利。

是什么样的剧情如此吸引了正反两派的力量？剧情似乎并不复杂：主人公欧那尼出身贵族世家，但因父亲被先王杀害，他被剥夺了一切，于是就沦落山林，准备杀死当今国王卡洛。戏剧开场时，"为恨而生"的强盗却爱上了贵族小姐莎尔姑娘，后者虽然出身贵族，但自幼父母双亡，寄居在叔父老公爵吕古梅家里。她的美貌引起了国王的垂涎，而吕古梅也想将她占为己有，但姑娘只爱强盗。围绕着对莎尔姑娘的争夺，各方进行了紧张的斗争。一次欧那尼被国王追赶，被吕古梅所救，于是欧那尼把自己的号角交给了吕古梅，说自己的生命从此就属于吕古梅了，无论吕古梅什么时候吹起号角，他都马上自杀。后来国王为了更大的野心，就放弃了对莎尔的追逐，并赦免了欧那尼，同意他们结婚，但就在一对情侣迈向新房的瞬间，嫉妒的公爵吹响了索命的号角，欧那尼闻声自杀，莎尔也随之自杀，双双倒在新房的门前。吕古梅在逼死他们后自裁身亡，而西班牙国王卡洛已成为查理五世，登上神圣罗马帝国皇帝的宝座。

剧中的三个男主角都体现了雨果的美学观点，都不是简单的好人或坏人，而是多重性格的组合体。他们都体现了中世纪的骑士精神，既爱荣誉，又爱美人，当爱情与荣誉产生矛盾时，又都能为荣誉牺牲爱情，只不过在三者之中，强盗最讲信誉而已。此剧一反古典主义的陈规陋习，并采取了很多奇情剧手法，完全给人一种耳目一新的感觉。

雨果在《〈克伦威尔〉序》中强调新戏剧的"地方色彩"和"时代色彩"，这使《欧那尼》充满了五光十色的异国情调，点缀出古色古香的中世纪历史特色。但作者的本意显然并不是要还原西班牙的一段历史真实，而是要借此反映法国七月革命前夕"整个青年一代和1830年法兰西的一个场景"，反映"七月革命时期鼓舞了法国青年的精神的真髓"。[1]戏剧的冲突虽然复杂多变，人物之间也矛盾重重，但本质上只是无权无势的青年人同主宰一切的最高封建统治者之间的矛盾斗争。剧本充溢着对封建统治者的愤怒控诉和抗议，激荡着青年人反抗整个黑暗社会的叛逆精神。在以前的古典主义戏剧中，国王和上层贵族是歌颂的对象，但在这个剧本中他们却成了丑恶的化身，受尽嘲笑和憎恨，而一向受到古典主义戏剧排挤的强盗却成了崇高的胜利者，这正如剧中一个人物说的："三个情人，一个应该是上断头台的强盗，一个是公爵，一个是国王，三人同爱一个女人，同时包围着她，三人一齐进攻，结果谁胜了呢？原来是强盗。"这可不是简单的爱情上的胜利，而是整个道义、思想和人格上的胜利。

作者让国王卡洛扮演了一个卑鄙小人的角色。他身为国王，却荒淫无耻，他私下贪恋莎尔的美色，却又假惺惺地将她赐给即将走向坟墓的吕古梅，其最终目的只不过既满足淫欲，又保持住国王的尊严，这是十足的小人行径，但又非常切合他作为无耻国王的身份。更有甚者，当他发现一直与自己作对的强盗欧那尼也在追求莎尔，而且莎尔也只爱这个强盗时，他竟然提议同欧那尼"平分她的爱情"。欲望的膨胀使他就像一条越墙穿洞的狗一样，不惜放下国王的"高贵"身份，做了一个专门跟踪盯梢莎尔的真正的强盗；最后他发现莎尔要跟欧那尼逃跑时，他竟趁黑夜亲自把莎尔抢走：

卡洛：……请你放心，现在抓住你的，不是强盗，却是国王。

莎尔：啊，不，你才是强盗呢，难道你不惭愧么？我倒替你脸红了。半夜三更，强抢妇女；难道说，这就算是一个国王的

1　[丹麦]勃兰兑斯：《十九世纪文学主流》第5分册，人民文学出版社，1982年，第36页。

德政吗？我那位强盗抵得过一百个像你这样的国王！

但国王的强盗行为虽然能把莎尔抢去，却不能获得莎尔的心。于是，他先用封她做"王后""王女"做诱饵，看此计不成，他凶相毕露，恶狠狠地威胁说："一个男人被你的魔力吸引了以后，不是变成天使，就是变成魔鬼"，"因为你厌恶我，才叫我变成老虎。你现在听到老虎在吼叫了"。

卡洛性格的复杂性表现在他不只淫邪，而且野心勃勃。他既贪恋美色，又觊觎罗马帝国皇帝的宝座。此时帝国皇帝晏驾，他决定乘机夺取这个"登峰造极"的皇位，"作一个人间的支柱"。为了实现这种个人野心，当他发现自己无论如何也不能使莎尔就犯时，他为了笼络欧那尼，不仅宽恕了欧那尼"犯上"的罪行，而且还为其复位封爵，并亲自下令，将莎尔赐给了欧那尼，恩准二人结婚。但这样做并不表明卡洛"要解决巨大问题的伟大业绩的殷切希望净化了他那热情奔放的抱负"。[1]他只是为了更大的野心，才暂时抛弃邪念，他对自己说："从此以后，你的爱情要寄托在日耳曼和法兰克身上，帝国就是你的情人！"这种贪欲和野心使他在赐给欧那尼爵士领章时，特别提醒欧那尼："你要忠君爱国，因为我已封你做爵士了。"

老公爵吕克梅从另一个角度证明了贵族阶层的腐朽和无耻。他是世代簪缨之后，位高势重，但极端自私、猥琐。他虽然已是"歪歪倒倒走向大理石坟墓去"的60多岁的老朽，但却死乞白赖地要占有年轻的莎尔。在莎尔的美貌、青春面前，他虽也有"自惭形秽"的感觉，但仍死死要求她"不惜任何牺牲"，陪伴他这个"只配进棺材的老废

1　[丹麦]勃兰兑斯：《十九世纪文学主流》第5分册，人民文学出版社，1982年，第34页。

物"。还假惺惺地用殉难天使的幸福和世人称赞的荣誉，欺骗莎尔心甘情愿地为他做出一切牺牲。他不但自私，而且可鄙可笑地爱妒忌，不管哪个男子接近莎尔，他都妒火中烧，不能自已。但这个垂死的贵族似乎还有一个"可敬的美德"，那就是还维持着贵族的荣誉感，如当卡洛王带兵到他家追拿欧那尼时，他出于"不能出卖客人"的贵族荣誉掩护了情敌欧那尼。但他却由此接受了欧那尼以生命相许的诺言，拿得了欧那尼的号角，相约只要他吹起这只号角，欧那尼便需闻声自杀，这和贵族传统的荣誉感显然又是背道而驰的。特别是最后他发现自己的一切努力都成为泡影时，眼看着莎尔同欧那尼将要结成幸福的一对，他的妒忌就自然变成了残忍。在一对青年即将踏上幸福的婚床时，他像从地狱里走出来的魔鬼一样，吹起了向欧那尼索命的号角，逼得一对高尚的青年双双死在还没踏进的洞房之前。这种结局表明：欧那尼即使能躲过卡洛暂时的妥协，但也躲不过整个贵族势力的利刃和毒药。这就有力地揭示出：国王、公爵是扼杀一切美好事物的封建黑暗努力的代表。

欧那尼和莎尔是体现叛逆精神的浪漫主义英雄，是当时法国"追求自由"的青年一代的代表。

欧那尼高尚、英勇、骄傲，从一出场就使整个剧作洋溢着一股青春豪气和反叛精神。他出身贵族却偏偏沦落为强盗，天天被法律追逐，只有带领一批"铁石心肠，不怕硬，也不怕软"的绿林大盗，在山林草莽之中与国王抗争、与不公平的社会抗争。他不畏权势，敢于痛骂吕古梅公爵是"老糊涂，老昏君"，嘲笑他这个"头垂到胸口，快要归天大吉"的老头，却垂涎一个年青小姐的姿色，并威胁利诱要娶她作自己的太太；他对国王更是怀着"不共戴天的仇恨"，他当面对国王宣布：总有一天，"我要提起钢刀，杀进你的胸膛，剜出你的灵魂"。

一个伟大的心灵之所以伟大，就是因为在这颗心里蕴藏的爱和恨都同样深刻。他爱莎尔，但不同于吕古梅的自私猥琐；他追求莎尔，但也不同于国王的贪婪强暴，他的爱是纯洁的、真诚的、热烈的而又无私的。当他发现国王、公爵都像老虎扑向羔羊一样在抢夺莎尔时，他不惜性命，奋力争夺，坚决要把莎尔救出虎口；当他发现自己已经处于危境时，他又千方百计摆脱莎尔对自己的爱恋，以免给她带来更大的灾难。他最后出于荣誉观念而轻易将自己的性命交给自己的仇人虽然显得极为幼稚，但却因此而显示出他心灵的伟大，情操的高尚。

莎尔是个纯洁、善良的温顺女子，但当欧那尼的悲苦身世、英勇豪迈的行为和真正的情爱深深激发了她的爱情以后，这个柔弱的女子却具有了真正悲剧英雄才有的精神和气质。她威武不能屈，富贵不能淫，当国王威逼利诱她时，她发誓："我宁死跟着那位社会法律所排斥的罪犯，我的圣主欧那尼，整年累月，到处漂泊，忍饥挨饿，有难同当，不辞千辛万苦，不怕战争逃亡，而决不情愿跟着皇帝去做女王！"最后，当欧那尼决定遵从贵族的荣誉观念按约自杀时，莎尔却不愿受这种愚蠢的约定的束缚，她向着前来索命的公爵宣布："我的爱情给我力量，我一定要保护他，反抗你，反抗全世界。"她甚至拔出原来准备刺杀国王的匕首，对着公爵叫道：

> 你要夺我所爱的人，
>
> 不如进虎穴去夺虎子。
>
> 你不见这匕首么？昏聩的老儿！……

从艺术的角度讲，《欧那尼》最突出也最重要的贡献是挣脱了古典主义"三一律"的桎梏，首先是人物的活动场所不是像古典主义戏剧里那样固定在宫廷或贵族府邸的某一场所，而是不断变化：第一幕在西班牙萨拉哥萨城莎尔小姐的卧室，第二幕在吕古梅公爵府前的广场，

第三幕在亚拉冈山中的古堡，第四幕甚至转移到德国亚琛地方查理曼大帝的墓地，到第五幕又回到了萨拉哥萨，是欧那尼祖传的简武安公爵府邸。在时间上，雨果完全是根据剧情发展的需要，把整个戏安排在许多天内完成，而不像古典主义那样一定要让故事发生在24小时之内。雨果认为古典主义的"动作一律"是合理的。但《欧那尼》的剧情却非常丰富，除了欧那尼、吕古梅、卡洛三人争夺莎尔这条主线外，还添设了反王党叛乱和卡洛王争夺罗马帝国皇帝宝座的副线。如此丰富的情节与自由变换的地点、时间结合起来，就大大拓展了戏剧的容量，使各个阶层、各种力量都能够登场亮相，使看惯了刻板的古典主义戏剧的观众难免眼界大开，情不自禁地被吸引住了。

其次，《欧那尼》处处贯穿着雨果一再强调的对照或对比原则，这就打破了古典主义戏剧单一、单调的戏剧风格。一边是人物的对比：一边是高高在上的国王和大公，一边是被社会抛弃的孤女和强盗；一边是人物性格对比：前者丑恶滑稽，后者美好崇高。另外，每个人自身也都充满着对比：欧那尼的爱和恨，莎尔的温顺与刚烈，国王的贪色与野心，以及吕古梅的妒忌残忍与荣誉观念的对照，都是他们对立统一性格中对立面的对比。这些对立或对比原则的成功运用，便把滑稽与崇高、可怕与轻松、悲剧与喜剧等对立因素融成一气，造成了戏剧风格的生动活泼，丰富多彩。

古典主义戏剧坚持字分"雅""俗"，"俗"字不能进入崇高悲剧，但《欧那尼》不管这一套，雨果也毫不在乎地将这些陈年旧规扔在脑后。他认为没有什么贵族的字和平民的字，"一切字都是平等的，自由的和使人喜欢的"。所以在《欧那尼》中，雨果不但大量采用民间口语和俗语，而且还刻意追求语言的夸张、峭拔。比如，剧本中有一句台词"我的狮子"，这是俗语，古典主义戏剧中与此对应的是"我的君侯"，前者为俗，后者为雅。这是莎尔在激动心情下称呼欧那尼的，在排演这句台词时，扮演莎尔的名演员马尔斯小姐坚持要换掉前者，否则就罢演。雨果坚决不答应，最后宁肯换掉演员，也不许她改。这些富有民间激情的语言与剧中人物慷慨激昂的情绪交相呼应，充满一种浪漫主义激情，在当时尤其风靡了广大青年观众。

当然，剧本在思想和艺术上的不成熟之处也像它的优点一样是很明显的，像欧那尼就时时表现出动摇性和软弱性。他缺乏明确的政治理想，仍以腐朽的贵族荣誉观念作为处事的规范，为此甚至两次放掉杀死卡洛王的机会，又糊里糊涂把生死权交给了公爵，最后竟感恩于卡洛王的宽恕和恩赐，放下了武器，向国王低下了一直高昂的头，最后导致了他同莎尔悲剧性的失败和死亡。

从艺术角度讲，由于雨果过分追求夸张、离奇的戏剧性，所以在人物性格和某些细节的处理上往往显得不真实，这不但使反对者揪住不放大肆攻击，就连同一阵营的人也忍不住对此进行批评，如曾积极参加捍卫剧本演出的巴尔扎克就曾著文逐场指出人物和细节的失真之处。他批评卡洛王性格虚假："老天爷！雨果先生的历史是在哪儿读的？……卡洛王这个角色的语言、行动，就没有一星半点可能用在他身上。"他甚至挖苦剧本中卡洛王在壁橱内对外边的大声说话充耳不闻，在坟墓内听外边阴谋者的窃窃私语又句句真切，说："科学院不久就要写一篇漂亮的论文，研究查理五世的耳朵了，我们等着吧。"[1]

当然，巴尔扎克的批评是用现实主义的有色眼镜来要求一部浪漫主义的剧本，结论难免小题大做。"海水不能用尺量，道路的长短不能用斗量。"作为浪漫主义作家，雨果也同许多浪漫主义作家那样，他们选用历史题材的目的只是借古人的嘴巴，抒发今人的情怀，不太强调

1　[法] 巴尔扎克：《欧那尼或卡斯体的荣誉》,《文艺理论译丛》第 2 期，人民文学出版社，1957 年，第 20、22 页。

艺术描写的历史真实性和具体性，他们给人提供的是另一种艺术样品。对此，勃兰兑斯有过中肯的评价："七月革命"前夕的法国青年欣赏《欧那尼》，主要是该剧"表现了他们的反抗精神和对独立的渴望，表现了他们的勇气和忠诚，表现了他们对理想和爱情的憧憬，只不过是用更加高昂的调子唱了出来，他们的心也随之融化了"。还说："即使我们不了解历史，也很容易一眼看出它是多么不忠于历史，……但其中反映 1830 年的政治思想和梦想的那种真实性，以及其中展现出的那种令人惊叹的政治洞察力，却使我们如醉如痴。"[1]

---

1 ［丹麦］勃兰兑斯：《十九世纪文学主流》，人民文学出版社，1982 年，第 32、33 页。

第七章　在宗教的圣歌中悲凄高蹈
——夏多布里昂

第一节　基督教与世纪病

宗教在中世纪曾经成为桎梏人类灵魂的锁链，不知有多少人在教士温柔的传教声中心就像失去水分的禾苗慢慢枯死，人类的精神和灵魂竟然就在这样温柔的骗局中沉睡了数百年，所以，在经受了文艺复兴和狂飙突进运动洗礼后的知识分子看来，回到中世纪无异于重新回到愚昧和黑暗。但这只是指一部分人来说的，当时代风云逆转的时候，特殊的温床往往会滋生出特殊的秧苗，宗教重新成为一种讴歌的对象就是一个典型的例子，而夏多布里昂则是这段历史逆潮中的一个极力翻卷的浪花，并且有时在外来光亮的照耀下还会反射出一种灿烂的色泽。

夏多布里昂的精神生活与他作品中的主人公是一致的，都属于在一个自己所属的阶级处于没落阶段时竭力徒劳挣扎的一个见证。

1768 年 9 月一个狂风暴雨之夜，夏多布里昂诞生于一座阴森的贵族城堡里。作为布列塔尼贵族之家的小儿子，他的童年无所事事，既没表现出对什么东西的特殊的热情，也没表现出对什么东西的特别的冷淡，他只是在家乡和其他地方漫不经心地学习着，偶尔也会思考一些问题，其中最多的是宗教，而他早在小学阶段就已开始接受基督教信仰，多年闲居的生活又自然养成他爱遐思的习惯：在自己的古堡里与最小的姐姐朝夕相处，吟诗唱和，听芦苇低诉，看飞雁南归，悲青春易逝，叹落花飘零，时间一长养成的近乎病态的情感，与他心目中逐渐稳固的基督教信仰"春风玉露一相逢"，已经足以造成一个法国没落时代的多余人。1789 年法国资产阶级革命以一种任何个人都无法阻挡但都必须在其中表明自己的立场的强迫方式，把不同阶级赤裸裸地分化出来，在断头台上利斧凄冷的寒光下，一些人在发抖，一些人在发抖的人面前用敌人的血欢宴。作为曾觐见过法国国王路易十六的贵族，夏多布里昂逃走了，他航海到美洲探险。1791 年 7 月，他已在美国的原始大森林里漫步幽思，在古战场上抒发世事沧桑之感了。可就在他刚刚被美国那种还具有浓厚蛮荒气息的风土人情吸引住的时候，他听说自己曾经陪伴打过猎的路易十六因为想出逃而被革命军逮捕了，贵族的血再一次在他并不强壮的心里燃烧起来，他回国了，就在法国国内的革命正进行得轰轰烈烈的时候，就在国内的贵族避之唯恐不及的时候，他竟然又站在了巴黎的大街上，身旁就是革命军的旗帜和武器。回到国内他才发现，自己此时最好的选择就是马上离开。一时顿感束手无策的他匆匆与一富家女结婚之后，就与自己的哥哥假扮酒商逃往布鲁塞尔，参加了孔德亲王的保王军，并在战斗中腿部受伤，于1793 年逃往英国。在英国他几乎是衣不蔽体，食不果腹，主要靠亲友资助和教法语度日。可就是在这样困苦的情况下，他的思想竟然发生了一个很大的转折，1797 年，他在伦敦写成并出版了《古今革命论》一书，从世界历史发展的规律，说明古今革命都不是无缘无故的，而是有其必然原因的。书中还表达了他对基督教的怀疑情绪，以及一种浓得化不开的忧郁感伤情绪。这也许是这一段流浪生活使他能从生活底层观察问题的结果，但这种结果毕竟不是他所属的阶级所必然会得出的结论，任何身份和地位的变化都可能改变他。就在这本书出版不久，他听说自己的母亲生病去世了，还听说自己的母亲死前看到了这本书，她没有分享儿子成功的喜悦，而只是感受到儿子带给她的耻辱，特别是书中对宗教的亵渎言论，更让这位笃信基督教的母亲伤心，她多么渴望自己的儿子能够幡然醒悟，痛改前非，浪子回头，走上正途呀！远在英国的夏多布里昂听说母亲如此为自己伤心悲痛，不禁心为之一紧，态度为之一变，他醒悟了，决心痛改前非，并马上拿出实际行动，动手写一部歌颂基督教的著作，"我痛哭流涕，于是我信仰了"，于是两年后有了《基督教真谛》。

1799 年 11 月，拿破仑发动政变上台，这时法国国内已经渐渐稳定，夏多布里昂就在 1800 年 5 月回到法国，并且经人引见很快与拿破仑的兄弟姐妹以及其他上流人物混在一起。为了试探政治气候，1801年夏多布里昂把《基督教真谛》中的一部分先抽出来单独出版，这就是《阿达拉》。让他稍感意外的是，书出版后竟然大受欢迎，第二年他把全书出版，仍然畅销不衰，夏多布里昂顿时成为法国家喻户晓的人物，也成为拿破仑的座上宾。此时的拿破仑刚刚上台，对他来说最重要的就是稳定，就是笼络人心，于是他就在 1801 年与教皇签订了条约，重新恢复基督教的信仰自由，确定天主教为国教，而夏多布里昂的这次试探恰巧投合了拿破仑的这项政策，也许更重要的是与大革命后人民渴望重新获得精神上的平静的迫切需要有关，所以书出版后同时受到拿破仑和保王党的赏识，夏多布里昂的好运自然也就接踵而至，先后被任命为驻罗马大使馆一等秘书和驻瓦莱共和国大使，但夏多布里昂在骨子里是反对革命的，他写这部书的最终目的只是为了恢复旧制度，希望重新回到似乎还有希望的贵族时代，而拿破仑只是利用他和他的书为自己的统治服务。1804 年，拿破仑处决了波旁王室的继承人恩季安公爵，夏多布里昂听到这个消息后连夜起草了辞职报告，从此与拿破仑决裂，随后他出国到希腊、埃及、耶路撒冷等地游历，并与斯塔尔等结成了反拿破仑的小集团。这期间他写了不少作品，并多次恋爱，并于1811年成为法兰西学院院士，但他对政治的热情一刻也没有减少。波旁王朝复辟后，这股热情就又尽情地喷发出来。1814年3月，他出版了早就写好的小册子《波拿巴与波旁王朝》，对拿破仑大肆攻击，对王室则极力赞美，此举自然深受路易十八的赏识，于是就任命他为驻瑞典大使，后来又任过驻英大使、驻德大使，还被封为子爵，一直到死，他都对王室赤胆忠心。

"我仅仅生活了几小时，而时代的重负已经在我的额头上打下了烙印。"[1]可以说，夏多布里昂的全部作品都带着时代的鲜明印记，自然，也带着这个时代在他心灵上留下的烙印，其中最深、最痛也最温暖的就是宗教。

夏多布里昂的所有作品可以说组成了一个宗教系列。除了《基督教真谛外》，这一系列还包括1844年发表的《朗塞传》，1848—1850年间发表的回忆录《墓外回忆录》。

《基督教真谛》力图"证明，在以往存在过的一切宗教中，基督教是最富有诗意的，最人道的，最有利于自由、艺术和文学的。"[2]在这部鸿篇巨制中，除了小说《阿达拉》和《勒内》外，还有《基督教的诗意》和《美术与文学》两卷，其中激荡着摆脱古典文学约束的情感，并对大自然和大教堂进行了出色的描绘。在灵活的、富有诗意的散文中，显示了文学的新天地。不过，站在人物背后的作者仍然受制于写作的陈规。

1　［法］皮埃尔·布吕奈尔等：《十九世纪法国文学史》，上海人民出版社，1997年，第50页。

2　［法］皮埃尔·布吕奈尔等：《十九世纪法国文学史》，上海人民出版社，1997年，第53页。

《勒内》起初发表在《基督教真谛》中，从 1805 年开始单独印行；此后，这篇小说与《阿达拉》结合在一起，它采用了《阿达拉》的要义、主要人物和大部分题材。它写勒内被纳戚人收容，过着孤独的生活：只有苏埃尔神父和老夏克达斯有时分担他的思索。有一天，他决定向他们叙述"他心灵的隐秘情感，而不是他的生平遭遇，因为他从未经历过冒险"。从在布列塔尼度过的童年和青少年时期起，勒内就在他的姐姐阿美莉陪伴下长时间漫步。他受到僧侣生活和旅行的引诱，希望像那些"幸福的野蛮人"一样过上俭朴的生活，一种离开巴黎"这个人的大沙漠""在荒郊野地里流浪的生活"，使这些野蛮人变得更加完美。勒内有一种"深深的忧郁感"，想到自杀，他的姐姐劝阻了他："忘恩负义的人，你想死掉，而让你的姐姐活下去！"于是一切似乎恢复到正常状态。直到有一天，阿美莉宣布要当修女：勒内沉浸在不幸的快乐中（"自从我真的不幸以后，我不再想死了"），他决意离开欧洲。他讲完故事以后，苏埃尔神父训诫他说："谁获得了力量，谁就应该贡献出来，为人类服务。"

《勒内》的构思也力图"使人热爱宗教，并表明宗教的必要"。[1] 故事框架与《阿达拉》一样，但主人公的生活本身却直接导向我们对时代的关注：它不再仅仅是一部护教作品，而是描绘"他的时代的弊病"。夏多布里昂力图描绘他的主人公的痛苦，却不得不描写自己：勒内忍受的苦闷，实际上就是夏多布里昂的苦闷。在夏多布里昂的全部作品中，《勒内》标志着一个转折点：他给痛苦中的人指出的拯救方案不是自杀，而是与天主分享孤独。

《朗塞传》写朗塞在经历了动荡的青年时代和爱情的幻灭后，最后

---

1 ［法］皮埃尔·布吕奈尔等：《十九世纪法国文学史》，上海人民出版社，1997年，第 55 页。

在基督教中找到了最后的归宿，他隐身于拉特拉普修道院，并成为修道院长。小说的主题从一开始就确定了："日月荏苒，我见过路易十六和波拿马的死；此后活着是一种嘲弄。我在世上干什么呢？"这与其说是写朗塞，毋宁说是写夏多布里昂自己。朗塞的精神漂流，实际上也不过是作者的彷徨无依。实际上，夏多布里昂正是要通过朗塞寻找一个年老的勒内，一个老年的自己。来到修道院的朗塞与被生活抛弃的夏多布里昂之间，的确有太多的相似之处，就像罗朗·巴特在序中所说的："没有梦，也许没有写作；梦消除了积极的和消极的声音之间的一切区别；舍弃者和被舍弃者在这里只不过是同一个人，夏多布里昂可能就是朗塞。"[1]《朗塞传》的结尾流露出夏多布里昂小说一贯的悲观情调："自古以来多少个社会消亡了，还有多少个相继而来呢！在死人的尘埃中翩翩起舞，而在欢乐的脚步底下冒出坟墓……昨日的痛苦如今安在？今日的快乐明天会怎样？……当你激起这些化作尘埃消去的回忆时，你所得到的如果不是对人的虚无的新证明，又是什么呢？"

《墓外回忆录》是一部凌驾于作者及其生平，也凌驾于他的时代之上的作品，它集中了夏多布里昂接触到的所有文学题材，并借此播下了新文学的种子。夏多布里昂本意不过想以此作为自己在感情和美学方面的一种消遣，但实际上却写出了一部里程碑式的文学巨著。

《墓外回忆录》由四部分组成，"第一部分"题为《我的青年时代。我的士兵生涯和旅行生涯》，时间跨度为1774—1799年。夏多布里昂勾勒出他在布列塔尼的童年生活，在康堡的家庭晚会，漫步和遐想。随后他来到巴黎，获得了最初的社交经验，迎来了大革命最初的震响。"从此，我的命运改变了"，作者在开始他的美洲之行以前这样写道。

1　［法］皮埃尔·布吕奈尔等：《十九世纪法国文学史》，上海人民出版社，1997年，第57页。

然后，他回到被内战分裂的法国，随后是流亡。

《我的文学生涯》构成"第二部分"：夏多布里昂致力于解释他初期作品的成功（《阿达拉》《勒内》），提供他自己的解读。同时，他叙述他的旅行，在罗马当大使，他的情感挫折。这一部分以叙述东方旅行告终。

"第三部分"勾画夏多布里昂的"政治生涯"，分为两个"时期"：《论波拿巴》（1800—1815）和《论王政复辟时期》，前有开场白，后有对命运和时间流逝的哲理性结论。作者用六卷去写皇帝。他分析拿破仑的神奇生涯，力图解释拿破仑的成功和失败；他竭力抓住这个人物的性格，"他赞赏这个人的天才，憎恶他的专制"。随后，夏多布里昂还叙述了他对重建的王朝所感到的政治上的失望。最后，在综观了自己的全部作品时，作者悲哀地——但骄傲地——表示对他 1830 年以前的生活更感兴趣："我的文学生涯功成名就，产生了它应该产生的一切，因为它只取决于我。我的政治生涯在成功之中突然半途而止，因为它取决于别人。"

《第四种和最后一种生涯。前面三种生涯的混合。我的旅行生涯，我的文学生涯和重新找到的生涯》：这就是《墓外回忆录》"第四部分"。其中谈到他的几次大使职务，几次政治事件。可是调子改变了：夏多布里昂在综观他的一生和人世生活时，扩大了他的思考，直至作出严肃的沉思。作者意识到完成了自己的使命，可以"坐在他的墓穴旁边；然后手拿耶稣受难十字架，大胆地走向永生"。

《回忆录》中的夏多布里昂不同于他的前人：他既不像卢梭那样作自我辩解，甚至也不像蒙田那样，力图寻找一种生活准则，他是要把描绘"自我"汇入到描绘一个变化的世界的广阔图景之中，并抓住和永远确定深深怀念的往昔的景象。

复活历史，去唤醒一个世界，去寻找主宰他一生的统一性，这才是夏多布里昂写这部回忆录的隐秘目标。他最后找到了，那就是基督教："因此，你看出，我只是在基督教中找到了未来的解决办法。我并不认为绝对会产生全面革新，因为我承认，各民族注定要毁灭……但是天主教精神的第二次降临会使社会重新活跃起来。"[1]

第二节　基督教与大自然

《阿达拉》被称为法国第一部浪漫主义小说。夏多布里昂生活的时代对他所属的这个阶级来说已经算得上是一个悲剧时代，以往的豪华和地位现在被革命的烈火烧成废墟或至少说是伤痕累累，对他们来说，失去生活的豪华和稳定当然是痛苦的，但更痛苦的或许是在颠沛流离、困顿绝望的情况下想起过去的优游。的确，在这个不幸的时代要想获得精神的安稳确实太难了。在这种情况下，总是能给处于不幸中的人以精神上的安慰的、产生于罗马暴政统治之下的基督教，无疑就给很多像夏多布里昂这样精神上已经失落的贵族带来不小的精神安慰。也许有人会问，在欧洲历史上基督教不是一直扮演着一个压制个性的封建统治的帮凶的角色吗？为什么在18世纪又成了以精神自由为主导的浪漫主义文学的一个旗帜呢？但提这个问题的人首先应该看看这种基督教色彩浓厚的浪漫特色在提倡精神自由的前提下反对的恰恰就是与封建统治格格不入的法国革命，说白了，这是在某些人的感伤时代出现的一种精神回潮现象，这正如马克思在谈到这个问题时所说的："法国革命以及与之联系的启蒙运动的第一反作用，自然是把一切都看作中世纪的、浪漫主义的。"美化中世纪，赞美基督教，就是为了弥合夏

1　［法］皮埃尔·布吕奈尔等:《十九世纪法国文学史》，上海人民出版社，1997年，第64页。

多布里昂这样在精神上已经失势的贵族心灵上的伤口。革命的时代是暴力的时代，也是人的命运最变化莫测的时代，在这样的情况下，人的精神总是处于高度的紧张和恐怖状态，对世界和人生的看法就自然带有一种世纪末的味道，在颓废的总的精神境况下，自然也倾向于在神秘的灵的世界求得暂时的安慰。就像在这样的时代总是迷信横行一样。夏多布里昂的作品，就在很大程度上保留了法国大革命以及之后的政权重叠变化给人们带来的精神变化的痕迹。

《阿达拉》的特色就是在浓厚的宗教色彩下揭开人的精神世界的神秘内幕。小说中的一切：人物、自然等都是围绕这个宗旨展开的，小说的情节并不复杂，人物心理结构也并不是多么丰富多彩，也无非是描写了两个实际上主要是一个在宗教和爱情的两难选择中作出悲剧性选择的人物，但作者的成功之处就在于把这样一个简单的命题通过大量的极具煽动性和极其煽情的描写而给人一种感情难以自抑的感觉，一种人、上帝、自然浑然一体的虚幻却美丽的境界，加上贯穿这部作品的那种奔流不止的情感宣泄，直给人一种大暑天吃冰激凌的爽快感觉，但稍后也会在回味时因吃得过多而隐隐感到一点不适，甚至有点恶心，这是一种奇怪的感觉，一种把各种味道混合在一起但却并不难吃的厨艺，能做到这一点，已经算得上是大厨师了。

小说的背景是在 17 世纪末，地点主要是在北美大森林，事件是围绕森林中的各印第安人部落之间的斗争——这已经与众不同了。在一场战争中，主人公夏克达斯所在的部落被打败，他只身一人逃到奥古斯丁城，被西班牙老人洛佩士收为义子。之后就出现了在欧洲文学中一个普遍的主题：两年后，夏克达斯厌倦了城市文明，向往着自己以前那种无拘无束的自然生活、野人生活，于是他脱去文明人的服装，重新穿上蛮人的服饰，含泪告别自己的保护人，踏上了回归之路，悲剧也就从此开始了。

第七章　在宗教的圣歌中悲凄高蹈——夏多布里昂

夏克达斯因为在森林里迷了路，恰巧又被他的敌人抓住，他以自己在白人世界学到的花言巧语把敌人阵营里的妇女恭维得得体舒适，赢得了她们的同情，但这似乎无法改变他的命运，但心情的悲伤却因为前来向他撒同情之泪的一个女人而得到了些许安慰，她就是阿达拉，敌人首领的女儿。刚开始他以为她是按照部落的习惯前来给他做最后一次爱的贞女，但这个女儿关注的却是他是不是基督徒，当听说他不是的时候，她就对他说："我怜悯你只是个微不足道的偶像崇拜者。"她离去时明显怏怏不乐，若有所思。当她第二次出现在夏克达斯面前时，她支使走了看管他的士兵，要放他走，但夏克达斯这时已经爱上了这位善良的姑娘，在他的激情的激动之下，阿达拉让他吻了自己，但快乐总是与痛苦相伴，这第一次的爱的琼浆谁能想到就是将两人的希望毁灭的地狱之火呢？就像阿达拉在接受了夏克达斯的亲吻之后仰天质问时所说的："这种热情将把我们引向何方？我的宗教信仰将永远把我们拆开。"两人这时似乎忘记了周围的一切，夏克达斯则像回到了幼儿时期一样，在周围奇妙的大自然中，他们尝受了第一次爱情的魅力，也感受到某种神秘力量的压抑，在他们刚达到快乐的顶点的时候，总要从天边飘来一朵乌云把他们遮盖，终于，就在他们谁也说服不了谁的时候，敌人又出现了，夏克达斯重新被抓住了，而且火刑是不可避免的。就在举行火刑的头天晚上，阿达拉用酒灌醉了刽子手，用重礼贿赂了巫师，救出了夏克达斯，两人一起逃往密林更深处，在自然界各种天籁的声音的陪伴下，靠打猎度日。两人其乐融融，就在一个狂风暴雨的晚上，就在两人都知道了彼此的真实身份——阿达拉是夏克达斯的养父洛佩士的私生女时，兄妹之情加上情人之情，他们终于就要爆发自己的感情的烈火了，这惊天动地，堪与日月同美的爱情！夏克达斯举目向天，当着神的面，在闪电之中，把自己的妻子搂在怀中。他们以丛林和藤蔓充当自己的婚床，以松树充当自己结婚的火炬，但就当他们要突破最后一道防线时，这时似乎神在警告他们，一棵被劈裂的树就倒在他们面前，随之是远远的一道光亮和断断续续的狗吠声，奇迹出现了，一个老人和一条狗在这样狂暴的天气里出现在这对不幸的人儿面前，这是上帝的光芒的普照，是上帝的指引把他们就要爆发的罪恶之火引导到一条光明的大道上来，他们得救了，不但是肉体的得救，更重要的是灵魂的得救。但就在夏克达斯幻想着男耕女织的幸福生活时，悲剧终于发生了：在爱上夏克达斯之后，阿达拉一直在为自己内心的一个秘密痛苦着：她本来是自己的母亲和基督徒西班牙人的私生子，在她 16 岁那年，母亲去世，临终前要女儿信奉父亲的基督教，并发誓终身不嫁，年轻的阿达拉认为这不是什么困难的事：她为自己的身份而骄傲，根本看不起周围的那些野蛮人，所以也自然不会违誓，但看到异教徒夏克达斯后，她才感到自己原先的想法是多么无知，她爱夏克达斯，但更要遵守诺言，于是就在夏克达斯和教士一起外出的时候，她偷偷吞下自己早已带在身边的毒药，这时夏克达斯和教士回来，知道了事情的真相之后，教士告诉他们这种誓言是完全可以解除的——真是马后炮，但没有这种炮，何来世界无穷去尽的遗憾和悲剧呢？阿达拉死了，临死之前要求夏克达斯信奉基督教：一个野蛮人消失了，一个文明人站起来了，但愿夏克达斯的这个誓不会再给他带来类似的悲剧。最后，夏克达斯重新来到这个地方，发现神甫已经被野蛮人烧死。他在一头小鹿的带领下，在荒草丛中昔日的祭坛下，掘得两副尸骨，背回了家乡。

这部小说首先给人震撼的是它对蛮荒之野所蕴含的那种冲决一切的力量的赞美。在文明人看来，原始大森林只会充满野蛮和无知，但在作者的笔下，这里却处处呈现出一种不受拘束的神秘力量的泛滥和恣肆。在他笔下，这种自然的景色是对立存在的，但也只因为有了这种对立，所以才显出生机和活力。小说一开始就描写了梅斯夏赛贝河两岸的风景：西岸是动，"落木受滔滔白浪的冲击，在梅斯夏赛贝河中顺流而下，滚滚的河水簇拥着它们，啸啸奔腾而去，把它们卷到墨西哥湾，堆积在浅沙滩上……时而，磅礴的大河在翻山越岭时扬起雷鸣般的吼声，咆哮而过"。在这种千姿百态的自然景色下生活着数不清的生命：青蛇、小鳄鱼在睡莲构成的小岛上随波逐流，顺水而下；成群的野牛在一片片辽阔无垠的草原上游荡；此起彼伏的鸟嘴啄树干的声音，各种动物走动、吃草，啃树叶所发出的轻微的响声，波涛轰鸣声，细微的呻吟声，低沉的哞哞呼号声，悦耳的啁啾声，这一切组成一种婉转、粗犷的谐音，充塞着这人迹杳然的蛮荒，整个森林被一种鼎沸的活力充溢得像要飞起来；东岸与西岸相反，这里呈现的是生命的另一种色彩，一种心满意足，恬静悠然的状态；各种形状、色泽、香味的树木相互混杂而生，有的弯曲着树干倒悬在水流上，有的聚集在嶙峋的岩石和峥嵘的山峦上，有的散布在深壑幽谷中，竞相向令人目眩的高空伸枝夺秀，野葡萄、紫葳、药瓜在这些树木的根部互相缠结，攀附枝桠，蜿蜒匍匐在枝梢，藤蔓凌空飞渡，从枫树飞向鹅掌楸，从鹅掌楸飞跃至蜀葵，盘结成千百个洞穴，千百个拱穹，千百个柱廊。这些在树木间恣意驰骋的藤蔓时常横越一些河汉，在支流上架起一座座色彩缤纷的花桥。这是造物主造就的一个充满了生命气息的神秘之国，是远离世俗尘嚣的一个世外桃源。在这样超凡脱俗的世界，男女主人公发生了一段同样是超凡脱俗的悲剧爱情。显然，在这样既躁动又安静的自然世界，作为自然之子的他们同样也感染了来自大自然的这种神秘暗示。他们的感情发展也同样与大自然息息相关。当他们产生了爱情但夏克达斯又不愿意离开阿达拉一人逃走时，阿达拉捏着捆绑着夏克达斯的绳索，两人一起在森林中踽踽而行，他们时而洒泪，时而绽开笑颜；时而仰视长空，时而俯视地面；他们聆听着鸟儿的啼转声，手臂迎着落日的余晖，手儿温顺地互相紧握，胸脯时而如小鹿狂跳，时而似平镜般宁静；夏克达斯和阿达拉的名字有间隙地被频频呼唤；当两人在大森林中就要结合时，阿达拉的内心也是最矛盾的时刻，汹涌澎湃的激情与心中的宗教感情在激烈地交锋，这时"荒野上黑幕低垂，一片昏暗：压顶的乌云逼至树林的浓荫下。云光撕裂，电光划出块瞬息即逝的火红菱形。一阵狂风从落日那边刮来，刮得滚滚乌云翻腾不休，相互堆积，越聚越浓；霹雳在林中引起了大火，大火像烧着了的头发似的迅速蔓延；火柱和烟柱直冲云天，云天则向茫茫火海倾吐雷电"。狂风的怒号声、猛兽的咆哮声、大火的噼剥声和划破长空熄灭在水中的电光所带来的频频惊雷声，汇集成一种混乱嘈杂的呼号，响彻在这一片纷乱中。而当夏克达斯和奥布里神甫埋葬阿达拉时，则是"凉月凄寂，寒光惨淡，仿佛是悠悠银烛在为守灵的长夜照明。银装的月娘在深更半夜冉冉升起，宛若披白穿素的贞女来到同伴的灵柩上哀哀哭灵"。可以说，大自然在小说中的作用就是作为培育主人公爱情的温床，也是埋葬他们爱情的来自天国的伊甸园。他们在其中生，也在其中领悟到生命的温暖和悲戚。自然不是静寂的，而是一个有血有肉的人，一个充溢着爱情的精灵。它孕育了他们的爱，也把大自然本身的残酷覆压到他们身上，他就像希腊戏剧中的歌队，随着剧中人物的喜怒哀乐唱出不同的乐调，烘托着人物走向自己命定的结局。

在如此神秘的大自然的激发下，主人公内心不断膨胀的爱情与欲望时时就像那电闪雷鸣一样要喷薄而出，恣肆的感情激浪总使他们不由自主地向天地、向他们面前的一切倾诉或兴奋或痛苦的灵魂，这就自然使整部小说贯穿着一种浓郁的抒情色彩。著作者显然也是有意借充满力量的大自然来衬托主人公内心那同样源于自然的爱情力量。小说中直接抒情的文字比比皆是，完全达到了情与景的和谐一致，而且又互相烘托，让人读之不由不随之而情绪激荡。作者以情写景，以景衬情，景随情生，情因景浓。当夏克达斯一再向阿达拉要求爱情而阿达拉一再拒绝他时，后者是这样诉说自己的矛盾的："呵，我年轻的情人！我爱你犹如爱烈日中的树阴！你美得像百花盛开、凉风劲吹的荒野。倘若我附身在你的身上，我会浑身颤抖；倘若我的手落在你的手上，我仿佛觉得我将香消玉殒……然而，夏克达斯！我将永远不能成为你的妻子。"当夏克达斯知道了阿达拉原来是自己恩人的女儿时，爱情加上兄妹情谊使他们感情更加不可自抑，他们紧紧拥抱，而夏克达斯则举目向天说："在闪电的电光下，当着大神的面把我的妻子搂在怀中。与我们的不幸和我们爱情的伟大相称的婚礼仪仗，掀动着藤蔓和绿色拱穹的丛林，你们的藤蔓和拱穹仿佛是我俩新床的帷幕和床顶，充当我们新婚花烛的光焰炽热的松树，泛滥的河水，鬼哭狼嚎的群山，可怕而又壮丽的自然，难道你们是一幅为了欺骗我们而准备就绪的豪华的排场？难道你们不能在你们神秘莫测的恐怖中暂时藏匿一个男人的欢喜？"在刚享受到幸福时就意识到悲剧快要到来的夏克达斯的这段既是欣喜又紧张的倾诉，生动地把他内心情感的动荡与身边大自然的变幻无常融为一体。至于小说的最后部分，即阿达拉吞服毒药前后夏克达斯和神甫围绕爱情与自然、宗教的争论，以及夏克达斯为阿达拉之死所感到的悲伤，就更是直接地袒露了。

　　与小说所描写的这一段悲剧爱情相对应，小说通篇笼罩着一层浓得化不开的感伤色彩，一种带有贵族没落色彩的感伤。小说的主题就是感伤的：一对真心相爱的男女却因为一个早年立下的盟誓而归于幻灭，而两人作为"自然之子"的身份更让这种悲剧显得不忍目睹。夏克达斯自身的经历和他的身份使他嗜爱这种感伤，他认为面对天国的神圣庄严，个体的存在本身就是要不断忏悔与赎罪，在上帝的神圣光辉面前人只有承认自己的渺小才能获得上帝的眷顾，这是一种存在意义上的感伤，个体是无法摆脱的，只有融入上帝的神秘，消弭自己，才能与上帝同在。在我们看来，这显然是一种落后的消极的人生观、爱情观，但在夏多布里昂的时代，这种思想却是进步的，因为这种感伤毕竟抒发的是自己的感伤，突出的是"我"，这与之前的古典主义文体有明显区别，这一点马克思也看出来了，但他是批判的，他说："他以一种令人生厌的方式把 18 世纪显著的感伤主义和浪漫主义结合起来，自然，在法国，这种结合作为文体应当是划时代的。"[1]爱与死本就是忧伤的源泉，而小说采用第一人称的写法直接讲述爱与死的故事就让这种哀伤的主题更加泣人沥下。从主人公的身世讲，夏克达斯 17 岁时就因战争而背井离乡，先被西班牙人洛佩士收养，但又因厌倦城市文明而重返森林，但一到森林就做了俘虏；与阿达拉相爱让他感受到生命的力量，但偏偏阿达拉又不能与他结合，他本想为她准备一个温暖的婚床，但结果只能在她的坟墓前悲泣；他本希望与她一起在温暖的上帝之光下享受爱情的甘露，结果吞下的只是生命的一杯苦酒；而他自己也不断悲叹自己的身世飘零，甚至预言自己死后"没有任何一位朋友会在我的尸体上盖些青草，使我免遭苍蝇叮咬。一个惨遭不幸的异族青年的躯体是不会有人关怀的"。与夏克达斯相比，阿达拉的悲剧从她刚有生命就开始了：她是母亲与洛佩士的私生子，后来母亲被迫嫁给西马汉后又让她信奉基督教，并在临死前让她宣誓为上帝保持童贞，她刚开始并没有看到自己誓言里所包含的危险，作为血管里流着西班牙血液的基督教徒她根本就看不起周围那些异教徒，但后来见到夏克达斯后，她开始意识到自己誓言所包含的危险，她一方面要屈服于情欲，一方面又被上帝的光圈压抑着，本就幼弱的少女之心在这两种同样强大的力量的压制下处于崩溃的边缘，总使她在刚刚感受到爱情的光明与欢乐的时候就已感觉到一种绝望和悲伤正远远飘来；她

---

1 《马克思恩格斯选集》第四卷，人民出版社，1972 年，第 366 页。

常常无缘无故地颤栗，常常用幽深抑郁的眼睛看着自己的爱人，那里有一种神秘的力量吸引着她，唤醒了她内心的那种要冲决一切的欲望，她爱他，可又拒绝作他的妻子，夏克达斯总是在她那似乎平静的面容下看到她内心的痛苦。他们的爱情没有幸福，只有悲伤和眼泪，最后她只有以死来使两种矛盾得到解决。这种痛苦是以直接抒发的形式表达出来的。在谈到母亲要自己发誓一生忠贞于神的事情时，阿达拉这样说道："呵，我的母亲，你为什么要这样讲呢？呵，宗教，你造成了我的痛苦，同时也造就了我的幸福，既毁了我，而又安慰我！而你，亲爱的而又可悲的爱情对象，你耗尽了我的心血，直至使我落入死亡的怀抱，呵，夏克达斯，你现在看清是什么造成了我们残酷的命运了吧。"而当阿达拉知道了自己的誓言原来是可以消除的，而此时一切都已经晚了时，她既留恋生命和爱情又觉得服从上帝的正确，因而一遍遍向夏克达斯和神甫诉说自己内心的苦痛，她的每一句话都好像是她吞下的催死的毒药，只让人肝肠寸断，日月变色，人间尚有如此凄苦，真让人的灵魂难以承受。

阿达拉的痛苦主要来自爱情与宗教的冲突。宗教成为支配人物命运的一道看不见但无处不在的生命圈，把人牢牢地束缚住，当人安分守己时它还能给人带来暂时的安静，而一旦人想挣脱它的束缚，它马上就变了脸色，愈来愈紧地控制着你，使你的每一次挣脱都只换来更紧的束缚，而作者的态度显然是主张爱情应该服从宗教，主张野蛮应该得到文明的熏陶最终应归依基督教的。作品中的三个人物可以说都是基督教中人。阿达拉是作者理想的为宗教而殉难的崇高形象。她虽然生在野蛮部落，但却始终忠于自己从未见过面的西班牙父亲的基督教，当与夏克达斯产生了爱情后，宗教与自然情欲产生了剧烈的冲突，她犹豫过，痛苦过，挣扎过，但最后还是忠实于自己的誓言，以身殉教。作者尽管真实地写出了她的矛盾心态，但对她最后的选择是持赞美态度的。与阿达拉不同，夏克达斯本来是一个彻头彻尾的野蛮人。他只信奉本族的偶像，即使被西班牙人洛佩士收养他也拒绝改信基督教，但在追求阿达拉的过程中，他因爱"人"而慢慢对所爱之人的宗教信仰也产生了好感，特别是被奥布里神甫救了之后，他参观了神甫的教区，目睹了教区内男耕女织，其乐融融的幸福景象，使他对基督教进一步产生了好感。一个细节很好地说明了他的这种转变。当他在神甫的教区参加神甫的祭礼时，这时"群山背后露出了曙光，把东方染得通红；旷野上升起一片金黄色和粉红色的霞光。一轮红日由如此瑰丽的光辉为它开道，终于从万道霞光的无底深渊中喷薄而出，冉冉升起，而它的第一道光芒正好照在此时神甫高举在空中的圣饼上。呵，宗教的魔力！呵，基督教祭礼的宏伟场面！由一位年高德勋的教士当祭司，以一块岩石为祭台，茫茫旷野作教堂，纯真无邪的土人为祭众！不，我丝毫不怀疑，祭礼就在我们诚惶诚恐地匍匐在地上时完成了；而且，我也丝毫不怀疑，上帝已在此时自天上降落人间，因为我已感觉到他降落在我心中"。一个充满反抗心的野蛮人消失了，一个匍匐在上帝脚下的子民诞生了。当然，夏克达斯的转变最关键的因素是阿达拉临死前要求他信奉基督教，这样两人才好在天国相会。至于神甫奥布里，更是一个通体焕发着上帝光辉的圣者形象。他的出场就是救赎，就连他的穿戴、面容，都是一个典型的替上帝受难的形象。他只身一人来到美洲传教，双手都被印第安人砍掉都毫不退缩，并自始至终热爱着印第安人，终于把自己的教区变成了一个沐浴着上帝光辉的世外桃源，这也是作者心目中的理想社会的生活图景，是人间的天国。阿达拉死前神甫对他们两人的长篇教诲，充满激情，简直就像教堂里的布道，却毫无宣教的乏味，而是让人不由自主地受到感动。以小说写宗教，而且阅读的感觉仍然是一部小说而不是福音书，小说在文学界和宗教界产生那么大的影响力也就不奇怪了。作者最后还写到基督教遇到的灾难；这个教区后来受到蛮族的进攻，神甫不愿抛弃信徒一人逃走，被野蛮人活活烧死，临刑前他还在为刽子手祷告，使得杀他的几个野蛮人被他的精神所折服，改信了基督教。这种夸张描写，显然进一步渲染了基督教的神圣和伟大，最终实现了作者写这部小说要"促使读者爱宗教，并指出宗教的作用"的目的。

第八章　在青春的沉沦中忏悔——缪塞

第一节　神经质的天才

19 世纪 30 年代的法国文坛是一个激情横溢的浪漫时代，以雨果为中心的文学沙龙为法国文坛迅速输送着一个个文学天才，几乎凡是踏足他的沙龙的人，都走上了一举成名的道路。当时才 17 岁的缪塞也被雨果的内弟带到这个沙龙来了。之后不久，缪塞对沙龙里的人羞怯地说：我也写诗了。

阿尔弗雷德·德·缪塞出身于小贵族家庭，他创作了他所属的那个浪漫时代的最生动的戏剧，也完全按照自己的生命摹写抒写性灵的诗歌，当许多同时代的作家无不为时代的急流裹挟着奋勇向前时，他却蜗居于一己私室，不闻不问地专心写作。但他的敏感和脆弱、激动和失望却是间歇性发作的不治之症，这使他的作品没有贯穿始终的因素，这使得我们至今还难以在文学史上给他进行恰当的定位。

他的个性很复杂，常常使人觉得无法应付，难以捉摸，他在《纳慕娜》这首诗中的几句话倒很适合于他：

他表面乐陶陶，但却十分阴郁……

十足地微不足道，但非常稳健，

可鄙地很天真，但却十分厌烦，

可怕地很真诚，但却非常刁钻。

刚开始创作的缪塞是属于上流社会的贵妇的：刻意雕琢的激情，不加节制的活泼艳丽，流光溢彩的青春的力量，使他的平常的题材焕发出毫不成熟的魅力。他像戴着一副愤世嫉俗的面具，对社会、政治、宗教、女人抱一种冷嘲热讽的态度。就如他19岁写的使他初露头角的诗篇《西班牙和意大利故事集》，他在其中以一种漫不经心的骄傲态度，写妻子欺骗丈夫，情妇欺骗情夫，写贵族们的毫无节制的寻欢作乐，写在青春激情的驱使下人们的淫荡，特别是对女性的描写，简直是带有一种仇恨、恶毒和愤怒，谁也不知道年龄这么小的缪塞何时已经如此地参透人生。出身于贵族的他当然不会和雨果这样的坚定的反叛者永远站在一起，虽然他也随着雨果们举起来前进的旗帜，他属于那种生活优裕，拿文学当作消遣的文人，也许正因此，他的早期作品透露出当时文坛少见的一种纯粹气息，一种透明的玩世不恭。他不能说是一个伟人，但完全可以当之无愧地被称作诗人。他同当时的很多贵族青年一样，当发现自己已不可能像拿破仑时代的青年人一样冲锋陷阵，建功立业，而复辟后的政权又不能满足自己的理想的时候，他们最大的愿望就是在醇酒美妇的怀抱里消磨青春，毫不吝啬地挥洒自己最有创造力的才华，就像其长诗《罗拉》中的同名主人公，罗拉是巴黎这座放荡的城市里的一个最放荡的青年，他财产不多但对享乐生活却有无穷的乐趣。他把父亲留给他的财产一分三份，每一份维持一年，而到第三年他将把最后一分钱花光时自杀。这显然是一种病态的感情，但在缪塞看来罗拉则是他理想的男性，他所做的一切都是为了追求自由，这是一种贵族纨绔子弟才会有的自由，是摆脱一切责任和义务的自由，这实际上是一种虚无主义的人生态度。他最后一夜由一个15岁的妓女玛丽蓉陪同，黎明到来之时罗拉对他的女伴宣布了自己的决定，她自发地提出要救他，但罗拉吞下了毒药，给了少女最后一吻："在这圣洁的一吻中，他的灵魂走了，而在这一刻，他们俩相爱了。"但在一个毫无希望的世纪，一个不再相信传统的宗教的世纪，女人能代替已抛弃了人类的神灵吗？即使玛丽蓉向浪荡子罗拉伸出的手还表明世界上还存在着爱情的法则，但这种发现来得太晚了。

现在的问题是，如此年轻的缪塞为何会如此对人失望呢？为何他在20岁的时候就有了一副40岁的饱经沧桑的脸呢？他是过于热情了，而年轻的热情一旦遇到阻碍就很容易陷入失望，这很难从某一个事件寻找其中的原因，但他自己耿耿于怀的是他在青春初萌时就被一个情妇欺骗，被一个朋友出卖。他的敏感和自尊使这些在上流社会的人看来不值一哂的小事变得越来越严重，而他的软弱又使他从不轻易表现出自己受伤的心，于是他有时装得玩世不恭，对世界上的一切都冷嘲热讽，有时又装得无比坚强，对一切热情的东西进行蔑视和攻击。若没有乔治·桑的出现，这个被时代和家庭宠坏了的法国青年人也许就一直这样了，即使有发展，或许也只是在这条路上走得更远而已。

乔治·桑早就听说过缪塞的大名，她也曾想让朋友把缪塞领到自己家里来，但后来经过进一步考虑，她认为缪塞的纨绔子弟作风太浓了，两人一定会话不投机。乔治·桑属于精神丰满健康的那种女人，她始终保持着心灵的平静；而缪塞则属于神经质型的，很容易冲动也同样容易绝望。作为艺术家，乔治·桑不如缪塞，但作为人，缪塞则不如乔治·桑。两个艺术家在经历了最初的炽热和疯狂后，最终也像许多类似的情侣一样陷入怀疑和厌倦的怪圈。缪塞对乔治·桑的背叛痛恨不已，而乔治·桑则从缪塞身上看出男人都自私狭隘。但不管他们之间的事是多么难解，一个谁都不会否认的事实是：自从这次分手，缪塞开始抛弃以前的矫揉造作和纨绔作风，之后的作品都显示出他要摆脱以前的假面具，重新从令人堕落的诱惑中摆脱出来的努力。表现在人物身上，则更多表现为纯洁、真实、自然，即使在弄虚作假、寻欢作乐时也是那么自然。一种理想主义的光环笼罩着他作品中的重要人物，尤其是女性——乔治·桑高度理想化的替身。

缪塞最好的作品都是在和乔治·桑分手后写出的，在这些纤巧精细的作品中，俯拾皆是自然纯洁的人儿。就拿他一部取材于薄伽丘的短剧《喀尔摩金》来看，纯洁的感情不但没有引起世俗的嫉妒，反而赢得了高尚的同情和理解。喀尔摩金是一位中产阶级姑娘，在她心中隐藏着一种毫无希望的爱情，那就是对当今国王的爱情，为此她甚至无法答应深爱着自己的青年的求婚，她决定就这样默默无闻地憔悴而死。她童年的伙伴，歌手米奴丘非常同情她，就把这件事告诉给了国王和皇后，人们意料中的嫉妒和愤怒没有出现，特别是皇后，她不但没生气，反而乔装打扮到姑娘那儿去，称赞她的爱情是世界上最伟大深厚的感情，是任何人都没有权力割断的，为此她决定让这位姑娘做自己的一位宫女，这样她就可以天天见到国王了。他告诉喀尔摩金，她来就是要让她懂得，只有毫不羞愧地去爱，才可以爱得毫无痛苦，只有羞耻或悔恨，才必然会带来悲哀，因为悲哀是为了罪恶而设的，但她的思念绝不是罪恶。更有甚至，国王也借口来看望她，并且当着皇后的面对她说：美丽的喀尔摩金，我以国王和朋友的身份和你谈谈吧。你对我们的伟大爱情，使你在我们身边，给你带来了莫大荣幸。为了报答你，我们要亲手替你选择一个配偶，是你日夜祈祷乐于接受的，然后，我们愿意永远把自己叫作你的骑士，在刀鞘上刻着你的题词和家徽。为了这个诺言，不向你要求别的东西，只要求一个吻。而皇后这时对喀尔摩金说："让他亲亲吧，我的孩子，我不会嫉妒的。"

我们在什么地方会发现有如此谦让、如此高尚的爱情？这样纯洁的情感在什么地方才会发生？在爱情上谁又能如此洒脱地摆脱嫉妒的折磨而只留下纯净如水的情感或者说爱情？显然这是理想的，是缪塞幻想世界至真至美的爱情的象征。可惜的是，当缪塞在作品中越来越追求精神和道德的完美时，他在肉欲的泥潭中同时也越陷越深了，他想借艺术来超脱凡俗的生活，但艺术却毫不留情地揭示出他的人格的分裂。

1834 年，他发表剧本《勿以爱情为戏》，剧本取材于他在威尼斯时与乔治·桑之间的感情危机。戏剧情节基本上取自他和乔治·桑的爱情故事。主人公佩迪康当了医生，回到故居城堡，重新见到表妹卡米尔，但他的殷勤在少女那里却只遇到冷淡。年轻人失望之余，准备同卡米尔的妹妹罗赛特谈情说爱，卡米尔又告诉佩迪康，她即将去当修女，佩迪康表面上无动于衷，去追求罗赛特。后来佩迪康发现了卡米尔写给一位修女的信后，决定娶罗赛特，让他的表妹嫉妒。两个年轻人轮流想使对方屈服，直至最后彼此吐露爱情，引起躲在一边偷听他们谈话的罗赛特之死，而她的死则又使他们永远分离。缪塞的才能在于使这个本来很具有悲剧情调的情节却充满着喜剧色彩，人物也很活跃、幽默风趣。

爱情所导致的精神痛苦还体现在组诗《五月之夜》和《十月之夜》中。在这些诗中，诗人认为，爱情就像一切自然景物一样，只存在于开窗关窗的那一瞬间。这些诗歌的真正题材是诗人自己，或者更确切地说是诗人的爱情痛苦在诗歌中的融化。他咀嚼痛苦：

没有什么比剧痛更使人高尚。

最绝望的歌才是最优美的歌，

我所知不朽的歌是呜咽痛彻。

但他这颗已沉沦的心还会对痛苦敏感吗？缪斯为此惴惴不安，就问他：

你的心和你之间，诗人是哪样？

这是你的心，你的心不回答你。

爱情使他破碎，不详的热狂

使他和恶人接触时变成了石子。

面对如此的窘困，诗人处于无限痛苦的选择中，他最后得出的结论是：

受过痛苦之后，必须还受痛苦；

爱过之后，必须不断地再恋爱。

第二节　一个世纪儿的忏悔

自传性小说《一个世纪儿的忏悔》，表现的就是缪塞自己在美好爱情面前的自惭形秽，以及竭力想要摆脱世纪病的不懈努力。

这部小说以第一人称写成，主人公是一个生不逢时的时代多余人，是一个患了"世纪病"的贵族青年，这种病的症状是不满现状，图谋反抗，但又不知从何抗起；反对贵族社会腐化堕落的生活，但自己又身陷其中而不知自拔；良知未泯但又厌恶自己的良知，只希望沉迷于幻觉和纵欲而忘掉自己的理想，这种矛盾的结果往往是主人公意识到自己在生活中已毫无希望，于是就用更深的麻醉使自己在精神上死亡，直至连肉体的感觉都消失殆尽。这种病往往是一个时代的特殊产物，是一个没有希望的时代在个人内心的折射和反映，一旦有一个人染上这种病，就会很快传染开去，从而衍生出充斥于整个时代的时代病患者。至于这种病是如何发生的，在小说第一部的一二章交代得很清楚，这也是整部小说的序幕。主人公出生在帝国战争的年代，他们的父亲在忧郁的妻子的子宫里给了他们生命以后就上了战场，所以他们本身就是忧郁的种子。他们是与鲜血和死亡一起长大，是呼吸着忧郁的空气长大的。等他们能够思考的时候，他们发现一切光荣都已经成为过去，拿破仑的时代已经结束，信仰也已经丧失，据说灵魂也已经死亡了。这时有人站在讲坛上说光荣是一件美事，但自由是比光荣更美的事，听到这种声音，年轻人的心激动得发抖，父辈的血重新在他们身上激荡起来，但就在他们听完演讲回家的路上，"他们看见有人带着三只装有人头的筐子到克拉马墓场去，那是把自由这两个字说得太响亮了的三个青年人的脑袋"。在这样的时代，青年人的生活中包含了三个因素："在他们的后面是一个永远摧毁了的过去，可是许多世纪以来专制政体的一切陈腐的东西，还在它的废墟上蠢动；在他们的前面是黎明中的一个广大的前景，未来的最初的光明：而在这两个世界之间……有一种好像是海洋一样的东西，把旧大陆同年轻的美洲分离……。"总之，目前的世纪，它使过去和现在分离，它既不是过去也不是现在，可是，同时两个都很像，而人们不知道自己在那里自己每行一步，究竟将会有怎样的结果，不知道是走在一颗种子上，还是在一粒残饭上。最大的虚伪成为社会的风尚，快乐本身就已经不存在，"什么都不相信"成为青年的座右铭，他们嘴角露出一个奇怪的笑容，从此就不顾一切地投身到最疯狂的荒唐生活中去了。

小说的主人公沃达夫患上世纪病的原因很简单：他是一个贵族，当时才19岁，没有遭遇过任何不幸和得过任何疾病，性格既高傲又开朗，抱着一切希望和一颗热情洋溢的心，但在一次宴会上，他发现自己的情妇竟当着自己的面和自己一个最亲密的朋友勾搭调情，从此他就得了这种病。为什么如此简单，因为在这样的时代里，他只有和这个女人的恋爱的生活经验，怀疑她就等于怀疑一切，诅咒她就等于全部否认：失掉她等于失去了一切，于是在他的生活中阳光被怀疑的乌云所遮挡，他开始不知道自己该干什么好。他和自己的那个最亲密的朋友决斗受伤，像幽灵一样参加各种舞会、欢宴，但在他内心却仍然在进行着激烈的斗争：他一方面蔑视自己的情妇，但一方面却仍然渴望满足自己的欲望。这时在他生活中出现了一个叫戴尚奈的律师，他实际上是沃达夫内心的那种渴望放弃一切道德原则，毫不忏悔地投身于放纵生活的堕落力量的化身。这是一个今朝有酒今朝醉、天不怕、地不怕的人物、他只有肉体，没有灵魂，同样，女人在他眼里也不代表什么爱情、美，只是肉体。为了治好朋友的病，他先是想方设法让他忘掉背叛自己的情妇，然后劝他在妓女和美酒的怀抱中忘却过去，最后甚至把自己的情妇送给他。他的人生经验是：你要提防厌倦，这是一种不治之症："一个死人比一个厌世的活人还好。你是富感情的人么？你得当心爱情；对一个放荡者来说，这比病痛还要坏……如果你要生存，就得去学杀人……如果你有躯壳，就得要当心病痛；如果你有灵魂，就得提防失望。"他就像歌德笔下的靡菲斯特，属于看透时代病症的恶的化身，但恰恰体现了时代残酷的真理：在一个没有信仰和灵魂的时代，追求纯真无疑是愚蠢的，只有比别人更深地沉入堕落的地狱，也才能比别人生活得更快乐，这种人才是时代的宠儿，是"当代英雄"，但沃达夫偏偏要在这样的时代追求所谓的真爱情，而且把这当作生活战争的唯一目标，这就难免要失望。他羡慕没有思想的醉汉的生活；他狎妓，但当梦醒时反而更加痛苦；他渴望救赎，彻底摆脱精神的痛苦。

　　谁也无法不被他那深刻的忏悔以及悔恨的泪水打动！这是一个想回头但又无力的浪子的眼泪，在正常的社会，浪子少，道德高尚者多，而在他所生活的社会，甚至连好心要拯救他的人给他开的药方都是别回头，"浪"得还不够。这样的时代，这样的社会，你让谁救他？

转机是他父亲的死。他回去奔丧。一天晚上，他在一条林荫道散步时，遇见一个衣着朴素但举止高雅的太太，后来在避雨时，又遇到了她，这时他才从别人嘴里知道她叫玫瑰花儿比莉斯，因为她是一位有德行的女人，她此时正在照顾一个病人。她一直活跃在乡间充当天使，把爱和和平带给大家。她注视病人的眼神深深吸引住了已不相信还有爱在人间的沃达夫，他爱上了她。爱使他感觉到自己又活过来了，但某种疑惧始终使他不敢吐露自己的爱情：他爱现在这样的温情和自然，他意识到比莉斯吸引自己的是那种圣洁的美，是一种精神上的吸引，自己对她的爱包含着尊敬的成分。他问自己：假如我对她说我爱她，将会得到怎样的结果呢？她或许会禁止我来看她。向她倾吐我的爱情，我会使她比现在更幸福些吗？而我自己也将会更幸福些吗？他已经不相信自己还有承受责任的能力。为了逃避，他决定旅行，而同时比莉斯太太也离开了村庄。酒越陈越好，情越拒越烈，当他们再见面时，终于在一次刻意安排的旅行中相爱了。但爱的幸福是短暂的。当比莉斯一遍遍吐露自己炽热的爱，爱得不知如何是好，爱得发狂时，沃达夫反而开始怀疑她的爱情，过去生活的一切经历都回到了他的脑子里，过去的生活逻辑重新开始运作：女人总是骗人的，爱情都是虚幻的；他开始怀疑她向自己隐瞒了什么，开始觉得她对自己所说的一切都是谎言。他回忆起第一次见到比莉斯的情况：当时她让自己挽着手送她回去，他当时的感觉是幸福，现在却越想越可疑：为什么第一次见面她就把手给我？为什么她最初逃避我，最后竟那么快地委身于我，这里面一定有虚伪？"当我认为她将永远不可能属于我的时候，难道不正是她来主动向我吐露了她对我的爱情吗？"他的逻辑是：只有品行不端的女人才会这样，比莉斯这样做了，所以她一定品行不端。

嫉妒的火焰一旦燃烧就不可遏止，他开始以猜疑回报她的真诚，开始把恶毒的言辞泼在她玫瑰一样的心上，但比莉斯容忍了这一切，并且回报给他更多的温柔和爱情，而沃达夫就把更多的怀疑放到她身上。为了折磨她，他一遍遍地向她讲自己在巴黎的放荡生活，讲自己的情妇，并且让比莉斯化装成自己过去情妇的样子。每一次这样做之前，他都为自己的罪恶后悔，他想向她忏悔，发誓一定要让她幸福和快乐，给她最真挚的柔情，但奇怪的是，他只有在以恶毒的玩笑破坏和毒化这些本应最快乐的日子时他才感到满足。可怜的比莉斯太太，当自己的情人在和自己幽会时突然说出巴黎一个妓女的名字时，当他当着她的面和一位品位低劣得多的女人调情时，她竟默默忍受了。尽管沃达夫尽了一切的努力，但过去生活遗留的病症却越发疯狂起来：用责备和诟骂来侮辱自己最宝贵的东西。冷酷和嘲讽，温柔和忠诚，无情和傲慢，追悔和顺从，几乎有规则地连续着，逐渐地，比莉斯感觉自己是被人轮流当作一个不贞的情妇，或是一个被包月的妓女，因此也越来越悲哀。此时两人之间的爱情变成一场救赎和反救赎的斗争，比莉斯由情妇变成了母亲，责任取代了爱情，而沃达夫则越来越像一个生病的孩子，每当不痛快时就撒泼，而母亲则耐心地一遍遍地安慰他，亲吻他。对沃达夫来说，他就像一个已习惯了黑暗的人突然走进灿烂的阳光中，他只感到昏眩。比莉斯太太如果真像妓女一样待他，他反而可能为自己的恶作剧心安理得，但她却是如此宽容，如此真诚，他这样一个浪子在她面前只感到自己的无耻，感到自己不配享受这样的幸福，他因一个女人的欺骗而对所有的女人都仇恨，现在却偏偏遇到一个自己不应该仇恨的女人。比莉斯太太完全理解他，正因为理解才宽恕他，她要以自己的牺牲来拯救这个生病的孩子。她对沃达夫说："在你来到这里以前，在这个村子里，我的生活是多么安静！我自己曾多次许愿，绝不要改变这种生活。这一切都使我变得特别需要人的照顾。好吧！这没有关系，我是属于你的。在你高兴的时候，你对我说过，上帝命令我像一个母亲一样来照顾你。我的朋友，这倒是真的，我并不天天都是你的情妇，有许多时候我是或我愿意是你的母亲。是的，当你使我痛苦的时候，我在你身上再也看不出你是我的情人了，你只不过是一个害病的孩子，多疑的倔强的孩子，我愿意护理他，治好他，以便能够再找回那个我所爱的人，我要永远地爱他的人。"显然，这时在她心中更多的是母爱，这使她即使在遇到真正适合自己的爱情时也为了孩子决定放弃。史密斯的出现改变了他们的生活，这是一个同样富有牺牲精神的青年，他为母亲和妹妹的幸福毫不犹豫地牺牲了自己的幸福，与沃达夫相比，他显然是和比莉斯生活在同一个世界，一种沃达夫永远向往但却无力达到的世界，一个灵与光的世界，比莉斯与他真心相爱。但为了救沃达夫她决定放弃这个可以使自己真正幸福的爱情，决定永远陪伴着他，无论天涯还是海角。但当沃达夫意识到自己在感情上已经就要失去比莉斯太太，意识到比莉斯太太对自己已只有怜悯时，他竟一时冲动要杀掉她，幸亏他在动手时看到了比莉斯太太胸上的基督受难像。基督的光辉照亮了他已被嫉妒和仇恨充塞的心，他觉醒了，最后他独自走了："他对他出生的城市最后回顾了一次，并且感谢上帝的赐福，使得因他的过失而造成三个人的痛苦，现在只剩下一个不幸的人了。"

法国著名文学批评家圣伯甫曾这样评价这部小说："这本相当富有戏剧性的小说，结构很艺术，笔调轻盈，色彩鲜明，并且充满了激情。"[1]这确是点睛之论，小说最大的魅力就是以诗一样的激情把主人公内心情感的动荡宣泄出来。小说的许多篇章与其说是小说，不如说是诗，特别是表现主人公内心的矛盾冲突时，这种抒情性表现得特别明

1　梁均：《〈一个世纪儿的忏悔〉译者前记》，人民文学出版社，1980年，第9页。

显。而且从整部小说的节奏安排和结构安排上，也很符合散文诗的规律，而第一人称的叙述方式无疑使这种抒情得到最淋漓尽致的发挥。小说的戏剧性也很明显，主人公发现自己情妇的不忠就很有戏剧性：在晚宴上，他因为叉子掉在地下弯身去拾，无意间看见自己情妇的腿正和自己好朋友的腿紧紧地贴在一起；他若无其事地抬起身，看他们的表情，没有任何变化，同样的道貌岸然；过了一会儿，他假装叉子掉了，弯下身去拾，发现他们的腿还紧紧地在一起，看看他们的表情，仍然是道貌岸然，他同样不动声色，但内心已经烧起了一团火：他无法相信，一个是自己最爱的情妇，一个是自己最亲密的朋友之一，为什么他们口里说着爱自己，却当着自己的面调情，于是他对人、事的看法发生了根本的变化——在这之前他是个无忧无虑的孩子，之后他就成了个愤世嫉俗的时代病患者。这些都是很有视觉效果、舞台效果的情节。沃达夫和比莉斯太太的恋爱同样充满了戏剧性。论年龄，比莉斯太太比沃达夫大十岁，论经历，沃达夫虽然年轻但已成为巴黎浪子，比莉斯太太却是个很有宗教情操的圣女；沃达夫在巴黎的享乐场受骗，所以怀疑一切，比莉斯太太早年因受骗失身，结婚后丈夫早亡，但她因此更关心不幸的人，这样两个不属于同一个世界的人偏偏在远离世俗的乡间相见。沃达夫久在荒唐生活中沉迷，遇到比莉斯这样温柔沉静的女人自然很快因好奇而产生吸引力，比莉斯太太呢？出于种种成熟的考虑千方百计回避他，或许借此考验他。两人为此都日益憔悴，最后在林中散步时，或许是巧合或许是精心安排，两人才相爱；而一旦相爱，马上又彼此痛苦。最后为了对方的幸福又分手。本应只有鲜花和阳光的爱情只因为人物自身性格的原因而一波三折，跌宕起伏，产生了无穷的张力。

有人说这部小说开辟了法国心理小说的先河，此言不虚，对沃达夫变态心理形成过程的细致刻画，特别是对他和比莉斯太太相爱后复杂心理的描写，堪与任何心理小说媲美。

缪塞生活的时代本身就是复杂多变的；法国大革命之后，先是拿破仑一世的第一帝国的兴亡，接着是路易十八两次复辟，随后是查理一世登基、七月王朝复辟、法兰西第二共和国以及拿破仑三世的第二帝国时期。动荡不安的社会现实本就是滋生忧郁病的温床。缪塞是从参加雨果的进步文学社团步入文学的殿堂的，所以他早期也和雨果、戈蒂耶一起，以浪漫主义为旗帜，对古典主义的清规戒律进行了猛烈的攻击，对当时的社会矛盾也进行了有限的批判和揭露，但当他看到社会现实并没有像他预想的那样发生根本变化时，贵族妥协的血取代了斗士的血，他看到了人民间酝酿的不满，但又知道这种不满的对象中也包含着自己：他预感到社会的不公将引发动乱，但他又害怕这种动乱。他逐渐陷入了悲观主义和怀疑主义。在实际生活中，他也同样陷入了危机；他看到了腐化生活的可耻，但自己又不由自主往泥潭中沉没；他渴望纯洁的爱情，但当真出现这种感情时，他又无法承受，如他与乔治·桑的爱情悲剧，结果，面对阴森的现实，他就像自己小说中的沃达夫一样得出这样的结论："本世纪的一切毛病都来自两个原因，人民经过 1793 年和 1814 年，在心头上留下了两个创伤。过去所曾经存在的已不复存在，将来总要到来的尚未到来。"在这样的时代，他注定和自己的主人公一样，成为时代的牺牲品。

第九章 "俄罗斯诗歌之父"——普希金

第一节 以诗歌建造纪念碑

俄罗斯文学直到19世纪初仍还处在模仿西欧的学步阶段，真正具有俄罗斯民族品格和气派的文学是从普希金开始的，他既是俄罗斯浪漫主义文学的杰出代表，也是现实主义文学的奠基人，只有从普希金起，才开始有了俄罗斯文学，所以他被公认为俄国文学的奠基者、"俄罗斯诗歌之父"。

亚历山大·谢尔盖耶维奇·普希金生于莫斯科一古老的贵族家庭，从小跟着农奴出身的奶妈听民间故事。1811年，他进入皇村学校，其间受到法国资产阶级进步思想的影响，并开始和十二月党人接近。1812年爆发的卫国战争更是激发了他的爱国激情。

皇村学校是一所培养高级官吏和专门人才的贵族学校，1817年，普希金从这所学校毕业后就进外交部工作。普希金的创作是从学生时代开始的，主要是诗，这些诗多是歌颂自由，反对专制暴力的政治抒情诗，如《自由颂》《童话》《致恰达耶夫》《致普柳斯科娃》《乡村》等。这些诗充满着革命的浪漫主义热情和反暴政的决心，如在《致普柳斯科娃》中，诗人写道：

> 我只愿意歌颂自由，
>
> 只向希望奉献诗篇，
>
> 我诞生到世上，而不是为了
>
> 用羞怯的竖琴讨取帝王的欢心。

在《自由颂》中，诗人义正词严地谴责暴君：

> 你专制独裁的暴君，
>
> 我憎恨你，憎恨你的宝座！
>
> 我以严峻和欢乐的眼光，
>
> 看待你的覆灭，你儿孙的死亡。

这一时期诗人最好的诗是《致恰达耶夫》，诗人以优美的抒情笔调表达了一个进步青年对革命事业的忠诚，对祖国美好未来的信心：

> 俄罗斯要从睡梦中苏醒，
>
> 在专制暴政的废墟上，
>
> 将会写上我们的名字！

　　普希金的这些政治抒情诗和讽刺诗代表了当时很多青年人的心愿，在一定程度上代表了人民的要求，所以在青年人中很快流传开来，恨得沙皇咬牙切齿地说，"应该把普希金流放到西伯利亚去，他弄得俄罗斯到处是煽动性的诗"，多亏社会名流及其师长的斡旋，才改为调出彼得堡，去南俄某地做总督后员。

　　流放时期（1820—1824）是诗人浪漫主义创作的高涨时期，由于和十二月党人的交往更加密切,他诗歌中表现出的反抗精神也越来越激烈,甚至写下了号召杀死暴君的短诗《短剑》,其他还有不少浪漫主义抒情诗,如《高加索的俘虏》《强盗兄弟》《巴赫切萨拉伊的泪泉》《囚徒》《致大海》和《茨冈》。这些浪漫主义故事诗描写了异域的环境和人物,抒发了浓郁的浪漫主义情怀。这些诗有的写被高加索契尔克斯人俘获的俄罗斯贵族青年同契尔克斯姑娘的不幸爱情;有的写反叛社会、无法无天的强盗兄弟;有的叙述中古土耳其可汗对俘获的波兰公主的悲剧爱情。其中以《茨冈》为代表。长诗的主题是"自然"和"社会"的对立。主人公贵族青年阿乐克对他出身的贵族社会不满,认为那里没有自由,"压制思想","没有爱,也没有欢乐";他受不了那里"群俗疯狂的迫害与诋诬"及"上流社会"给予的"耻辱"。由于他的叛逆,"衙门里正在捉他",于是他逃到没有受城市贵族社会污染的吉卜赛人中间,做"这个世界的自由居民"。他与最先收留他的吉卜赛姑娘真菲拉相爱,随同吉卜赛人到处流浪,"每天漂流游荡在野外",感到非常幸福,可是后来真菲拉发生情变,她爱上了一个吉卜赛青年。阿乐克不能忍受,把他俩全都杀死,最后一个人被吉卜赛人抛弃在荒原上。在作者看来,吉卜赛人的生活便是"自然"的生活,自由的生活,它高于贵族社会的腐朽"文明"。作者在这里批判了贵族社会,并首次在俄罗斯文学中提出了贵族青年不满现实而要探索新生活的问题,但阿乐克实际上是作者理想化了的利己主义者,他完全是为个人爱情而杀死两个吉卜赛人,说明他终于没有摆脱贵族的生活和"文明"的旧传统。

1824 年,沙皇将普希金押送到他父亲的领地,改为幽禁,其间创作了历史悲剧《鲍里斯·戈都诺夫》,剧本指出了沙皇专制制度的反人民本质,指出"人民的公意"才是改朝换代的决定因素。剧本因为鲜明的政治倾向而遭到沙皇禁演。

1825 年 12 月 14 日，十二月党人起义失败，1826 年尼古拉一世即位，为笼络人心，新沙皇才又把他召回莫斯科，恢复自由。沙皇问普希金：假如十二月党人起义时他在彼得堡，他会不会参加，诗人毫不犹豫地回答：会参加。

在莫斯科时，普希金一度对沙皇抱有幻想，但很快就抛弃了幻想，继续写出战斗性的诗篇，如《阿里昂》和《致西伯利亚的囚徒》，在后一首诗中，诗人对被流放到西伯利亚的十二月党人表示了由衷的敬意：

在西伯利亚的矿坑深处，

请把高傲的忍耐置于心中：

你们辛酸的工作不白受苦，

崇高理想的追求不会落空，

沉重的枷锁会掉下，

阴暗的牢狱会覆亡，

自由会愉快地在门口迎接你们，

弟兄们会把利剑送到你们手上。

收到这首诗后，十二月党人深受鼓舞，也回了一首诗，诗云："请你放心吧，歌颂自由的诗人"，因为——

我们悲惨的工作不会这样消亡，

星星之火可以燃起漫天的火光。

我们具有高度素养的人民啊，

将会聚集在神圣旗帜下永远辉煌……

1830 年秋，普希金获得了一个创作的丰收期，他在波尔金诺村住了三个月，完成了诗体小说《叶普盖尼·奥涅金》，还写了《别尔金小说集》，四个小悲剧《石客》《吝啬的骑士》《莫扎特和沙莱里》《瘟疫流行日的宴会》，以及几十首抒情诗。

《别尔金小说集》包括五部短篇小说，即《驿站长》《风雪》《射击》《棺材匠》和《村姑小姐》，其中最有影响的是《驿站长》，小说写驿站长维林本来和女儿冬妮亚相依为命，后来女儿被一个军官拐走，驿站长悲愤而死。这是诗人为小人物写的悲剧故事，鲜明地体现了诗人对被侮辱、被损害的小人物的同情。

30年代，普希金创作了很多成功的作品，如叙事诗《青铜骑士》、童话诗《渔夫和金鱼的故事》、历史著作《普加乔夫史》、中篇小说《黑桃皇后》、抒情诗《我又重新造访》、短篇小说《黑桃皇后》和长篇小说《上尉的女儿》等。

《上尉的女儿》取材于18世纪70年代的普加乔夫领导的农民起义。贵族青年军官格利涅夫到边防要塞就职，途中因暴风雨迷了路，由一位乡下人引路，才脱险境。这位引路人也正是当局要缉捕的普加乔夫。临别时，格利涅夫把一件兔皮袄送给他御寒，以表谢意。格利涅夫到要塞后不久，爱上了要塞司令米罗诺夫上尉的女儿玛莎。后来要塞被普加乔夫起义军攻占，上尉夫妇被杀，格利涅夫也被俘。普加乔夫感念旧情，释放了格利涅夫，并成全了他和玛莎的婚姻。后来起义军失败，普加乔夫被处死刑，有人诬陷格利涅夫和起义军有关系，结果他被判终身流放。玛莎闻讯后，赶到彼得堡，谒见女皇叶卡捷琳娜二世，澄清了怀疑，使格利涅夫重新获得了自由。小说的意义在于刻画了农民起义军领袖普加乔夫的形象，表现了人民与专制暴政之间的对立。过去，贵族们总把普加乔夫描绘成杀人越货的匪徒，普希金却把他写成有组织才干、骁勇善战、豁达大度、热爱自由和宁死不屈的群众领袖。但作者对革命暴力却持否定态度，这在一定程度上削弱了小说的思想性。

1831 年，普希金与 19 岁的莫斯科美人冈察洛娃结婚，又重迁居彼得堡，仍在外交部供职。由于诗人创作上坚持反对暴政的革命倾向，使沙皇政府难以容忍，于是纵容在禁卫军骑兵团的法国流亡贵族丹特士纠缠诗人之妻，遂引起一场决斗，普希金受重伤，于 1837 年 2 月 10 日去世。这是诗人为自己的尊严、正义和荣誉而作出的生死抉择，也是黑暗势力蓄意制造的悲剧，就如俄国著名诗人莱蒙托夫在其名诗《诗人之死》中所写的："诗人的心灵忍不住卑鄙琐屑的凌辱……于是被杀，身亡。"

普希金当时只有 38 岁，就像一颗灿烂的明星突然陨落了，但诗人身后留下的光芒，却永远闪耀在俄罗斯的上空、闪耀在人类精神世界的上空。诗人的一生，就是一座不朽的纪念碑，这正如诗人去世前一年写的《纪念碑》一诗中所说的：

> 我所以永远能为人民敬爱，
>
> 是因为我曾用我的诗歌，
>
> 唤起人民善良的感情，在这残酷的世纪，
>
> 我歌颂过自由，
>
> 并且还为那些倒下去的人们，
>
> 祈求过怜悯同情……
>
> 我为自己树起了一座非人工的纪念碑，
>
> 在人们走向那儿的路径上，青草不再生长，
>
> 啊，它高高举起了自己不屈的头，
>
> 高过那纪念亚历山大的石柱……

第二节 时代的多余人

《叶甫盖尼·奥涅金》代表了普希金创作的最高成就，诗人称之为"我的最好的作品"。

叶甫盖尼·奥涅金出身于彼得堡一个贵族官僚家庭，自幼受到贵族社会华而不实、脱离民族文化传统的教育，由法国教师抚育长大。贵族社会的环境与教育使奥涅金娇生惯养，空虚贫乏，缺乏锲而不舍的毅力。18岁时，奥涅金受完了教育进入上流社会，他举止风雅，衣着考究，法语流畅，谈吐机智，又有善于取悦小姐太太的本领，这使他成为社交场上的风流人物。奥涅金整天周旋于酒宴、舞会与剧场，奔忙于情场角逐，这样度过了八年放荡生活。

奥涅金并不是平庸的贵族青年，他曾读过英国资产阶级政治经济学家亚当·斯密的政治经济学，受过法国启蒙主义学者卢梭著作的影响，他对这个花花世界感到厌倦，觉得这个世界不能满足他的精神要求，终日郁郁寡欢，对周围世界十分冷淡，产生了精神危机。后来他企图用读书来解脱心中的郁闷，然而他缺乏毅力，结果——失败了。这样奥涅金便染上了流行于当时知识界的"忧郁症"。适逢伯父病故，为继承遗产他来到乡间。农奴制下的沉闷的乡村生活并未使奥涅金摆脱精神苦闷，在无聊中，他试行了农事改革，采取一些措施减轻农民的负担，虽然这种改革毫无目的，但却引起了周围地主的不满。不久，他结识了新近从德国留学回国的浪漫主义诗人、年轻地主连斯基，尽管他们彼此具有不同的气质，但某些共同的见解使他们成为了朋友。连斯基正热恋着地主拉林家的小女儿奥尔迦，由于连斯基的介绍，奥涅金走访了拉林家，认识了奥尔迦的姐姐达吉亚娜，这是一位沉静、富于幻想、酷爱自然的姑娘，奥涅金的造访，唤起了她炽热的爱情，他向奥涅金写了一封信，表白了一位纯真少女的痴情，但没想到却遭到了奥涅金的拒绝，这使她非常痛苦，日渐憔悴。有一天，连斯基邀请奥涅金参加达吉亚娜的命名日，地主们的庸俗谈吐和不自然的表情使奥涅金非常不快，埋怨连斯基不该邀请自己到这个地方来，作为报复，他在舞会上不断对奥尔迦大献殷勤，连斯基顿时感到受了侮辱，向奥涅金提出决斗，长期生活在上流社会的奥涅金，屈服于恶劣习俗接受了挑战。虽然决斗前奥涅金痛恨自己的恶作剧，但是在决斗中还是杀死了朋友连斯基。从此以后，奥涅金仍然带着郁闷的心情去外地漫游。

漫游途中，奇丽的自然风光并未改变奥涅金的郁闷情绪。经过长期漂泊之后，他又返回彼得堡上流社会。在一次舞会上，他突然遇见达吉雅娜，这时她已由一个单纯的农村姑娘变成了雍容华贵的夫人，这一下燃起了奥涅金热烈的感情，他竟像孩子似的爱上了她，像影子似的追逐于她，并向她写了一封倾诉衷肠的长信。达吉雅娜当面对他说，她虽然爱他，但不能属于他，因为她要忠于自己的丈夫，并请求奥涅金离开她。

这部长诗内容非常丰富，它真实地再现了19世纪初俄国社会生活的广阔图景：从京城上流社会到外省地主庄园，既揭露了贵族地主阶级骄奢淫逸的寄生生活，以及他们极端空虚和堕落的精神世界，也反映了广大农奴含垢忍辱的非人生活状况，既记述了重大的历史事件，也描写了琐细的生活习俗……但更重要的，是塑造了19世纪初俄国社会典型环境中的典型人物，有力地提出了贵族青年的出路问题。因此，别林斯基把《叶甫盖尼·奥涅金》称为"俄国生活的百科全书"。

奥涅金是俄国文学史上"多余人"形象的鼻祖。通过这个形象，普希金反映了19世纪20年代俄国贵族青年无所事事与脱离人民的悲剧。他虽然受到资产阶级启蒙思想的影响，不满庸碌的贵族社会，希求自由的新生，但同样自视甚高，盲无目的，结果一事无成。

从所受的教育和生活环境来看，奥涅金在当时俄国的上流社会是典型的。他过的是花花公子似的放荡生活，整日周旋于酒宴、舞会和剧场，恋爱占去了大部分时间：

> 通常，他还躺在床上，
>
> 就给他送来了请帖，
>
> 什么，请帖？——一点不错，
>
> 一个晚上有三家邀请，
>
> 这里是跳舞会，这里是孩子的命名日。

在交际场上，他出类拔萃：

> 多早他就会做作了，
>
> 会隐瞒住情意，会嫉妒，
>
> 会使人不信，也会叫人相信，
>
> 会显得忧郁，憔悴，
>
> 会装得骄傲和柔顺……

一般的贵族青年可能会满足于这种平庸的生活，但奥涅金偏偏不满足，因为他还有"爱幻想的天性，与众不同的怪癖，辛辣而冷淡的才气"，而且"情感早已在他的心里冷却了，社交界的骚扰使他厌烦，朋友和友谊也使他厌倦"，他患上了时代病，这种病：

> 类似俄国的"脾气郁结症"，
>
> 简短点，俄国的"忧郁病"

渐渐缠上了他；

他对自杀，谢谢上帝，

没有想去尝试，

可是对生活完全冷淡了。

于是他去读书，可读来读去，发现这些书全都"毫无道理"：

这里是无聊，那里是骗人或是胡说，

在这里不讲良心，在那里没有意思；

全都是各种不同的镣铐，

旧的陈腐了，

新的也都模仿旧的，

像舍弃女人一样，他丢开了书。

他读过亚当·斯密的经济学著作，对卢梭的《社会契约论》兴趣很浓。他想从事农事改革，用地租代替古老的徭役制。同时，他也想从事写作。然而由于出身和教养之故，他摆脱不了贵族阶级的寄生生活、虚荣和利己的观念。既无劳动习惯又无毅力，特别是他对祖国和人民的需要一无所知，缺乏明确的目的，结果什么事也没有做成，始终徘徊在探索生活的十字路口，苦闷、不安、郁郁寡欢。

这种性格的两重性典型地体现在对待爱情的态度上。他刚开始拒绝达吉雅娜诚挚的爱情，后来却又狂热地追求达吉雅娜，都明显地反映出他对现实既心灰意冷，又妥协屈从，无力挣脱贵族阶级利己主义、追逐虚荣等腐朽道德观念的枷锁。就像达吉亚娜最后拒绝他的求爱时所分析的：

那时候——可不是吗？——在偏僻的乡下，

远远地离开虚荣的口碑，

在没有得到您欢喜……为什么现在

您来追求我呢？

为什么我成了您追求的对象？

是不是因为，我现在

现身在上流社会，

我有钱而且显贵，

丈夫在战争中残废了，

宫廷因为这个关切我们？

是不是因为，我的失足，

现在会受到所有人的注目，

并且会在社会上

带给您善于诱惑的荣誉？

事实的确如此，他当初玩世不恭地拒绝了达吉亚娜的爱情，把她大胆的爱情表白看作社交界仕女们的逢场作戏；他后来热恋并追求她，也是出于虚荣心，是想获得征服彼得堡社交界女皇的声誉，这一切都深深打上了贵族阶级损人利己的哲学。但他显然又高出那些纯粹把爱情当游戏的贵族青年，在他的性格中，也有严肃负责的一面，他拒绝爱情，就有这一因素，因为他认为与自己结合不会有幸福，因为他对人生已经绝望。他说他"不是为爱情而生"，生活的磨难已使他没有热情，"幻想"已经死亡，因此"无论我是多么地爱您，日子一久，我就变得冷酷；您会悲伤地啼哭，而眼泪决不会感动我的心灵，却只会使我气得发疯"。但这种出于对爱情的严肃和对爱的负责态度既出于他对人生的绝望，也出于利己主义，他说不愿以他的"个人自由和独立"来换取婚姻的幸福，并且把真挚爱情的表达看作是不慎的行为而严加痛斥："你应该学会克制自己，不是每个人都像我理解您，不谙世故往往招来祸事。"这表面上是为达吉雅娜着想，实际上极其无情地打击了这个在地主社会里独具真挚爱情的小姑娘，因她与其说是向奥涅金表达爱情，毋宁说是请求他的保护，这就更体现出奥涅金利己主义的冷酷了。后来他对成为将军夫人的达吉雅娜的追逐，也并不能显示出他有较高的思想和道德水平。自然，达吉雅娜谴责他当初不稀罕"一个纯朴少女的爱情"，现在却狂热追逐她，只是因她在上层社会的显赫地位，若把她追逐到手会给奥涅金在社交界带来名声，这种谴责是可以理解的，但未免太过。实际上，奥涅金此时确实在追悔过去，因为经过三年沧桑，他终于认识到当初达吉亚娜爱情和人格的可贵，但现在既然时过境迁，达吉雅娜已是有夫之妇，那样不顾一切追逐，至少也是不尊重达吉雅娜的表现，是一种只顾及个人感情，不顾别人感情的个人中心思想在作怪。

在对待友谊的问题上，更进一步检验了奥涅金的价值。他只因一点小事就恶作剧般调戏朋友的未婚妻，特别是答应决斗而又杀死自己的朋友，就更显出奥涅金思想和道德水平没有跳出传统的藩篱。连斯基更年轻，对人世抱着天真烂漫的幻想，是位相信未来而又有一定才华的青年诗人，仅只为连斯基骗他参加了达吉雅娜喧闹的命名日便予以报复实在过分。虽然他也曾"为自己的行为深深的悔恨"；觉得"不该任凭世俗的成见"如此冲动，而应该"表现出友情"；他甚至也嘲笑社交界的"名誉"，却仍然将其看得高于一切："名誉都值得我们尊重，地球就是靠着它转动。"这充分体现出了奥涅金的利己主义，体现出他没有能够摆脱掉传统陋见的恶劣影响。凡此种种，都使他生活空虚，一生一事无成：

> 活着没有目的，没有工作，

一直到 26 岁,

在闲暇无事里苦恼着,

没有职务,没有妻子,没有事情,

无论什么都不会做。

　　总之,奥涅金的性格是复杂矛盾的,但又是统一的。他厌弃上流社会的空虚浮华、庸庸碌碌,但又无力与这个社会决裂;他受过欧洲资产阶级启蒙思想的影响,但他又无力摆脱贵族阶级道德观念的束缚;他自视清高,既不愿与贵族社会那些绅士、淑女交往,也不愿跟广大人民群众接触。总之,他对社会不满意,对他人不满意,对自己也不满意。所以,按照赫尔岑的说法,奥涅金"从来不站在政府的一边,也从来不站在人民的一边",是一个"在他所安身立命的环境中的多余的人,他并不具有可以从这种环境中脱身出来的一种坚毅性格的必要力量"。"多余的人"的说法最先出现于屠格涅夫 1850 年面世的小说《一个多余人的日记》,赫尔岑于 1851 年便在《论俄国革命思想的发展》中借此概念概括奥涅金的性格特征,说他是"一个苦闷不堪和充分感到自己毫无用处的人。嘴边带着微笑走进生活的奥涅金一章比一章变得忧郁,最后终于在空虚中耗尽生命而消失"。通过奥涅金,普希金客观上提出了整个贵族革命时期(1825—1861)进步贵族青年脱离人民的问题,这是他们终于一事无成的症结所在。由于这一艺术形象高度的典型性,因此产生的影响是巨大的。此后俄国文学中出现了一系列奥涅金式的"多余人",构成了 19 世纪俄国文学的一个显著特点。

　　达吉雅娜则是一位理想的俄罗斯妇女形象。诗中称她是"我忠实的理想""可爱的理想人物"。她出身于乡村地主家庭,但自幼"不喜欢这个社会的浮华生活";她主要是在出身农奴的乳母的民谣和民间传说的熏陶下,在农村大自然的环抱中长大的。她性格沉静,不喜欢社交活动，而喜欢彩霞、树林，喜欢对着星星和月亮遐想。她始终保持了天真、纯朴的天性，对人生、对未来、对爱情都有美好的向往。正因为如此，她才在自己生活其中的环境里感到孤独，寂寞，缺少知音，所以，当见到傲世独立的奥涅金时，少女之心就怦然而动，一见钟情，而且毫无掩饰、毫不作态地、勇敢地给奥涅金写信表达了自己的爱慕之情，在当时以爱情为游戏的上流社会，这是多么难得的纯洁和真诚：

> 别人啊！……不，在世界上无论是谁
> 我的心也不交给他了！
> 这是神明注定的……
> 这是上天的意思：我是你的；
> 我的一生原来就保证了
> 和你必定相会；
> 我知道，你是上帝派到我这里来的，
> 你是我的终身的保护者
> ……
> 可是随它怎样吧！我的命运
> 从现在起我交给你了，
> 在你面前我流着泪，
> 恳求你的保护……

在奥涅金极为冷酷地拒绝了她的求爱，特别是当他杀死了连斯基而远游他乡之后，她内心的热情渐趋平静，最后采取一切听天由命的生活态度，在母亲的眼泪和恳求下，来到莫斯科这个"待嫁姑娘的市场"，嫁给了一个年老的将军，并在社交界成了明星。其实，在她"成功"的外衣下，掩盖着的是一颗万念俱灰的心，唯一能给她到来安慰的，就是梦想：她梦想着乡下的生活，梦想着乡村的贫苦农民，梦想着幽静的角落。但她当初大胆追求自由爱情的勇气却慢慢消失了。最后，当奥涅金回到她身边向她求爱时，她一方面表示为了爱情可以放弃眼前一切的奢华：

> 而在我，奥涅金，这种豪华，
>
> 讨厌的生活的辉煌，
>
> 在上流社会的旋涡里我的成功，
>
> 我的时髦的家和夜会，
>
> 它们有什么呢？我情愿立刻地放弃
>
> 一切这些个化装跳舞会的烂衣裳，
>
> 一切这些个灿烂，喧哗，乌烟瘴气，
>
> 换一架子书，换一所荒凉的花园，
>
> 换我们的贫寒的住宅，
>
> 换那块地方，在那里第一次，
>
> 奥涅金，我看到了您。

她明白表示她内心仍然爱着奥涅金，不过现在一切都变了：

> 我出嫁了。您应该，
>
> 我请您，离开我；
>
> 我知道：在您的心里是
>
> 骄傲和真正的光荣。
>
> 我爱您，（为什么掩饰？）
>
> 但是我嫁了别人，

我要永远对他忠实。

别林斯基曾对达吉亚娜的这种"忠诚"提出指责："忠诚于谁，忠诚些什么？"认为这是软弱，是向旧传统和现存社会关系让步。但别林斯基还是原谅了她的软弱，因为在当时的历史条件下，她"不可能蔑视社会舆论"，却可能"牺牲给社会舆论"，因为"她的天性是爱情和自我牺牲"，她以牺牲自己来保持自己内心的纯洁和崇高。

在诗人看来，达吉雅娜是"灵魂上的俄罗斯人"，体现着诗人的道德理想。同时，在这个纯朴、崇高、真挚、美丽的女性身上，还体现着一种俄罗斯人民和俄罗斯民族的气质和力量。她在天性和对社会的批判态度上与奥涅金是相似的，在思想上也有十分明显的局限性，甚至可以说她更远离社会，缺乏政治理想，把全部视野似乎都局限于个人生活和命运的小圈子里。但是，她在很多方面又和奥涅金不同，诗人通过这个形象似乎要回答他在这部作品里所提出的重要社会课题之一——如何对待人民。当时俄国进步思想界许多人士都想走西欧之路，但诗人通过女主人公似乎提醒人们：在俄国，做任何事，最重要的，就是不可忘掉或忽略俄罗斯民族特点。

普希金自己称这部长诗为"诗体长篇小说"。其形式结构同拜伦的《唐·璜》有相似之处，既以第三人称叙事的方式讲述主人公的故事，塑造人物形象，又以第一人称的抒情方式抒发作者自己的主观感情、见解和议论。这些"抒情插笔"从表面上看似乎游离于作品之外，而实质上却是作品不可分割的有机组成部分。如作家往往是以自身真实的面貌、地位和身份参与作品的形象体系：他既跟书中的主人公们同哀愁、共欢乐，又以一个抒情主人公的身份随时随地纵情倾吐自己的心怀，对周围世界作出评价。书中较长的抒情插话有27处之多，随意的短小的插话有50处。这些插话，或沉思，或感叹，或赞颂，或调侃，笔锋所至，如行云流水，意趣横生，妙语连珠，表现了高度的艺术技巧，更重要的是，这些抒情插话既能摆脱故事情节的限制，多方面、多时空地描写揭露客观社会生活，又能多方面、多层次地展示作者自己的主观世界，从而大大丰富、拓宽和深化了作品的思想内容。无怪别林斯基称长诗中的插笔是"诗中的诗"，精华中的精华。但普希金却认为自己的长诗与拜伦的上述作品毫无共同之处。拜伦的长诗占主导地位的是主观抒情和讽刺性的议论，主人公唐·璜在作品中主要起线索和结构的作用，作者并未刻意把他塑造成一个丰满的艺术典型；而普希金虽然也看重主观抒情，但更着重把奥涅金塑造成一个完整的丰满的艺术典型，而作者充分实现了这个意图。

第十章　人类隐秘善恶的探求者——霍桑

第一节　挣扎在自然与清教的冲突中

　　纳撒尼尔·霍桑，美国 19 世纪上半期著名的浪漫主义小说家。他出生在美国东部新英格兰地区的萨勒姆镇，祖辈是殖民地时期的望族，到霍桑时代家道中落。他的父亲是个船长，在霍桑四岁时死于海上。霍桑自幼随母在故乡居住，受浓厚的宗教气氛的熏陶，当地流传的宗教迫害故事也深深地印在他的脑海里，并使他养成自傲而又顾虑多疑的性格。霍桑的外公藏书丰富，年幼的霍桑常常一个人待在外公的书房里读书。1821 年，霍桑在亲友的帮助下进入缅因州博多因学院学习，同学中有诗人朗费罗和后来成为美国第十四任总统的富兰克林·皮尔斯。1825 年大学毕业后，他回到家乡，决定以写作为生。

　　1828 年，霍桑发表第一篇小说《范肖》，小说是自费出版的，而且是匿名出版，小说写得很粗糙，所以后来作者否认是自己的作品。1837 年，他出版了第一部署名短篇小说集《重讲一遍的故事》。1839 年至 1841 年，他在波士顿海关任职。1841 年，他加入了马萨诸塞州西部罗克斯巴里的布鲁克农场，这是由超验主义者创办的一个过着公共生活的乌托邦式的农场。1842 年他结了婚，婚后居住在康科德，结识了作家爱默生、梭罗等人。

1843 年，霍桑出版了短篇小说集《古宅青苔》。1848 年由于政见有悖于当局，失去了海关职位，从此他更专心于创作，1850 年他创作出《红字》，从此成为当时公认的美国最重要的作家。随后他又写了《福谷传奇》和《七个尖角顶的房子》。富兰克林·皮尔斯当选总统后，霍桑于 1853 年被任命为驻英国利物浦领事。1857 年霍桑侨居意大利，在那儿创作了《玉石雕像》。1860 年霍桑回国，定居康科德，坚持写作。1864 年 5 月 19 日霍桑在睡梦中去世，身后留有四部未完成的小说：《塞普蒂默斯·福顿》《德里弗传奇》《格里姆肖博士的秘密》和《祖先的足迹》。

霍桑开始是作为短篇小说家闻名的，他的思想和艺术特色也首先表现在他的短篇小说中。霍桑的短篇小说主要以新英格兰殖民地为背景。霍桑生活和创作的年代，美国资本主义经济迅速发展，美国政府对外实行侵略扩张政策，对内残酷扫荡印第安人，同时大批欧洲移民定居美国，新的社会矛盾冲击着殖民主义的旧秩序。霍桑处于这样的社会大变动中，却对科学和理性抱一种怀疑否定的态度。在短篇小说《拉伯西尼医生的女儿》中，主人公意大利人拉伯西尼精通医术，但是在他手中，救人的医术已变成为害人的邪术。他热衷于毒品的研究，竟不惜将自己的亲生女儿培养成一个浑身散发毒素的活标本，成了他掌握中的一件可怕的武器，但却只能永远与世隔绝，再也不能享受人类的爱情和幸福。小说的目的很明确：科学实验带有罪恶的性质，它只会使人丧失人性，对人类含有致命的威胁。在这里，科学活动被赋予了神秘邪恶的色彩。《通天的铁路》是一则著名的寓言故事，摹拟英国作家班扬的《天路历程》，描写现代"基督"乘坐火车舒舒服服上天堂。作者表明以铁路为象征的科学技术的进步只能促使人们追求物质的享受而忘却精神价值，这也是加尔文教教义的具体体现。

在霍桑的短篇小说中，思想艺术成就最高的是一些刻画人们的思想冲突和心理活动，探讨人性和人的命运问题的作品，其中最著名的有短篇小说《小伙子布朗》和《教长的面纱》。前者写自以为有罪的布朗到森林里去践约，结果一到森林，就惊奇地发现他自幼就崇敬的总督、教长、高贵太太、贞洁少女竟也有他们的"罪恶"而前来和魔鬼践约：教长怎样和年轻的女侍说下流话，妻子怎样为了谋财毒死丈夫，少女怎样偷埋私生子，最让他惊奇的，是他还在这群人中发现了自己的妻子！布朗顿时领悟：人人皆有隐秘之罪。后者写一位一向受教民尊重的牧师，在村中一位少女突然死去的同时，在面部蒙上一层黑纱，无论何时都不肯摘掉，这块黑纱在人们心目中造成一种阴沉恐怖的印象，它是牧师藏而不露的隐秘罪恶的象征。小说通过暗示指出牧师和村中某少女的暧昧关系。这块悬在他和世人之间的黑纱，隔绝了人情温暖，当人们要求他撤除这个现世的屏障时，他说："你们为什么独独见了我害怕发抖！你们彼此见面也该发抖！……我看着我的周围，啊！每一张脸上都有一面黑纱！"小说宣扬人皆"有罪"！必须"负罪行善"。小说的这种主题同作者带有浓厚宗教气味的善恶观念密切相关。作者将他不能理解的、由于资本主义发展所引起的新的社会矛盾统统归结为一个抽象的"恶"。作者认为，一切社会问题、人与人之间的矛盾、犯罪现象，其根源都是由于世界上原有的"恶"造成的，这便是加尔文教教义中的"原罪"与"内在的堕落"观念。但小说在客观效果上却暴露了殖民时期的黑暗和加尔文教的统治，揭示了资本主义条件下旧的伦理道德观念的腐败和新的观念的虚伪。

在揭示生命中的"恶"的同时，霍桑受了超验主义的影响，也在小说中追求完美的理想，其中代表为短篇小说《石面人像》：小说把嵌在高山巨涧中酷似人面的石像写成一个有灵性的象征物。它面容慈祥，感情温厚，有着博大而热烈的心，透过云雾看去，它就像一个身披金紫霓裳安坐在群山之中的天使。山村里的一个青年奥内斯特因为每天都和石像亲近，不知不觉受到石像的感召和启示，最后成长为一个贤良、温厚、只知造福人类的伟人。小说明显受超验主义思想影响，致力追求一种抽象纯真的美，一种超凡入圣的思想境界。石像以及在石像哺育下成长起来的奥内斯特就是这种理想精神的化身。

霍桑还有一部分小说记叙了新英格兰殖民地人民的抗英斗争，但往往带有浓厚的宗教气氛和神秘色彩。代表作有《白发英雄》《恩地柯特与红十字》。

霍桑完成的长篇小说除《红字》外，还有《七个尖角顶的房子》《福谷传奇》。这些小说也主要探讨了抽象的善恶问题。

《七个尖角顶的房子》是一部带有神秘色彩的报应故事。在殖民地开发时期，品恩钦家族的祖先非法霸占了建筑师毛尔的一块土地，在那上面盖起了一幢带七个尖角顶的房子，以后又利用职权将毛尔当作巫师活活烧死，以除后患。由于受到被害者的诅咒，房子落成之日，屋主人就暴死，而且罪恶代代相传，品恩钦家族的一代代子孙为冤魂所逐，皆互相陷害，最后一个个皆死于非命。这所古宅在继承人眼里成为社会地位的标志，但它却像它的花园、枯井和后院里的瘦鸡一样，腐朽溃烂。最后直到两家子女结了亲，世仇的死结才算解开，这幢房子才回到了合法业主的手上。

《福谷传奇》探讨了社会改良问题。小说以布鲁克合作农场为题材，通过对一群上层知识分子参加社会改革的失败，否定了一切的改革。小说中的知识分子内心苦闷，精神空虚，他们把农场当作希望之所在，但来到之后却有的自杀，有的失望而去，唯一坚持下来的又是个偏执狂。小说通过农场的瓦解，指出社会的出路在"爱""坦白""诚实"等，显得苍白无力。

霍桑的小说具有浓厚的浪漫主义色彩，他驰骋丰富的想象，采用奇特的情节，运用深刻的心理描写和象征手法，描写自然和超自然的景象，渲染神秘的气氛，使他的作品具有一种新奇、深邃的艺术魅力。

第二节 红A：精神高尚者的象征

霍桑的思想充满矛盾，其中最重要的矛盾体现在他的宗教信仰方面。一方面，他反抗新英格兰的清教主义传统，抨击宗教的狂热和狭隘，谴责虚伪的宗教信条，但同时他本身又深受这种宗教的影响，并且以此为世界观认识社会和整个世界，特别是善恶观点，简直就是他生活的思想基础和创作的思想基础，这使得他的小说无不充满着宗教的神秘色彩。从政治角度讲，他首先是不满于当时的社会现实，但同时又对社会改革抱一种根深蒂固的怀疑态度。所以，他最后也只能退回到抽象的爱和人性善去寻找人类的出路。在科学与自然的关系上，他显然也是一个时代的落伍者，一方面他接受了现代人的生活方式，但同时却又认为科学和机器只是破坏人的全面发展的"恶毒的精灵"。当然，这些思想矛盾并不就否定了他创作的艺术成就，也可以说，恰恰是这些矛盾造就了他艺术上的独特风格。霍桑是美国文学史上最早成功地运用心理分析的作家；他把自己的小说称为"心理罗曼史"，他不要求"细节描写的真实"，他把客观世界只看作是包含某种隐秘意义的象征物，而更注重刻画"人心的真实"。因而，霍桑被公认为美国文学史上浪漫主义小说和心理小说的开拓者。这一切，都集中地表现在他第一部也是最杰出的长篇小说《红字》中。

《红字》以17世纪北美清教殖民统治下的新英格兰为背景，取材于1642—1649年在波士顿发生的一个恋爱悲剧。小说开始的场景是在监狱的门前，而这个场景的中心人物是海丝特·白兰，一个年轻、美丽的女子。她怀里抱着一个三个月大的女儿——珠儿，站在行刑台上，等待着政教合一的加尔文教（即清教）在大庭广众面前宣布对她的判决。那么，受审的女罪犯是什么人？她又犯了什么罪？

在故事开始之前几年，出身英国破落贵族家庭的白兰嫁给了一个畸形的年老学者。婚后，两人决定移居马萨诸塞的波士顿，途经荷兰的阿姆斯特丹时，丈夫因有事留下，妻子先行独自来到波士顿，一住近两年。其间丈夫杳无音信，据传他在赶来的途中被印第安人俘虏，生死不明。在独居生活中，海丝特·白兰与当地牧师阿瑟·丁梅斯代尔相爱，生下珠儿。白兰因犯下了基督教"十戒"中的一戒，即通奸罪，为清教教义所不容。她被投入监狱，法庭判她有罪，令她在刑台上当众受辱，并终身佩戴一个红色的字母 A（英文 Adultery 的第一个字母）作为惩戒。当局一再逼她说出通奸的同犯，但她断然拒绝。在她受刑的这天，她失踪的丈夫正巧赶到，目睹了这一场面。白兰也认出了他。为了隐藏他们之间的夫妻关系，他更名为罗杰·齐灵窝斯。而此时，白兰的同犯、年轻而受人尊敬的牧师丁梅斯代尔也在场。当晚，齐灵窝斯以医生的身份在牢房里与白兰相见，要她保证不暴露他真实的身份，并决心要追查出她的同案犯以报仇雪恨。牧师的良心受到谴责，但又没有勇气承认自己的罪，健康每况愈下。不久，齐灵窝斯以医生的身份搬到丁梅斯代尔那里与他合住，说是为了更好地观察他的病情，给予更好的治疗，实际上只是为了折磨他，削弱他的精力和体力。最后，白兰意识到齐灵窝斯的罪恶企图，向牧师提出携珠儿一起私奔，去建立新生活。珠儿这时已 7 岁了。7 年来，白兰一直执着地爱着牧师，把这种爱完全倾注在养育珠儿和服务社会公益上，她虽过着十分清苦孤寂的生活，但她也赢得了乡亲们的同情和敬爱。一次她与牧师在森林中会见时，表白了她对他的爱情，并摘下红字，以示自己的决心。牧师受清教意识的束缚，认为私奔是罪，罪上加罪，因而犹豫不决，但最后还是勉强同意了，计划在他做完庆祝上帝选择日的祈祷文后离开。霍桑把出逃安排在选择日是大有深意的，他要通过牧师的口来说明加尔文教的教义，即一个罪人不可能根据自己的愿望获得赎罪，他灵魂的拯救完全取决于上帝的选择。同时，霍桑通过丁梅斯代尔坚持要在这一天履行他最后的职责，进一步揭露了他本人和宗教的伪善。丁梅斯代尔使出全身解数讲完了娓娓动听的布道。然后，他双手紧抓住白兰和珠儿的手，跟她们一起走上刑台。这个刑台正是 7 年前白兰手抱珠儿、胸戴红字当众受辱的那个刑台，也正是 7 年前他曾假意规劝白兰供出同犯，而自己却隐瞒罪责的那个刑台。现在他站在上面终于袒露了自己的罪责，并因心力交瘁倒在台上死去。至此，把复仇作为生活中惟一目的的齐灵窝斯，其图谋也告结束，一年后郁郁而终，死前，他立下遗嘱把财产留给珠儿。珠儿随其母亲去了欧洲，后与一贵族结婚，过着美好的生活。白兰回到波士顿，继续行善，死时，她的墓碑上镌刻着一个红色的 A 字。

霍桑写作《红字》的时代，资本主义经济的发展早已打破了殖民时期的旧秩序，资产阶级社会金钱至上、弱肉强食、道德沦丧的种种弊端和病态已经越来越充分地显露出来了。霍桑想通过这部小说探讨这一切的堕落是怎样产生的？霍桑将《红字》的背景放在殖民地时期，实质上是把两个犯了戒的清教徒的故事当作引子，借以提出和思索自己时代的问题。

霍桑写的是一篇通奸故事，但通观全篇，却看不到任何发自作者之口的谴责，相反，倒处处看到白兰圣洁的光辉，胸前的红字也越来越失去罪恶的色彩，而成为她自身美德的外在标志。一个按世俗标准应受批判的通奸者却成为道德的最高尚者，这鲜明地表现了霍桑的本意并不是要指责犯罪的当事人，而是要找出促使当事人犯罪的背后原因，这是小说的最大魅力，也是最与众不同之处。

小说以耻辱的红字为中心线索，突出了白兰所受的不公正待遇，表明真正犯罪的不是白兰，而是虚伪、褊狭的宗教制度和不合理的社会现象。小说一开始就展示了白兰犯罪的背景：17世纪中叶殖民地时期新英格兰马萨诸塞州的波士顿。作者先以阴暗灰色的笔调描写了殖民主义者建造的监狱，那木制的大厦，厚重的、钉满铁钉的橡木门，一切都显得苍老、晦暗，在这个背景上，作者巧妙地安排了白兰在狱吏的押送下，通过市镇广场来到刑台示众的场面，押送白兰的面目狰狞的狱吏，代表着清教法典的全部无情；作者接着描写了市民对这个胸前佩戴红字的女人的态度，展示了殖民地时期新英格兰的社会风貌和人们的精神状态。他们中虽然也有个别人表示出一点同情，但更多的是恶毒的咒骂，这说明，在政教合一的清教徒思想的严酷统治下，人们已把宗教和法律视为一体，政权和宗教这两股势力深深地沉浸在人们的精神和性格之中，使他们成为毫无同情心的人，在这样的情况下，还有真性情的白兰的出现就成为已失去自己独特的精神生活的他们宣泄他们浑然不觉的精神变态的最好的途径。在这样的世界面前佩戴红字示众，显然是一种比肉体惩罚深重得多、严酷得多的一种精神惩罚，更何况示众之后，这个红字还要一直戴在胸前作为耻辱的标志。作者写当时海丝特感到的痛苦就像"她的心脏被投在街上，让所有的人来践踏一样。"这是真实的，因为对白兰来说，不但旁观者的讥刺使她痛苦，而且她自己也在讥刺自己，这是清教意识深入人心的标志，所以她一方面顺从自然欲望与人通奸，但同时也接受世俗道德观念把这当作一种"犯罪"，她为此而感到的忏悔，以及采取的赎罪方式，都典型地说明了这一点。但作者的用意并非在于判断她是否犯罪，也不在于揭露殖民地时期清教徒对人民群众的精神统治，他感兴趣的是个人犯罪和人性中的善恶问题。在作者看来，白兰的通奸是合乎人性的，宗教法典、监狱、坟墓自然是罪恶的象征物，但同时他又认为白兰是有罪的，而宗教和法庭又是对人类罪恶的一种抑制力量，又是顺乎清教徒所奉行的"天理"的。这实际上体现出霍桑本人的思想矛盾，即在批判清教主义的同时，他自己也陷入了宗教神秘主义之中，这种矛盾清楚地表现在书中的人物形象塑造上。

海丝特·白兰是一个年轻美丽、热情奔放的妇女；她出生在一个破落的古老贵族世家，从小受到父母的宠爱，喜欢壮丽华美的事物。她有一种"丰满的、肉感的、东方人的特质"。但不幸嫁给一个行将衰老的男人，畸形的学者。她的丈夫热衷于典章书籍，对妻子缺乏温情，加之夫妇长期分居，于是她有了新的生活，有了这胸前的红字。

当在众人面前受刑的时候，当全人类都用手指着她时，她还有一种反自然的神经的紧张支持着，而且尽她性格中的全部的战斗力量，使她能够把对自己的惩罚变成一场惨淡的胜利，但当她从监狱里走出来时，她却要独自面对似乎永无止境的生活，而且日日承受不可知但都同样痛苦的考验："因为每经一天，每过一年，都将在耻辱的累积上层层堆起它们的不幸。在长年岁月中，她要放弃她的个性，而变成宣教士与道德家众手所指的一般的象征，而且用这个象征，他们可以生动具体地表现出他们关于女性脆弱与罪恶情欲的意象。这样，他们将教育那些年轻而纯洁的人们望着她：这个在胸上燃烧着红字的火焰的人……拿她作为罪恶的形象、肉体和实际。"但在这样的压力和屈辱下，她却没有像别人所想的那样离开此地以躲避耻辱，而是仍然决定留下来，因为有"那么一种不可抵抗、不可避免的情感"强迫她留在这里，那就是她对丁梅斯代尔的爱，她的爱是热情而又坚贞不渝的，最后看到自己心爱的人被自己的丈夫折磨，她甚至提议和丁梅斯代尔一起私奔，这需要多么大的勇气，出于多么圣洁而真诚的爱啊！但是这种人间之爱在严酷的清教徒思想统治下却不被承认，也得不到同情，能连白兰也承认自己确实有罪，她之所以留在自己受辱的地方，一方面是因为爱，但另一方面也是因为她认为自己犯了罪，需要刻苦自律、自虐来赎罪。就这样，这个看来娇弱的女性，却以罕有的坚强个性和善良的本性，身负耻辱的红字，在那个阴郁的社会里独自生活下来。

很明显，白兰的存在也是作者的困惑，一方面他认为白兰是一个公开受苦的罪人，但同时又对她表示了明显的同情。的确，在白兰身上既有人性的因素，又有宗教的色彩，但人性因素居于主导地位。她不是属于那个社会的，佩戴在她胸前的红字使她和那个社会隔绝起来，她是被社会摈弃的人，因而她能更多地用异己的眼光"看待教士和立法者设置的一切"。她的命运使她趋向成为一个自由的人。但是在白兰身上仍被作者打上了宗教原罪的印记，因此清教徒法庭设计出来的惩罚才能以千变万化的形式，使她受到无穷无尽的痛苦。

如果说白兰是公开受罪的罪人，那么同案犯丁梅斯代尔则是一个潜在受罪的罪人。他本是一个神圣的僧侣，一个神学家。他博学多识，善于辞令，是个很有前途获得更高教职、而且人人对此深信不疑的青年牧师；他对上帝的敬畏发展到病态的地步，但却因此让人敬重。他没有自由的见解，只有在感到信仰的压力时，他的心情才能宁静。"在信仰的铁栏里，一面是囚禁他，一面却也是支持他。"然而丁梅斯代尔毕竟也是个有血肉之躯的人，他也向往着人间幸福的爱情。白兰的爱使他感到快慰和温暖，但他又觉得这种爱是有罪的。他也并不是完全忽视自然世界，忽视感受生活中真实的美的机会，当他偶尔用一种非正统的观点去看世界时，也会感到一种愉快和欢欣。"正如那紧闭而窒息的书斋，被打开一扇窗户，放进一股清新的气息来。"但这样的时刻是非常短暂的，牧师的生命在一种宗教的、腐朽霉烂的气息中逐渐消损。他热心地研究神学，一丝不苟地履行教区的职责。看到白兰所受的痛苦，他多次想公开自己的秘密，与白兰一起受苦，但软弱使他一次次放弃，于是他更烦恼，为了排遣内心的不安，他就采取了"罗马的腐旧的信仰"，每天晚上，在他的密室里，"这位新教徒与清教徒的圣人",时常一面自己苦笑着,一面用一条血淋淋的鞭子猛击自己的肩膀,同时他还有绝食的习惯,"他把绝食严格地当作悔罪的行为,一直做到他的双膝颤抖为止";同时,"他一夜一夜地彻夜不眠,有时在完全的黑暗中,用最强烈的光照着自己的面孔";最后,他在深夜中竟然一个人站在白兰曾站过的行刑台上,大声喊叫起来。此时的年轻有为的牧师,已被悔恨和痛苦折磨得近于病态了。当他最后在众人面前公开袒露了自己的罪恶,猛地扯开自己的衣服时,人们在他的胸口上看到了什么?——一个血淋淋的 A 字!他的死,也是一种殉教,他既是自己情欲的牺牲品,也是清教禁欲主义的牺牲品。霍桑以他的痛苦和死亡,批判了宗教禁欲主义的无情和违反人性,但他显然并不否定"负罪行善"的基督教义。丁梅斯代尔的生活遭遇和思想言行和海丝特一样,都是"负罪行善"的典型体现,不过一个是公开地受辱,一个是秘密地自责,他们两人最后都得到了解脱,成为了真正的圣者和殉道者。

丁梅斯代尔最后承认他与白兰有罪,但却不是最罪孽深重的人:"愿上帝饶恕我们两个!海丝特,我们不是世界上最坏的罪人!世上还有一个人,他的罪孽比这个亵渎神圣的教士还要深重!那个老人的复仇比我们的罪恶还要黑暗。"他这里指的是齐灵窝斯,但真是如他说的那样吗?

罗杰·齐灵窝斯原本是一个英国学者,一个理智好学、沉静安详的人。他把学识看得比爱情还重,所以在科学研究方面取得的成就越大,他对妻子的冷落也就越深,这使得年轻健美、渴望享受世俗生活的海丝特·白兰备感失落。两年前他把自己的妻子送往新大陆,本想处理完事务之后立即赶到,谁知自己中途被掳,落入异教徒手中。两年之后再见到妻子时,妻子已成为刑台上示众的罪人。在得知事件的原委之后,他决定对那个破坏了他的家庭温暖的人进行复仇。他改名换姓出现在波士顿，对他的仇人进行暗中查访。他本能地觉得年轻的牧师就是他猎获的对象，于是他就以一个精通医道的教民的身份主动关怀牧师的健康。他把自己伪装成为一个最可信赖的朋友，随时随地跟踪着可怜的牧师，他像个技术高明的探宝者，"极力钻入病人的胸怀，挖掘他的主义，探索他的记忆。小心翼翼地触摸着一切，宛如搜寻宝物的人在黑暗的洞穴里"。他浑身笼罩着一种兽性，他像一个掘墓人在挖掘坟墓，探寻那埋在死人胸上的珠宝一样，"向牧师幽暗的内心里作长期的探寻"，"他偷偷摸摸，小心翼翼，东张西望，摸索前进，像小偷潜入一个人的卧室里，想偷取那个人视如眼中瞳仁的宝物一样"来试探丁梅斯代尔的灵魂，并不时用言语暗示，引诱敏感的牧师说出那个隐藏的秘密，牧师凭直觉觉得有个敌人就在自己身边，这无形中加重了他的忧郁与病态，最终为此而死，而齐灵窝斯最后也终于利用药物达到了自己的目的——发现了牧师胸上的红字。

在霍桑的笔下，齐灵窝斯是一个毫无怜悯之心的复仇者，一个外表沉静温和，"无动于衷，内心却怀着深沉恶毒的人。七年来，他一直从事解剖一个痛苦的心，并以此为乐事"。霍桑一贯认为科学研究泯灭人性，齐灵窝斯无疑也是一个用智能把自己变成魔鬼的显著实例。当猎物在眼前时，他目光炯炯，斗志百倍，一旦他的猎获物脱离了他的控制，"世界上再没有魔鬼的事业要他来做的时候"，他的全身的精力和气魄、生命和智慧就离开了他，像拔了根晒在日光中的蔓草一样在人们的眼前消失了。

霍桑认为，齐灵窝斯既没有遵守上帝的博爱和饶恕的善心，又失去了人间的同情和怜悯，与海丝特·白兰和丁梅斯代尔相比，他才是一个真正的罪人，一个不可原谅的罪人。但他存在的意义还不仅如此，他作为宗教的反面人物出现，一个违背了宗教教义的人物出现，他在从牧师身上寻找潜在的罪恶时，客观上对宗教的伪善也进行了揭露，如他说："如果他们（指有罪的牧师）有意使上帝光荣，还是别让他们向天举起他们的脏手吧！如果他们有意为他们的同胞服务，首先让他们表白出良心的真实和力量，强制着自己谦卑地忏悔吧！明智而诚信的朋友啊，你是想叫我相信一种虚伪的外表是比上帝自己的真理能够更多更好地有益于上帝的光荣有益于人类的福祉吗？请你相信我的话，这样的人是自己欺骗自己的！"虽然齐灵窝斯的本意并不是要揭露宗教的种种罪恶，但实际效果却是这样，虽然揭露得不彻底，但在霍桑的时代，却是难得了。

小说步步深入、层层剥离，结论却是"人人心中皆有恶"，罪恶根深蒂固，与人类社会共存。这便是加尔文教"恶"及"原罪"观念。这使小说充满神秘色彩，同时削弱了小说的批判力量。

既然人人心中皆有罪，那么怎么对待罪恶呢？加尔文教过于残酷和虚伪，中古宗法道德观念又远离现实人生。州长贝灵汉只知道经营自己富丽堂皇的邸宅；威尔逊牧师一味享受奢华富贵。霍桑认为，那"神圣的"宗教机构和"公正的圣人"都没有资格裁判一个犯罪的女人，因此，结论便只是要求人们正视罪恶："要诚实！要诚实！要诚实！把你最坏的东西袒露出来……"这种结论显然是作者无力给人找出更好的出路的证明。

小说中唯一没有罪的是珠儿，她是母亲性格的折光，表现出了白兰被清教法律压抑着的另一面性格。她的"纯洁的生命，承受着不可测知的神意，从一种茂盛的罪恶的热情中，开放出一朵可爱的不朽的花"，她有一种战斗的气质，一种狂野的、好动的、不守纪律的习性和反抗精神，这使她根本不把别人视之为罪恶的标志的红字当作罪恶的东西，而是当作一种鲜艳的美丽的装饰品；遇到外在的侮辱与歧视，母亲谦卑，她却敢于反抗；她蔑视那些小清教徒们，她会抓起石头对他们扔过去，声音尖锐，莫名其妙地怪叫着，连她的母亲都要为之发抖！还有她那完美的体态，充沛的精力以及旋风式的热情无一不是她母亲的精神的再现。甚至在她的眼里也可以看出隐伏在她母亲心里的那种忧郁绝望的阴云。由于和母亲共同处在一个被隔离的圈子里，她的性格中有许多不安定的因素，也有无穷的幻想力、创造力，由于受到社会的歧视，她对世界的"一切都抱敌对的态度"。她与周围的世界很不协调，而且，她的降生就是对现世法规的一种破坏。她是属于未来的："仿佛她是与埋在地下的一代人毫无共同之点的动物，而且自己也不承认与他们是同一个族类。她像是用新的元素新制造出来的，所以必定要允许她过她自己的生活，有她自己的法律，而且不能把她的怪癖认为是她的一种罪恶。"与母亲的忧郁与叹息相反，她的笑声充满着欢乐与和谐。她仿佛飞翔在空中，随时可以消失，像那不知从何处来亦不知向何处去的闪光一样。她的幸福美好的结局预示着人类的未来。作者在这个小女孩的身上寄托了自己的理想。

在艺术手法上，小说最突出的特点是精细入微的心理描写。小说的目的是揭示人人心中都隐藏着的恶，而心理描写的成功运用则使作者的这一目的得以实现。海丝特·白兰是一个惨遭清教教会统治迫害的普通妇女，她的性格特征是善良和叛逆，小说令人信服地描写了她从忏悔赎罪走向怀疑、反抗的心理历程。罗杰·齐灵窝斯的最大特点是伪善和狠毒，他貌似忠厚长者，实质心如蛇蝎。其中写得最深刻和细腻的是丁梅斯代尔的心理活动。在丁梅斯代尔的思想中，正统的宗教观念占了主导地位，但偶尔也有一些世俗的清新的空气吹进他那令人窒息的书斋。他是虔诚的，但又是软弱的，自己犯了通奸罪，却又缺乏公开承认的勇气，在长期的内心自责中，他耗尽了自己的精力。加之那位复仇者就在他的身边，可以随心所欲地捉弄他，只要对方高兴就可以突然间使他感到一阵恐怖和惊悸。他像一个被人捏在手心里的玩具一样，随时都得忍受不可知的折磨，他终于无法忍受这种折磨，只有公开认罪才是解脱的唯一出路。从隐瞒到最终公开忏悔的过程，也是他内心最痛苦的历程。当他站在高高的讲坛上向脚下匍匐着的信徒宣讲着圣洁的教义，当他名声越来越成为宗教伟大的标志时，他内心的痛苦也越来越深。不知有多少次，他渴望着从他的讲坛上扬起最高的喉咙把内心的秘密说个明白，告诉人们他究竟是怎样的一个人："我——你们眼见穿着牧师黑袍的这个人；我——登上神圣的讲坛，面孔苍白地朝着上天，替你们向最高的万能之神传达音讯的这个人；我——你们认为日常生活有如日诺（指与上帝同行的人）般圣洁的这个人了；我——你们以为在人间的途径上脚步留下一道光明，许多巡礼者追随着我便可被领进仙界里的这个人；我——亲手给你们的孩子施行洗礼的这个人；我——曾经在你们的亡友身上念了告别的祷告，使他们离别的世界对他们微弱地响起'亚门'之声的这个人；我——你们的牧师，你们如此尊敬如此信任的这个人，全然是一团污秽，一个骗子。"但当他说出来时，听众却反而更加尊敬他，这样，虽然他"极力想把罪恶的良心表白出来，借以欺骗自己，但是他得不到片刻自我欺骗的安宁，反而犯了另一种罪恶，一种自己知道的耻辱。他说出了确实的真理，可是反把那真理变形成真正的虚伪。然而若论他的天性，是很少人能够像他那样地爱好真理，厌恶虚伪。因此，他厌恶他不幸的自我比一切都更甚！"作家在描写丁梅斯代尔的这种心理历程时并没有抽象地说教，而是把这种内心世界外化为形象，使心理活动与环境衬托、景物暗示、色彩气氛的描写交相辉映，使无形的心理活动显得有迹象可寻，有征兆可查。例如丁梅斯代尔由于长期采取绝食、不眠、鞭打自己的方式忏悔，所以身体极度虚弱，头脑里经常出现各种幻象："那些幻象，有时发出微弱的光，在内室的薄暗中，使他看得很模糊，有时，就在他的眼前，在镜子里，使他看得比较清楚。时而有一群恶魔的形象，对苍白的牧师露齿狞笑，并招他和他们同去；时而有一群闪光的天使，向天上飞翔，重得像是满载哀愁，然而越飞越觉轻灵。时而他少年时的几个去世的朋友来了，他白须的父亲现出如圣人般的愁苦面目，他的母亲走过时掉转开她的面孔……接着，在这已成为鬼魅的思想弄成那么可怕的暗室中，海丝特·白兰飘浮过去，她领着身穿大红色衣服的珠儿，那孩子扬起她的食指，首先指一下母亲胸上的红字，然后又指牧师的胸膛。"作家写牧师的痛苦达到了这样的程度：就好像由于他自己的不诚实，整个世界都是虚伪的了，如果说还有一点真实的话，那就只有他最内在灵魂中的苦痛与他相貌上那种苦痛的率真的表情。人们在牧师的脸上是很难看到一丝微笑的。这种描写既不流于空泛，又有一定的深度。其他还有丁梅斯代尔的夜游、与齐灵窝斯关于上帝和灵魂的辩论时被齐灵窝斯时时刺痛的灵魂的痛苦等等，都写得不动声色但却惊心动魄，使人感到极度的压抑和沉闷，这就活画出这个充满对世俗生活的渴望的年轻牧师在面对心中的上帝和心中的爱情时的矛盾心情，这实际上是他人格的一次分裂，是处于鱼和熊掌不可兼得的两难困窘中的一次灵魂裂变，而他的软弱，以及作出选择的艰难最终使其左右彷徨，一无所得，成为宗教和自身情欲的牺牲品。

小说的另一成就是使其中的人物和场景都充满寓意，这是霍桑浪漫主义作品的主要特征之一。这种寓意从小说第一章就开始了，并一直贯穿始终。小说第一章名为"狱门"，其中蕴藏着丰富的寓意。监狱伴随着殖民者的到来而兴建，现在经历了20年的时光，"木造的监狱已受风吹日晒显示出各种苍老的痕迹，使它那灰暗凶恶的外表，露出更凄惨的景象。橡木大门上沉重的铁件所生的锈，看起来是比这新世界里任何一切都更古老。像一切附着于罪恶的东西一样，它似乎从未曾有过青春的时代。在这所丑陋的大厦前面，在房子和街心的车辙中间，有一块草地，丛生着牛蒡、茨藜、毒草以及各式各样非常难看的花草，这些杂草显然跟这片土地有些意气相投，在这片土地上这么早就产生了文明社会的黑花——牢狱"。这是文明社会必然伴随的产物，在当时的社会，这阴沉厚重、钉满铁钉的监狱大门象征着清教徒殖民主义者的严酷统治。监狱，这种"文明社会的黑花"，它不是惩罚罪恶的表现，反而成了人们罪恶的表现，现在则由于不符合新时代的要求已经显得阴暗和苍老了。那么，相对于阴暗的监狱新的生活在哪里？作者接着写道："但是在门口的一边，几乎就生根在门限上，有一丛野蔷薇，在这六月的时光，缀满精致的宝石般的花朵，使人想象，当囚徒进门或是当被判决的犯人出来受刑的时候，它对他们呈献出的芬芳和娇媚，借以表示在自然的内心里，对于他们，还有怜悯，还有温存。"这鲜艳的野花，在小说里直接象征着"甜蜜的道德花卉"，象征着美德和同情。另外，贯穿全书的红色"A"字，在小说情节发展的不同阶段也有不同的寓意：刚开始它是女主人公罪恶的标志，最后却成了她德行的标志。书末墓碑的设计，则带有浓重的宗教色彩，碑文上写着"一片黑地上，刻着血红的 A 字"，这意味着"火红的罪恶和阴暗的死亡"，表现了作家深刻的悲观情绪。"红字"是书名，它的精神就像一束舞台的强光照射着全书，作家在不同场合以不同方式表现出它的作用和影响，富有深刻的含义。

当然，小说最突出的成就还是对象征手法的运用。只需看一看小珠儿就足以使人领悟到这一点：她是一对有罪的爱人生的孩子，对她母亲和所有的清教徒而言，她是母亲罪恶活动的象征。在小说发展过程中，她的象征范围也越来越大，如代表社会良心，象征母亲犯罪的一个证据等等。小说中有很多精彩的象征描写，如在行刑台上母女受裁判的那段经历里，孩子紧紧抓住母亲，用一阵阵的抽搐"反映海丝特思想上的斗争"；又如海丝特为了争取孩子的监护权去总督衙门的一章里，珠儿发现母亲胸前的红字在盔甲护胸的凸面上反映出来，愈来愈大，相形之下她母亲的形象却显得非常渺小。透过海丝特对此意象的反映，霍桑向我们说明：社会是怎么夸大了个人的罪恶以及所作罪恶的重要程度，因而使得个人的品性、个人的灵魂，以及罪恶本身，实际上都被掩盖得看不见了，这就突出地表现了社会的罪恶。再如关于自然景色的描写，双重的含义也格外引人深思。当海丝特与丁梅斯代尔历经精神的磨难终于在森林里见面时，一方面是"从来没有被法律征服过、也没有被更高的真理征服照射过、旷野的、异端的、森林中的自然"对他们"精神上的幸福表示同情"，另一方面则是他们内心的忏悔与痛苦，这就使人难以清楚地理解：森林是邪恶的领域还是自由爱情的领域？美国的荒野经开拓之后带来的是秩序、圣洁和进步还是不法、痛苦和罪恶？新建的波士顿市场被监狱和绞台的阴郁笼罩着，它指的是过去、现在还是未来？《红字》的象征手法对美国文学的发展产生了很大的影响。

小说采用的心理描写和寓意象征的手法使小说充满着一种神秘主义色彩，如小说中的人物往往凭直觉去判断是非，而且能做到准确无误。医生凭直觉感到青年牧师心中必然隐藏着不可告人的秘密，正是自己要追究的仇人；牧师凭直觉感到有一种可怕的势力在向他迫近，使他陷入一种无法解脱的困境，威胁着他的安宁；珠儿凭直觉感到牧师已被医生捉在手里，告诫她妈妈要当心；其他人则凭直觉感到医生和牧师之间必将有一场严酷的斗争，而且深信胜利一定在牧师方面。凭直感判断是非，而不是根据生活逻辑来做出结论的方法，必然使人物的心理活动充满跳跃性、神秘性。另外，霍桑还善于把现实世界与虚幻世界，真实生活与神奇的传说糅合在一起，把读者带入一个无法分清真实与幻境的世界。如在"牧师的夜游"一章，天空出现的"A"字与教堂老工役拾到的手套都带有神秘的色彩。手套被说成是魔鬼的胡闹，而"A"字则被解释为"天使"（Angel）的降临。这些都是十七世纪新英格兰人的信仰，那时的人们的确相信有各种各样的预兆的。

小说中还描写了一系列偶然的巧合，使故事增加了传奇性。如海丝特在行刑台上示众之日恰好是齐灵窝斯归来之时；劝说海丝特供出同案犯的青年牧师恰好就是她要保护的心上人；牧师身体虚弱需要名医治理，而那关怀护理牧师的医生正好又是他的最可怕的敌人等等，都使小说表现出真实生活与幻想世界神秘结合的艺术特色。

总之，霍桑以自己的创作反映了殖民地时期严酷的教权统治，描写了在加尔文教压抑下，人们的精神痛苦、思想矛盾和生活悲剧。霍桑的政治观点是保守的，世界观是清教徒意识、超验主义和神秘主义的结合；这使他只能从人性论出发，追求一种超凡入圣的、完美的精神境界，抽象地探索过去时代人性中的隐秘罪恶，从而暗示出自己所处时代的各种社会矛盾，给人以思想上的启发。在创作方法上，他经常借用浪漫主义的想象和象征寓意的手法来突出主题，并对人物的内心世界进行细致入微的剖析，使作品具有强烈的主观色彩。

后　记

在中外文学关系这一问题上，比较有代表性的是影响研究，即以外国文学为参照系，用西方的文学观点和文学思潮来在中国文学中寻找对应物，似乎只有这样，中国的现代作家才能取得"出生证""通行证"，他的创作才有价值。实际上，任何民族的文学都有自身的发展规律和自己的轨道，任何外来的影响只有在承认这个前提并有利于促进该民族文学的基础上才会被接受，并进而与该民族的文学特性融合，蜕变出一种新质的文学，一种与影响源具有某些同质的新文学。在这一问题上，我的导师陈思和先生提出一种新的认识中外文学关系的思路，那就是"中国文学中的世界性因素"问题，也就是说，中国在接受世界文学的影响时，本身已蕴涵了世界性因素，中国文学与世界文学的关系不是被动地接受，而是主动地迎合、吸纳。拿浪漫主义文学来讲，首先，中国传统文学中一直具有一种浪漫精神，发展到现代，在世界交流越来越频繁的大背景下，这种精神也同样渴望吸纳世界上同质的因素，正是因为有了这样的准备，西方浪漫主义文学才进入了中国人的视野，并促进外国浪漫主义文学和中国浪漫主义文学的交流，进而形成既继承了中国传统的浪漫精神，又接受了西方浪漫文学的性质的新的具有中国特色的浪漫主义文学。

本书没有对中外浪漫主义文学史进行全面系统的介绍，而是选取了中外文学史上一些有代表性的浪漫主义作家与作品，进行"点"的突破，通过"点"连成面，从而勾勒出中外浪漫主义文学的大致轮廓和特点。

本书缺点，敬请读者批评指正。

孙宜学

2022 年 9 月 18 日

图书在版编目(CIP)数据

中外浪漫主义作家论 / 孙宜学著. -- 上海 ：上海
三联书店，2025. 3. -- ISBN 978-7-5426-8798-2

Ⅰ. K815.6

中国国家版本馆 CIP 数据核字第 20252L9S15 号

中外浪漫主义作家论

著　　者 / 孙宜学

责任编辑 / 宋寅悦　徐心童
装帧设计 / 徐　徐
监　　制 / 姚　军
责任校对 / 王凌霄

出版发行 上海三联书店
　　　　　(200041)中国上海市静安区威海路 755 号 30 楼
邮　　箱 / sdxsanlian@sina.com
联系电话 / 编辑部：021 - 22895517
　　　　　发行部：021 - 22895559
印　　刷 / 商务印书馆上海印刷有限公司

版　　次 / 2025 年 3 月第 1 版
印　　次 / 2025 年 3 月第 1 次印刷
开　　本 / 655mm×960mm　1/16
字　　数 / 260 千字
印　　张 / 21
书　　号 / ISBN 978 - 7 - 5426 - 8798 - 2/K·821
定　　价 / 88.00 元

敬启读者,如发现本书有印装质量问题,请与印刷厂联系 021 - 56324200